통합교육론

-일반학교에서의 장애학생 지도-

강영택 · 권주석 옮김

도서출판 **원미사**

Authorized translation from the English language edition, entitled STUDENTS WITH MILD DISABILITIES IN GENERAL EDUCATION SETTINGS: A GUIDE FOR SPECIAL EDUCATORS, 1st Edition, 0024223719 by VALLECORSA, ADA L.; DEBETTENCOURT, LAURIE U.; ZIGMOND, NAOMI, published by Pearson Education, Inc, publishing as Prentice Hall, Copyright ©2000

KOREAN language edition published by PEARSON EDUCATION KOREA LTD, and WON MI SACopyright © (2006)

저 | 자 | 서 | 문

본서는 일반학급에서 경도장애학생을 지도하는 교사와 예비교사를 위한 책이다. 이 책을 쓰게 된 동기는 다음과 같다.

첫째, 특수교육이 필요한 경도장애학생들이 통합교육 환경에서 교육받는 일이 점차 증가하고 있다. 이것은 장애학생의 개인적 요구에 맞는 교육적 개입은 증가하지만 특수교육 환경에서의 교육은 점차 감소한다는 것을 의미한다.

둘째, 이러한 변화로 인해 많은 교사들이 교육을 받은 경험이 전혀 없었던 아주 새로운 부분에 대하여 책임져야 한다는 점을 매우 어렵게 인식하게 되었다. 예를 들면, 특수교육 예비교사 교육 프로그램이 소집단이나 개별적인 상황에서 학문적, 행동적, 사회적 기술을 지도하는 것을 강조하였고, 이러한 부분에 집중되어 왔다. 그러나 이러한 과정이나 방법을 집중적으로 배웠던 특수교육 예비교사는 일반학급과 같은 대집단에서의 지도 과정이나 방법에 대해서 관심이 적었다. 결국, 특수교육 예비교사들은 일반학급에서 특수교육을 어떻게 해야 하는가를 배워야 할 필요가 있다.

셋째, 특수교사가 매일 일반학급에 있을 수 없기 때문에 일반교사가 장애학생을 어떻게 지도하고 있으며, 그들에게 적절한 지도가 이루어지고 있는가를 알 필요가 증가한다. 특수교사는 일반교사와 협력하는 방법을 알아야 한다. 최근에 특수교육 예비교사 교육 프로그램에 있어서 협력방법을 가르치는 것이 강조되면서 일반교사와 협력하거나 그들을 자문하는 과정은 지나치게 강조하지만, 일반학급의 수업 환경을 분석하는 방법, 적절한 중재나 수업을 위하여 고려되어야 할 수업환경과 과제를 결정하는 방법, 그리고 일반교사의 학급조직과 관리전략을 평가하여 개별화된 수업이 대집단 안에서 원활하게 이루어지도록 수정하는 방법에 대한 관심은 적었다.

본서의 핵심은 이 문제에 관심을 갖는 것이다. 따라서 본서는 특수교사가 직 · 간접적으로 통합교육 환경에서 경도장애학생의 학습과 행동문제를 해결하는 방안을 제시할 것이다. 특수교사가 평가, 수업, 교육환경을 진단하는 방법과 일반교사와 함께 협력 교수하는 프로그램을 개발하고 운영하는 방법을 제시할 것이다. 이러한 측면에서 본서는 다음과 같은 특징이 있다.

1. 본서의 내용은 연구에 의하여 밝혀진 것을 바탕으로 교사가 이해할 수 있는 형태로 제시하였다.
2. 장애영역에 따라 분류하지 않고 학습과 행동에 문제가 있는 학생을 효과적으로 지도하는 방법을 강조하였다.
3. 일반교사와 특수교사가 일반학급에서 효과적으로 지도할 수 있는 전략을 제시하는 것을 강조하였다.
4. 특수교사가 일반교사와 협력교수를 하거나 자문과정에서의 활동을 도와주는데 관심을 갖는다.
5. 초 · 중등학교의 경도장애학생이 나타내는 독특한 교육적 요구를 해소하는데 관심을 갖는다.
6. 각 장에 간략한 사례연구를 제시하고, 그 사례에 대한 질문을 제시하여 그 장의 내용을 학생에게 어떻게 적용해야 하는지를 제시하였다. 또한 각 장의 끝부분에는 후속 활동을 제시하였다.

역 | 자 | 서 | 문

전공서적을 번역하는 작업은 집필하는 것보다 힘들고 고단한 작업이라고들 한다. 원저에 기술된 내용을 한글로 표현하기 위해서는 원저의 내용을 완전하게 이해할 수 있어야 할 뿐만 아니라 저자가 의도적으로 사용한 단어를 한글로 표현하기 위해 적절한 어휘를 찾아내어야 하는데 이것이야말로 정말 힘든 작업이었다. 초고로 번역한 원고를 읽으면서 뭔가 아쉬운 마음을 떨쳐버리기가 쉽지 않았으나 번역 작업을 계속할 수밖에 없었던 것은, 일반학교에서 통합교육을 받고 있는 많은 장애학생들이 겪고 있는 어려움을 해결하는데 작은 실마리를 찾기 위해서였다.

통합교육은 장애학생이 이웃에 거주하는 또래와 같은 교육환경에서 생활하면서 교육받는 것을 지향하는 것이다. 통합교육을 주창했던 사람들은 장애학생의 교육권을 제한된 범주 안에서 해결하려던 전통적인 특수교육의 범위를 벗어나 개방적이고 다양성을 인정하는 학교문화를 창출하려는 거시적인 관점을 지향해 왔다. 이러한 노력에 힘입어 장애학생의 교육권을 보장하기 위한 많은 제도적 장치가 도입되었다. 그러나 통합교육의 실시에도 불구하고, 많은 장애학생들이 사회에 성공적으로 통합되지 못하였고, 그 결과 교육현장의 변화를 요구하게 되었으며, 교육현장이 변화되기 위해서는 교실에서부터의 변화를 기대할 수밖에 없었다.

최근 통합교육은 장애학생의 교육과정 통합을 지향하면서 교수적 수정과 같은 교실수업을 개선하기 위한 연구들이 활발하게 진행되고 있다. 대부분의 연구 결과들은, 장애학생에게만 제공되는 특수교육과정의 틀에서 벗어나 일반학생에게 제공되는 교육과정을 장애학생의 요구에 맞게 조절한 교육과정을 제공하기 위한 방안을 모색하였다. 이러한 방안들은 특수교사와 일반교사가 함께 하는 협력교수를 요구하고, 장애학생과 일반학생이 함께 활동하는 협동학습을 동시에 요구하고 있다.

협력교수와 협동학습에서 관심을 갖고 접근했던 영역은 교과학습에 대한 부분이었다. 그러나 협력교수와 협동학습의 효과를 평가하는 연구들은 사회적 통합을 조장하는 역량으로 나타났다. 과거에는 협력교수와 협동학습이 교과학습이라는 매우 제한된 영역의 틀에서 이루어지고 있었으나, 최근에는 통합교실에서 이루어지는 교과학습 이외의 다양한 영역으로 까지 확대 적용할 것을 요구하게 되었다. 이러한 측면에서 볼 때, 일반학교에서의 통합교육은 특수교사와 일반교사가 협력하여 장애학생의 학교생활 전반을 효율적으로 지도하는 과정이며, 장애학생과 일반학생이 서로 협력해가는 과정이라고도 할 수 있다.

이 번역서는 이러한 입장에서 일반학급에 통합되어 있는 장애학생을 지원하기 위하여 교사와 학생이 어떻게 활동해야 하는지를 보여주고 있다. 이 번역서의 핵심은 일반학급의 특성과 변인들을 고려하여 다양한 협력교수 및 협동학습 체제 중에서 적절한 모형을 선택하고, 이를 효율적으로 운영하는 방안을 모색하는 것이다. 또한, 일반학급의 수업적 맥락을 평가하고, 장애학생의 학교생활의 중심에 있는 교과활동과 행동문제를 평가하여, 이에 따른 적절한 지원과 협력체계를 구성하는 방안을 제시하고 있다.

역자들이 원서를 읽고 저자의 의도에 따라 충실하게 번역하려고 애를 썼으나 두 사람이 옮기다 보니 서로 일치하지 않는 표현과 용어를 발견할 수 있을 것이다. 너그러운 마음으로 이해해 주기 바라며, 만약 지적해 주면 빠른 시일 내에 개정 작업을 서둘러 더 알찬 번역서가 되도록 노력할 것이다.

아무튼 이 번역서가 대학에서 특수교육학을 전공하는 학생은 물론 모든 교육학 관련전공 학생, 통합교육 현장의 필요에 의해 이 책을 읽는 특수교사, 일반교사와 학부모들에게 통합교육을 보다 더 바르게 이해하고, 일반학교에서 성공적인 학생지도를 실현하는데 도움이 된다면, 역자로서는 더없는 기쁨이 될 것이다. 끝으로, 이 번역서가 출간되기 까지 모든 지원을 아끼지 않고, 게으른 역자들을 독려하여 본서를 출간하게 도움을 주신 도서출판 원미사의 박준식 사장님과 직원들께 감사를 드린다.

2006. 8

역자 강영택 · 권주석

차 | 례 |

3 협력과 자문 방법 • 77

4 효과적인 협력교수방법 • 111

5 수업환경평가 • 133

6 학업성취 평가 • 177

7 교육과정 조절 • 237

8 행동 문제의 평가 • 275

9 행동 관리 전략 • 303

제 1 장

역사적 배경

1. 장애학생에 대한 교육 서비스의 보장
2. 서비스 전달의 연속체
3. 완전 통합 정책의 형성
4. 후속 활동

제 1 장

역사적 배경

핵심어

경도장애	최소제한환경
14차 개정헌법	부모참여
미공법 94-142	전장애아교육법
배제금지	특수학급
비차별적평가	서비스전달체계
적법절차	학습 도움실
개별화 교육 프로그램	일반교육주도형

Dot Hill 선생님은 정년을 앞두고 있다. Hill 선생님은 30년 이상을 특수교사로 근무하였고, 첫 번째 학급은 이 학교의 지하에 있는 헌 서고와 겸용하는 교실에서 시작하였다. 그 교실은 창문이나 환기시설이 없었다. 그 교실은 너무 비좁아서 예전과 마찬가지로 몇 개의 자료를 활용해서 교육하는 것조차 힘들었다. Hill 선생님은 읽기나 수학 등을 가르치는 모든 비용을 학생에게 징수하였다. 대부분의 학생들이 가난하였을 뿐 아니라, 영어를 사용하는데 문제가 있었다. 대부분의 학생은 문제아로 인식되어 그 학교의 일반 학생이 있는 학급에 출석하는 것은 허락되지 않았다. Hill 선생님은 학생들이 점점 더 고립되어 가는 것을 느꼈다. 업무에 대한 좌절이 느껴질수록, 다른 행운이 찾아올 여지는 전혀 보이지 않았다. 학급 지원 예산이 점차 줄어들지 않을까 하는 불안 속에서 생활하였다.

그 후 변화가 일어나기 시작하였다. 학부모들이 자녀가 공정하게 대우받게 하기 위하여 학교를 고발하였다. 법은 장애학생이 교육받을 수 있도록 개정되기 시작했으며, 교사는 직무에 대하여 안정감을 찾을 수 있었다. 법이 개정되면 개정될수록 학급에 실제적인 변화가 이루어졌다. 지하의 서고와 같이 쓰던 교실이 일반학급과 같은 크기의 1층 교실로 옮겨졌다. 학급당 인원도 줄어들었다. 가장 큰 변화는 장애학생이 일반학생과 같은 교실에서 교육받을 수 있게 되었다는 것이다. 이제 Hill 선생님은 한두 시간만 장애학생을 지도하게 되었고, 장애학생은 대부분의 시간을 일반 동료들과 일반교실에서 지내게 되었다.

Hill 선생님이 정년퇴임을 준비하면서 더 많은 변화가 일어나고 있었다. 장애학생이 일반교실에 더 많이 머물 수 있도록 특수교사가 일반교사의 교육활동을 도와 줄 것이다. 어떤 학생은 하루에 한두 시간씩 특수교사와 함께 공부하기도 하고, 어떤 학생은 일주일에 한두 시간만 특수교사와 함께 공부하게 될 것이지만 대부분의 학생은 일반 또래와 함께 하게 될 것이다. Hill 선생님은 통합교육이 어려운 일이기는 하지만, 정년퇴임만 아니라면 통합교육이 재미있는 과정일 것이라고 생각하고 있다.

지난 10년 전부터 특수교사와 일반교사가 일반학급에 있는 장애학생을 교육하는데 공동의 책무가 있다는데 일반적인 인식이 확산되기 시작하였다. 상담, 협력, 협력교수 등을 통해서 특수교사와 일반교사가 학급에 있는 장애학생과 일반학생의 요구에 맞도록 환경, 교육과정, 수업자료, 교수전략, 평가절차 등을 바꾸기 위하여 함께 일한다. 이러한 활동을 어떻게 할 것인가를 밝히는 것이 이 책의 목적이다.

이 장의 목적은 특수교육의 주요 배경지식을 제공하는 것이다. 우선 장애학생을 위한 공교육의 역사를 간략하게 개관하는데, 주로 경도장애학생에 대하여 초점을 둔다. 경도장애학생은 주로 학습장애, 정서행동장애, 정신지체학생으로 대부분 예전부터 특수교육을 받아오던 학생들이다. 그리고 경도장애학생의 특수교육 서비스체제에 대하여 논의하려고 한다. 마지막으로 사회·정치적인 힘이 일반교육 환경에서 장애학생을 교육하는 정책, 즉 통합교육 정책을 형성하는데 어떻게 작용해 왔는지를 설명하게 될 것이다.

1. 장애학생에 대한 교육 서비스의 보장

1) 초창기

장애학생은 항상 공교육으로부터 환영받지 못하고 일반학급에서 방치되어 왔다. 전장애아교육법(PL. 94-142)이 의회에서 통과된 1975년까지만 해도 몇 개의 주에서만 장애학생에게 교육서비스를 제공하였다. 대부분의 교육청에서는 최소한의 학력기준에 도달하지 못한 많은 학생을 학교 밖으로 내몰았다. 중증 장애학생, 정신병을 앓고 있는 학생, 그리고 지체장애학생의 부모는 다음의 3가지 중 하나를 선택할 수밖에 없었다. 즉, 자녀를 가정에 보호하거나, 비용이 비싼 사설 기숙시설에 맡기거나, 무료이지만 규모가 지나치게 큰 공립 보호시설에 맡길 수밖에 없었다. 이러한 선택의 결과는 전혀 만족스럽지 못하였다.

물론 몇몇 공립학교는 체제를 바꿔서 학교에 입학한 경도와 중등도 장애학생에게 특수교육 프로그램을 제공하였다. 이 프로그램은 2가지 목적을 가지고 있는데, 첫째는 학습이나 행동적 측면에서 일반학생과 상당한 차이가 나는 장애학생을 지도해야 하는 일반교사의 부담을 덜어주려는 것이고, 둘째는 학교생활에 잘 적응하지 못해 동료로부터 비난받는 장애학생을 보호하고 교육하기 위한 것이다. 이러한 교육전략은 일반학급의 일상적인 활동과는 전혀 다른 특수교육 프로그램을 구성하여 장애학생이 별도의 특수학급에서 교육활동을 하거나 다른 건물에 있는 특수학교에서 교육받도록 하는 분리교육 체제이다.

20세기 초에 지능검사가 도입되면서 이러한 특수교육 프로그램을 받는 대부분의 학생들은 경도장애 또는 교육 가능 정신지체(EMR)로 명명되었다. 어떤 주(뉴저지, 뉴욕, 메사츄셔츠)에서는 아주 심한 장애가 아닌 교육가능급 정신지체학생에게 교육서비스를 제공하기 위하여 별도의 담당부서를 교육청에 설치하기도 했다. 하지만 대부분의 주에서는 경도 및 중등도 장애학생에게 특수교육을 제공하기 위하여 별도의 교육비를 지출해야 하는 담당부서를 교육청에 두지 않았다.

장애학생에 대한 통합교육 장점

1925년부터 1950년까지 학습부진이나 문제 학생으로 낙인찍힌 학생들이 강제로 특수학급에 배정되었다. 이러한 학생은 소수집단의 학생, 영어를 모국어로 사용하지 않는 학생, 빈곤층의 자녀, 일반학급에서 쫓겨난 교육가능급 장애학생으로 낙인된 학생 등이 포함되면서 그 수가 점차 증가하게 되었다. 특수학급의 교육과정은 기본적으로 비학문적이어서 사회성 발달이나 단순하고 낮은 기능을 요구하는, 직업을 찾고 유지하는데 필요한 기술을 가르치는데 중점을 두었다. 1950년대 중반 이후 특수학급이 과밀학급이 되면서 학교에서 최소한의 공간만 주어지는 지하나 창고 또는 보일러실 같은 곳에 배정하였다. 더욱이 이 때는 장애로부터 사회를 보호하고 장애인을 사회로부터 분리시키기 위한 장애인 보호시설이 빠르게 증가하는 시기였으나, 학습이나 행동에 문제를 가진 학생이 모두 특수교육 기관에 배정된 것은 아니었다. 특수교육 프로그램이 충분한 학교든, 교육 프로그램이 없는 학교든지 간에 학습과 행동에 문제를 가진 학생이 일반학급에 남아 있었으나 대체로 특별한 처치는 받지 못했다. 그러나 교사의 참을성을 뛰어넘는 잘못된 행동을 하는 학생은 문제아나 반항아로 낙인되어 결국 학교 밖으로 쫓겨나게 된다. 또 만족스런 학업성취도를 나타내지 못하는 학생도 학습부진아나 학습지진아로 낙인되어 학년이 올라가면서 결국 낙제하게 된다.

2) 변화의 시작

특수교육 요구학생의 교육철학은 인종 때문에 학생을 분리시킨 문제를 다룬 Brown과 교육국 간의 사건(1954)에서 찾을 수 있다. 이 판례에서 미국 대법원은 모든 학생에게 유용한 교육이 제공되어야 함을 선언했다. 장애학생에 대한 언급은 없었지만, Brown의 판례는 장애학생에게는 교육받을 수 있는 기본적인 원리가 적용되지 않는 이유에 대하여 의문을 제기하던 장애학생의 부모들이 문제를 집중적으로 제기하고 재평가하는 기폭제가 되었다. 1960대부터 1970년대까지의 많은 판례는 장애학생이 일반학교에서 교육받는 것을 거부하고, 다른 분리된 교육적 상황에 배치하는 공교육제도에 불만을 갖고 있는 장애학생의 부모와 옹호단체에 의하여 시작되었다. 이러한 판례는 어떤 주(state)에서도 법에 따라 동등하게 보호받을 수 있은 개인의 권리를 제한할 수 없으며, 적법한 절차 없이는 개인의 생활, 자유, 재산 등을 박탈할 수 없다는 14번째 개정 헌법에 기초하고 있다. 이와 같은 법정 소송이 승소하게 됨으로써 소송 당사자인 장애학생들에게도 학교의 문이 열렸다. 그러나 이 판결은 주 교육청이나 지방 교육청의 의무 중에 하나가 모든 장애학생에게 적절한 공교육을 제공해야 한다는 것으로까지는 변화시키지는 못했다.

이 시기에 의회가 개입하기 시작하였다. 1966년 의회 청문회에서 장애학생의 부모와 옹호단체는 많은 장애학생들이 학교에 들어가지 못하고 있으며, 설령 입학한다 해도 그들은 나이가 들어 졸업할 때까지 무료하게 일반학급에 앉아만 있다는 것을 호소하였다. 이에 대하여 의회는 PL. 89-750을 개정한 초중등교육법을 개정하여(Elementary and Secondary Education Act, amended by PL. 89-750) 주에서 특수교육 프로그램을 만들거나 확장하고 개선하는데 필요한 직접적인 연구비를 지원할 수 있는 법률을 법제화하였다. 많은 것이 개선되어 가고 있었으나 충분하지는 않았다.

1974년 의회는 주와 지방 교육청이 특수교육 대상 학생의 권리를 엄격하게 보호해야 하고, 장애학생의 적법 절차를 보장해야 하며, 그들에게 최소제한 환경에서 교육 서비스 제공해야 한다는 내용을 삽입한 초중등교육법(PL. 93-380)의 개정안을 통과시켰다. 초중등교육법(PL. 93-380)은 그 지역에 있는 장애학생에게 충분한 교육적 기회를 제공하는 것을 목적으로 개정되었다.

3) 목표에서 이상까지

미 하원 교육 분과 John Brademas 위원장과 미 상원 장애분과 Jennings Randolph 의장은 여전히 만족하지 못했다. 그들은 연방정부가 장애학생에 대하여 더 많이 책임져야 한다고 믿고, 장애학생에게 공교육을 제공할 시기를 정한 연방법안을 통과시키기 위하여 노력하였다. 그들의 노력으로 1975년에 획기적인 법률인 전장애아교육법(PL. 94-142)이 제정되었다. 이 법안은 장애학생에게 특별한 교육적 서비스를 제공하도록 지방교육청이 연방정부의 재정을 사용할 수 있게 하는 권한을 위임하였다. 이 법은 주 기금 프로그램(Part B of the Act)과 연방정부의 경비지출 기준에 의해 6세부터 21세까지의 일반교육비의 1%에 대한 경비를 지출하도록 하였다. 1978년

의회는 각 교육청에서 장애학생의 교육에 초과 사용한 금액의 5%를 지급하기로 약속했다. 그리고 1982년에는 초과한 비용의 40%를 받게 되었다. 그것은 또한 특수교육에 등록된 3세에서 6세의 모든 장애학생에게 학생당 300$의 장려금을 추가 제공하는 권한을 부여했다. 1980년의 법은 주가 어떤 학생에 관한 정부의 돈을 계속적으로 받기 원한다면, 비록 심한 장애를 가진 학생일지라도 무료의 적절한 공교육을 받을 수 있는 경계선을 정했다.

PL. 94-142는 6가지 특별사항을 주 교육청에 권고하였다.

1. **배제금지** : 무상의 적절한 공교육은 장애의 유형이나 정도에 관계없이 모든 장애학생들에게 제공되어야 한다. 학교는 모든 장애학생을 등록시켜야 한다. 즉, 모든 학령기 장애학생은 학교로부터 배제될 수 없다.

2. **비차별적 평가** : 각 주는 장애학생의 평가체계에서 나타나는 인종과 문화의 편견을 제거한 진단평가 절차를 확립해야 한다. 더구나 한 가지 검사나 한 명의 전문가의 견해에 의해서 특수교육에 적격한 학생으로 분류되어서는 안된다.

3. **적법절차** : 적법절차는 장애학생과 그들의 가족을 위해 확립 되어져야 한다. 장애학생과 가족의 권리를 보호하기 위해 적법 절차 뿐만 아니라 기록도 반드시 보관되어져야 한다.

4. **개별화 교육 프로그램** : 특수교육을 받는 학생의 현행 성취수준, 장·단기 교육목표, 교육적 서비스의 제공, 목표 달성정도를 평가하는 절차 등을 포함된 개별화 교육계획이 작성되어져야 한다.

5. **최소제한 환경** : 학교는 장애학생을 교육하는 일련의 서비스 전달 체제를 구축해야 한다. 장애가 없는 또래에게 접근하는 것을 최대한 허락하는 환경이어야 하며, 장애학생을 위한 최소 제한적 환경을 구성해야 한다.

6. **부모참여** : 장애학생 부모는 자녀에 대한 특수교육 서비스의 기록을 알고 상담하며 들을 수 있는 권리가 있다. 이들에게 자녀의 장애판별, 평가,

배치, IEP 등에 반드시 참여하여 의견을 제시할 기회를 제공해야 한다.

PL. 94-142는 특수교육과 일반교육에 대 변혁을 일으켜 미국의 교육상을 크게 변화시켰다. 이것은 미국의 모든 학교가 영향을 받았으며, 모든 특수교사, 교육행정가, 장애학생 부모, 그리고 교육활동에 참여하는 관련 인사의 역할과 책무를 변화시켰다.

4) PL. 94-142 범위의 확장

1983년 의회는 PL. 94-142를 개정하여 장애학생에 대한 정부의 지원 폭을 훨씬 더 넓혔다. 그것은 장애학생이 태어나서 성인기에 이르기까지 지속적인 서비스를 제공하기 위하여 두 가지 중요한 프로그램을 도입했다. 하나는 조기교육 훈련, 연구, 시범 등에 대하여 특별자금을 제공하는 것이다. 두 번째는 학교에서 직업훈련, 작업, 중등 이후의 교육으로 나가는 장애 청소년의 전환교육에 초점을 두는 교육이다.

1983년 개정된 법에서는 장애유아에 대한 조기교육은 포함시키지 못했다. 1986년 6월 7개 주는 출생에서부터, 1개 주는 2세부터, 13개 주는 3세부터, 4개 주는 4세부터, 14개 주는 5세부터 서비스를 제공하도록 개정되었다. Lowell Weiker 의원의 계속적인 노력으로 1986년 수정된 장애아교육법(PL. 99-457)이 통과됨으로써 3세에서 5세의 장애유아도 공교육을 받게 되었고, 출생 후 2세까지의 영·유아에게 조기중재서비스를 제공하는 지역에 특별장려금을 줄 수 있게 되었다.

1990년에 PL. 94-142가 3번째 개정되어 장애인교육법(individual with disabilities education act; IDEA)으로 이름이 바뀌었고, 특수교육 서비스를 받고 있는 10개의 장애영역에 두 가지 장애 영역(자폐, 외상성 뇌손상)이 추가되었다. 또 학교는 장애 청소년이 학교를 졸업하고 중등 이후의 교육, 직업훈련, 고용 등 학교 후의 활동을 촉진하기 위하여 고안된 일련의 활동을 제공하는 전환서비스를 16세 이전에 제공하도록 했다. 그러나 가장 중요한 것은 PL. 94-142에 제시한 6가지 기본적인 원리인 (1) 배제금지, (2) 비차별적 평가, (3) 적법절차, (4) 개별화교육계획(IEP), (5) 최소 제한적 환경, (6) 부모참여를 따르고 있다는 점이다.

1997년 IDEA(PL. 105-17)를 개정하면서 의회는 장애학생에게 교육적으로 최상의 특수교육 서비스가 무엇인가를 연방정부 법에서 강조하도록 하여 특수교육 서비스의 접근을 가능하도록 하였다. 또 의회는 서류작성 작업을 줄이도록 하였고, 전문가들에게 더 낮은 비용으로 더 많은 영향력과 융통성을 주도록 하였으며, 부모가 의사결정과정에 더 깊게 관여하게 하였으며, 학교를 안전하게 만들기 위해서 장애학생을 지도하는 절차를 명료화하였다. 1997년 개정된 법에서도 모법에 제시한 6가지 원리를 다시 한 번 확인하였으며, 적절한 교육이 이루어졌을 때, 장애아동이 일반아동과 같이 교육 받아야 한다는 의회의 입장을 다시 한 번 확인하였다. 1997년의 IDEA는 주정부가 장애학생의 수행기준을 제시해야 하고, 장애학생의 교육적 변화를 판단할 수 있는 평가지침을 개발해야 하며, 주나 지방에서 실시하는 모든 평가에 장애학생을 포함시킬 것을 요구하였다.

2. 서비스 전달의 연속체

1950년대와 1960년대에는 모든 중증 장애학생은 전혀 일반학교에 다닐 수 없어서 특수학교나 기숙시설에 배치하였다. 그러나 경도 장애학생은 일반학교 체제 내의 특수학급에 배치되어 일반학생과는 별도의 경험을 하도록 하였다. 1960년대와 1970년대의 특수학급은 점차 학습장애로 분류된 학생들을 위한 학급으로 일반화되었고, 정서장애학생을 위한 특수학급도 나타나기 시작했다.

그러나 이러한 분리된 배치는 서비스 전달 체제의 연속선의 한 부분이지만 이론적으로 보았을 때 장애학생을 위한 적합한 선택일 수도 있었다. 이러한 서비스의 연속선은 〈그림 1-1〉에 나타나는데 "그 끝이 뾰족하게 설계된 것은 끝으로 갈수록 학생의 숫자가 적어진다는 것을 나타내고, 이 체제는 진단적 여과장치와 같다는 것을 의미한다(Deno, 1970, p.235)." PL. 94-142 이전에도 Deno는 장애학생에게 적합한 서비스를 제공하기 위해 필요한 일련의 환경을 구축할 수 있는 학교 체제를 만들 수 있을 것이라고 믿었다.

Deno는 배치 선택의 연속선을 개념화함으로써 가장 많은 장애학생이 일반학급에 출석하게 되었고, 대부분의 일반교사는 특수교사로부터 보조적인 상담을 받았다.

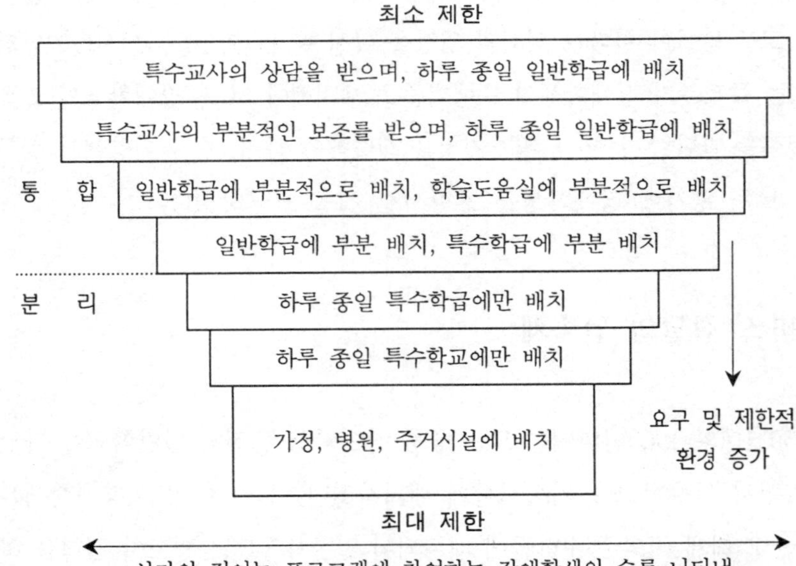

<그림 1-1> 서비스 전달 체제 모형

다음으로 많은 장애학생이 일반학급에 출석하지만, 그 학급에 특수교사가 방문하여 도움을 제공하는 형태이다. 다음 단계는 학생들이 대부분의 시간을 일반학급에서 보내고, 일정 부분의 시간을 학습도움실에서 보내는 것이다. 학습도움실 학생은 매일 몇 시간씩 일반학급 이외의 환경에서 개별적 또는 소그룹으로 특별히 훈련된 교사로부터 전문화된 교육적 서비스를 받는다.

〈그림 1-1〉의 서비스 연속선의 하단에 온 종일 특수학급에 출석하는 소수의 장애학생이 있고, 아주 극소수의 학생들이 교육청의 지도를 받는 특수학교에 출석한다. Deno는 공립학교에 출석하지 못하거나 병원, 가정, 주거시설과 같은 학교 밖에서 특수교육 서비스와 관련 서비스를 받고 있는 장애학생들을 위하여 7번째의 폭포수 단계를 추가하였다. Deno가 상상했던 것처럼, 서비스 전달체제의 최하단에도 절대적으로 서비스를 필요로 하는 학생이 배치되어 있으며, 이들은 가능한 한 빨리 상위단계로 이동이 이루어져야 한다.

비록 1970년까지 Deno의 이론이 발표되지 않았지만, 이와 같은 서비스 전달 체계는 1967년 초의 특수교육 보고서에 나타났다. 학습장애학생에 대한 4차 연차회의에서 Todd(1967)는 신경학상의 장애학생을 Ohio 프로그램에 학생들을 배치하기 위해 서비스 전달 체제 모형을 제시하였다. 이 프로그램은 일반적인 학습방법을 통하여 학습에 성취를 이루지 못하거나 학교학습의 실패로 인하여 발달적인 행동문제를 일으킬 가능성이 많은 1학년 학생을 대상으로 하였다. 오늘날 이 학생들은 학습장애로 분류되지만, 그 당시에는 "기능적으로 평균 또는 그 이상의 지능을 가졌으나 신경학적 장애로 학습이나 신경상의 장애를 가진 학생"(Todd, 1967, p.109)으로 불렀다. Todd는 각기 다른 수준의 학생에 대한 3층 교수 프로그램을 설명하고 있다.

> 어떤 학생은 일반학급에서 실제적으로 수행할 수 있는 개정된 프로그램이 유익한 학생도 있다. 또 어떤 학생은 일반학급 활동에 추가된 보충 교수 프로그램이 유익한 학생도 있다. 그러나 이들의 대부분은 학습장애와 행동장애학생을 위하여 특수하게 설계된 학급이 더 유익하다(p.110).

Todd는 Deno의 서비스 전달 체계의 상위 수준을 설명하고 있다. Todd 역시 학생이 준비가 되었을 때 연속선의 위쪽으로 이동한다는 Deno의 생각을 예견했다. "학생들이 일반학급 상황으로 돌아가는 구조로 특수학급 안에서 제어 가능한 조정이 이루어져야 한다(Todd, 1967, p.110)."

서비스 전달의 연속선은 PL. 94-142의 중심이었고, 최소제한환경 규정을 반영하였다. 이 규정이 1975년 법안에 채택되면서 의회는 장애학생과 일반학생이 함께 교육받을 가치를 인정하였고, 이것이 최대한 적절하게 이루어지도록 요구하였다. 이 법의 규정에 따라 교육청은 이미 제한된 환경에 배치된 학생을 서비스 전달 체제의 상위 단계로 이동시킬 것을 요구하고 있다. 이것은 이미 배치된 학생에 대해서도 교육청은 가능한 한 특수교육 서비스 전달 체제 연속선에서 높은 단계에 배치해야 한다는 것을 의미한다. Bateman과 Chard(1995)는 배치결정에 대한 지침으로 6가지 관리 규정을 제시했다. 그들은 최소제한환경을 장소에의 배치를 결정하는 것이 아니라 절차상 요구에 따른 결과라는 점을 강조한다. 이러한 3가지 요구는 면책조항이 없는 명령이며, 절대적이고 구속력을 갖는다.

> 1. 교육청은 학습 도움실, 특수학급, 특수학교 등등의 충분한 대안적 배치의 연속선을 만들어야 한다.
> 2. 배치결정을 할 때는 학생들에게 어떤 요인이 잠재적으로 해로운 영향을 미칠 것인가 또는 학생들이 필요로 하는 서비스의 질을 반드시 고려해야 한다.
> 3. 배치는 IEP에 근거해야 하며, 연간 계획에 따라 결정되어야만 한다(p.291).

최소제한환경은 다음과 같은 세 가지 내용을 고려하여 운영되어야 함을 나타낸다.

1. 장애학생은 최대한 적합한 교육환경에서 일반학생과 함께 교육되어져야 한다.
2. 일반 교육 환경에서 추가적인 도움이 필요하거나 서비스에 의하여 만족스럽게 성취할 수 없을 정도로 심한 장애나 특성을 갖고 있을 때에만 일반 학급 환경에서 장애학생을 배제해야만 한다.
3. IEP의 다른 요구가 없다면, 학생은 이웃학교에 출석하여야 한다. 일반학생과 같은 이웃학교는 장애학생의 집에서 가능한 한 가까워야 한다(Bateman & Chard, 1995, pp.291-292).

학생이 교육적으로 적절하게 배치되는 것은 지역에 소속된 IEP위원회의 구성원인 부모와 교직원의 합의된 결정이 있어야 한다. 학생이 특정 집단에 소속되거나 특별하게 명명되는 등의 모든 활동은 학생 개인적인 차원에서 결정되어야 하며, 모든 학생을 적절하게 교육하기 위하여 요구되는 선택은 모두 고려해야 한다(Bateman & Chard, 1995; Yell, 1998).

배치 비율로 활용되는 최초의 데이터인 1976-77학년도 자료에 따르면, 대부분의 경도장애학생이 학교생활의 일부분이나마 일반학급에서 시간을 보내고 있으며, 상대적으로 적은 비율의 장애학생만 분리된 특수학교나 다른 교육환경에서 교육받고 있었다(그림 1-2). 그러나 장애 명명에는 중요한 변화가 있었다. 학습장애로 명명된 대부분의 학생은 일반학급에서 생활하는 것으로 나타났으며, 경도 정신지체 학생들은 분리된 학급에 배치되어 있는 것으로 나타났다. 즉, 학습장애학생은 특수학교에 분리 배치되는 경우는 거의 없었지만, 정서장애나 정신지체로 진단되어진 학생들은 특수학교에 배치된 경우가 상대적으로 많았다(그림 1-3).

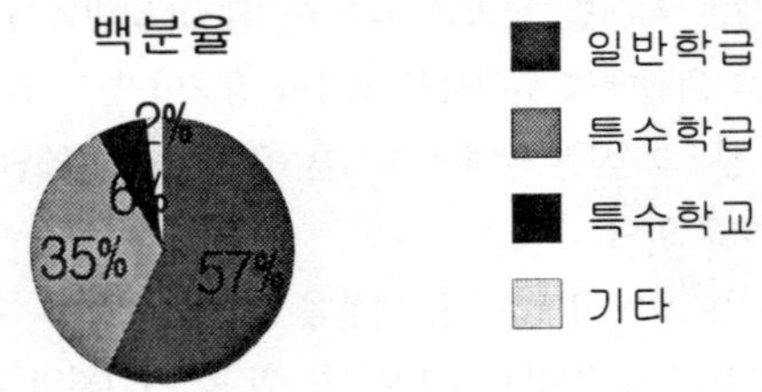

이 표는 대부분의 경도장애학생인 57%가 일반학급에 배치되고, 그들의 일부분인 35%는 특수학급에서 교육받으며, 단지 8%의 경도장애학생이 특수학교나 기타 특수교육시설에서 교육받고 있음을 나타낸다.

<그림 1-2> 1976-77학년도의 장애아동 배치

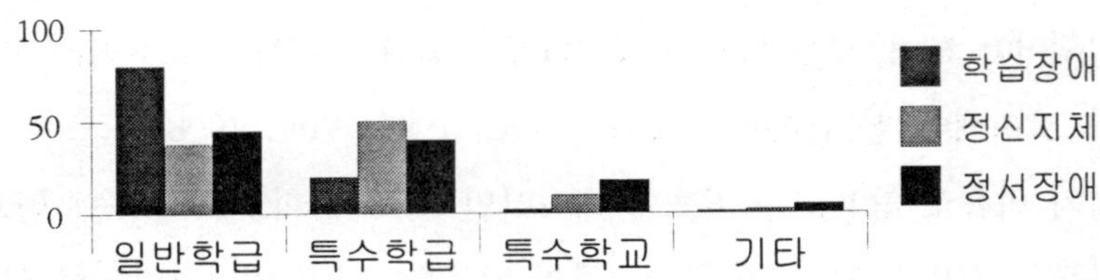

이 표는 학습장애학생은 주로 일반학급에서 학습하며, 대부분의 정신지체학생은 주로 특수학급에서 생활하는 것을 나타낸다. 따라서 특수학교에 배치된 학습장애아동은 적지만, 정신지체나 정서장애로 진단된 아동은 상대적으로 많은 것으로 나타난다.

<그림 1-3> 1976-77학년도 경도장애학생의 배치

3. 완전 통합 정책의 형성

1) 분리된 책임부터 공유된 책임까지

PL. 94-142가 통과되기 전부터 학교에서는 장애학생을 일반학교 교실에 통합해 왔는데, 그것은 교사가 장애학생을 그렇게 배치하는 것이 교과적인 측면이나 사회적인 측면에서 유익하다고 판단하였기 때문이다. 이 학생들에 대한 책임은 나누어져 있었는데, 특수교사는 학생이 일반학급에 있지 않는 시간에 대하여 책임지고, 일반교사는 교실에 남아 있는 시간 동안만을 책임졌다. 특수교사는 지역 교육청에서 채택한 같은 연령의 일반학생이 배우는 교육과정, 교과서, 또는 자료 등을 근간으로 하지 않고, 수정되었거나 대안적인 교육과정을 가르쳤다. 일반교사는 장애학생에게 지역 교육청에서 채택된 교과서와 자료를 이용한 표준 교육과정을 약간 수정 · 보완하여 가르쳤다.

장애학생이 일반학급에서 어려움을 겪거나 새로운 대처방법에 대한 아이디어나 제안이 필요로 할 때는 특수교사와 일반교사가 서로 협의해야 한다. 일반학급에 배치된 장애정도가 경미한 장애학생에 대한 책임은 일반교사와 순회 특수교사 또는 특수교사가 함께 할 수 있을 것이다. 각 학교를 순회하는 특수교육 전문가는 규칙적으로 일반교사와 만나서 수정된 수업방법을 알려주고, 수업과정에서 장애학생이 사용할 수 있는 수정된 자료나 검사지를 나누어준다. 더 많은 도움이 필요한 학생은 매일 1시간부터 4시간까지 학습도움실에 배치되어 특수교사가 중핵 학문 교과에 대한 교정 교수나 보충교수를 한다. 전혀 일반 교과과정을 학습할 수 없는 학생은 특수학급에 배치되고, 일반교사와 협력하여 미술, 음악, 체육과 같은 비학문적 교과를 지도한다.

PL. 94-142의 최소제한환경은 장애의 범주나 정도에 관계없이 모든 장애학생을 일반학급에 통합해야 한다는 것은 아니다. 의회는 배치결정의 지배적인 목적과 같이 장애학생과 일반학생을 통합하는 것을 바라고 있으나, 모든 장애학생을 일반학급에 배치할 의지는 거의 없었다. 그래서 1975년 6월의 하원의원의 보고서인 H.R.7217에는 다음과 같이 분명하게 진술하고 있다.

> 물론 학생을 일반학급에 배치하는 것이 최적의 방법 중의 하나일 것이다. 위원회는 이것이 가장 유익한 수업배치가 아니라는 점을 인정한다. 장애의 종류나 정도 때문에 일반학급보다는 다른 교육환경에서 교육받아야 한다면, 그러한 배치가 더 적절하

다는 것을 의미한다. 그러나 최소 제한적 환경의 규정은 특정 시설이 필요한 특수교육 때문이 아니라 장애를 가지고 있다는 이유로 학생을 분리된 시설에 혼자 무차별적으로 배치하는 것에 대하여 권리를 규정하여 보호하도록 설계되었다(H. Rept. No. 94-332, p.9).

의회는 특정 학생을 일반학급과 다른 환경에 배치하는 경우를 분명하게 가정하였다. 그러나 그러한 배치는 분명한 이유가 있어야 하고, 또 그러한 이유는 학생의 장애의 유형이나 정도, 그들의 특수교육과 관련 서비스의 요구에 근거해야 한다.

최소제한환경에 있는 장애학생의 협력교수 장점

최소제한환경의 규정은 그 어느 곳에서도 실현되지 않았다. 특수학급과 같은 분리시설은 심각하게 비판을 받으면서 Peabody 사범대학의 Dunn(1968)은 경도 장애학생을 위한 특수학급과 특수학교를 없앨 것을 주장하였다. 그 주장의 근거는 Coleman(1966) 등이 인종 분리학교에 다니는 아프리카계 미국 학생은 그들이 통합된 학교에 다니고 있는 학생에

비하여 학문적 능력이 덜 발전되었다는 연구에 기초하고 있다. 그 후 다른 연구에서도 Dunn의 입장이 확인되었지만, 학습 환경은 더욱 더 어려워져 갔다. Leinhardt, Zigmond와 Cooley(1981)는 경도 장애학생이 능동적으로 읽기학습에 참여하는 시간은 수업시간의 10%에 불과하고, 글씨 쓰는 시간의 2%, 교사와 상호작용하는 시간은 6%에 불과하다는 것을 발견하였다(Leinhardt, Zigmond & Cooley, 1981; Silverman, Zigmond, Zimmerman & Vallecorsa, 1981).

고등부 경도 장애학생에 대한 2편의 문화 기술적(ethnographic) 연구에서 Zigmond와 그의 동료는 일반학생이 과거에 배운 것을 특수학급에서 배우고 있다는 사실을 발견하였는데, 이것은 실제적인 측면에서는 정신연령에 초점을 둔 교육과정을 배우고 있다는 점이 심각한 문제가 된다(Miller, Leinhardt & Zigmond, 1988; Zigmond & Miller, 1992). 특수학급에서는 학습속도가 느리고, 정교화된 수업이 이루어지기 때문에 낮은 인지적 기능을 요구한다는 특징이 있다(Partanen, 1993). 특수학교와 특수학급의 대안으로 Dunn(1968)은 경도 장애학생의 통합된 서비스 전달 체제의 모형으로 부분적(part-time)으로 분리시키는 교정 학습도움실의 형태를 제안하였는데, 이것은 특수교사가 학습상의 문제가 있는 학생을 일정시간 지도하는 체제이다.

학습도움실은 대체로 특수학급이나 일반학급에 배치된 장애학생보다 학습장애학생이나 행동장애학생에게 더 도움이 되는 것으로 보인다. 학습도움실의 수업은 학생의 성취와 과제 지향적 행동을 증가시킨다(O'Connor, Stuck & Wyne, 1983). 학습도움실의 서비스는 자아개념을 낮추지 않고(Prillaman, 1981), 교과 발달에 대한 교사와 학생의 인식, 개인의 사회적응을 향상시키는 것과 관련된다. Madden과 Slavin(1983)은 학문적 성취를 향상시키는 것이 기대하는 성과라면, 장애학생을 잘 고안된 학습 도움실 프로그램으로 대체할 수 있는 일반학급에 배치하는 것이 좋다고 결론지었다.

PL. 94-142가 시행된 지 10년이 지나고, Dunn(1968)의 학습도움실에 대한 주장이 제기된 지 18년이 지난 후에 학습도움실은 비판의 대상이 되었다. 학습에 문제를 갖고 있는 학생의 학습문제는 아무리 잘 고안된 별도의 교육 프로그램이라 하더라도 이러한 학생의 교육적 요구에 여러 가지 측면에서 맞지 않는다는 것을 미국 교육부의 특수교육담당관인 Madeline Will(1986, p.413)은 주장하였다. Will과 그에 동조하는 인사들은(Gartner & Lipsky, 1987; 1989; National Association of State Boards of Education, 1992) 학습에 문제를 갖고 있는 학생이 교육목표를 달성하고, 교과지식을 성취하기 위해서는 더 충분히 통합된 교육경험이 필요하다는 것을 주장하였다. 그들은 일반교육체제 안에 있지 않는 별도의 특수교육 서비스는 비용이 지나치게 많이 지출되기 때문에, 경제적 실용성에 대한 의문을 제기하였다(Special education costs, 1988). 그들은 장애학생을 여러 유형의 특수교육 프로그램에 배치하기 위하여 활용되는 진단준거에 대하여 이의를 제기하였다(Ysseldyke & Algozzine, 1983). 그들은 장애학생을 일반교육 환경으로부터 분리하기 때문에 사회적 낙인이 찍힌다는 점을 강조하였다(Dunn, 1968; Foster, Ysseldyke & Reese, 1975). 그런 측면에서 그들은 별도의 특수교육 서비스는 경도 장애학생을 분리하여 단편적으로 제공하는 교육 서비스라고 공공연하게 비난하였다. 그들은 모든 경도장애 학생을 전일제 일반학급에 되돌려 보내야 하고, 장애학생에게 필요한 모든 특수교육 서비스도 그 안에서 제공되어야 한다고 제안하였다. 이와 같은 일반교육주도형(Regular Education Initiative; REI)을 주장하는 사람들은 경도 장애학생을 PL. 94-142와 IDEA 법안에 따른 최소제한환경인 일반학급에 완전 통합시키기 위한 법적 기초를 마련하였다. 또 그들은 장애학생을 일반학급에서 배제시키는 것은, 학생의 장애유형이나 정도가 일반학급에서 그들이 필요로 하는 도움이나 서비스를 제공할 수 없어서 만족스럽게 성취할 수 없을 때로 제한하였다(Turnbull, 1998).

일반교육주도형(Lilly, 1986; Reynolds, Wang & Walberg, 1987; Stainback and Stainback, 1984; Will, 1986)은 일반교육과 특수교육을 재편하여 많은 장애학생이 전일제 일반학급으로 되돌아가 특별한 보충 지도가 아닌 이론적으로 효과적인 수업활동에 참여하였으며, 일반교육은 더 많은 지원을 요구하는 학생(장애학생)을 포함한 모든 학생에게 통합되어 전보다 더 나은 서비스를 제공하는 교육체제를 구축하였다(Reynolds, Wang & Wang 1987, p.394). 그들의 입장에서 일반교육주도형은 하나의 시민운동이었고 장애학생을 통합교육에 동등하게 접근하게 하는 것이었으며, 어떤 종류의 분리도 허용되지 않게 하는 운동이었다.

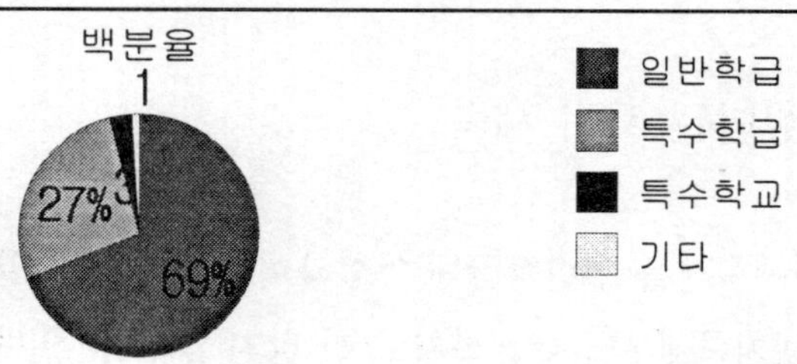

이 표는 일반학급에 있는 경도 장애학생이 12% 증가하고, 특수학급에 있는 경도장애학생은 8% 감소하며, 특수학교와 기타 기관에 배치된 경도장애학생은 4% 감소했다는 것을 나타낸다.

<그림 1-4> 1994-95학년도의 경도장애학생 배치

그러나 다른 입장에서 보면, 일반교육주도형은 단순히 경도 장애학생의 교육에 대한 일반교육과 특수교육간의 책임의 분할을 인정하는 것에 불과하다. 그럼에도 불구하고, 별도의 특수교육 서비스의 포기를 꺼리는 사람들(Mesinger, 1985; Leiberman, 1985; Fuchs & Fuchs, 1995; Zigmond & Baker, 1995)도 경도 장애학생을 일반학급에 점진적으로 통합시킬 필요성은 인정한다. 그들은 전통적이고 분할된 별도의 특수교육 프로그램에서

성취했던 것보다 더 나은 학문적으로 성취할 수 있는 정선된 특수교육과 일반교육 프로그램을 요구했다. 이것이 우리가 이 책에서 취하는 입장이다. 우리는 특수교육 서비스 연속선의 중단을 원하지 않는다. 우리는 일반학급 안에서 모든 학생의 요구가 충족될 수 있다는 결론이 충분한 증거가 있다는 것을 믿지 않는다. 그러나 우리는 "분할된 책임 모델"이 장애학생들에게 잘 제공되지 않을 것이라는 것을 믿는다.

완전 통합교육과 서비스의 연속선을 고집할 필요가 있다고 인정하는 두 입장의 대안은 일반학급이나 일반학교에 있는 대다수 장애학생 〈그림 1-4〉에 대한 책임을 일반교육과 특수교육으로 분할할 것이 아니라 공유하는 서비스 전달 모형이다. 장애학생에 대한 공유된 책임은 상담, 협력, 협력교수에 의하여 촉진될 수 있다.

2) 상반된 지지 세력

장애학생을 일반학급에 통합하여 교육하려는 일반교사의 개혁적인 노력은 초기단계부터 현재까지 그리 많지 않았다. 일반교사는 특수교육과 통합교육에 대하여 조심스럽게 접근 중이거나 비판의 대상으로 생각하는 가운데에 있다. 이에 대하여 학교 감독기관, 법률가, 미국교육개혁위원회나 표준제정위원회 등은 막대한 압력을 가하고 있다. 1994년 의회를 통과한 미국교육법에 제시한 교육목표 2000(Educate America Act (PL. 103-227)은 일반 공교육의 전반적인 체제를 개선하기 위하여 50개의 주지사들이 처음에 제안한 것으로, 교육과정과 교과서, 교수활동, 교수공학의 활용, 학생의 성취도 평가, 교사교육 및 연수프로그램 개발, 부모와 지역사회의 참여, 학교 행정 및 관리 등에 대한 문제를 포괄적으로 제시하고 있다(미국의 교육목표 목록, 〈그림 1-5〉참조).

목표 1 : 미국의 모든 학생은 학교교육을 시작하기 전에 학습에 필요한 준비를 한다.
목표 2 : 고등학교 졸업 비율은 적어도 90%까지 끌어 올리도록 한다.
목표 3 : 모든 미국의 학생들은 영어, 수학, 과학, 역사, 지리과목에서 요구되는 최소한의 능력을 갖춘 뒤, 4, 8, 12학년을 마치도록 한다. 모든 학교는 학생들이 자신의 사고력을 활용할 수 있도록 교육해야 하며 이를 통하여 우리 사회에서 책임 있는 시민으로서 생산적인 직업 활동에 참여할 수 있는 기초를 갖춘다.
목표 4 : 미국의 학생은 과학과 수학 성취수준이 세계에서 으뜸이 된다.
목표 5 : 모든 미국 성인은 읽고 쓸 수 있고, 세계 경제시장에서 자신의 역할을 다하는데 필요한 기술을 소유하고, 시민으로서의 책임과 권리를 다할 수 있다.
목표 6 : 미국에 있는 모든 학교는 마약과 폭력으로부터 자유롭게 되고, 학습을 촉진하는 교육적 환경을 만들어간다.

<그림 1-5> 미국교육목표

그 개혁은 모든 학생들이 좀 더 높은 학문적 성취에 도달하고, 고등학교를 졸업하기 전에 전문적인 기술을 획득할 수 있도록 도와줌으로써 궁극적으로 학생의 성과를 개선하는데 초점을 맞추었다. 교사들은 학급에서의 교과 압박이 증가하고, 더 많은 학생을 수용하고 높은 성취 기준에 도달해야 하며, 학년 진급이 좀 더 어렵게 될 것이라는 압박감을 피할 수 없다. 동시에 특수교사는 학생들이 일반교사의 학급에 통합되기 위하여 더 많은 노력이 요구되고 있다. 일반교사는 장애학생으로 인하여 늘어나는 교육적 책무에 대하여 준비할 필요성을 느끼지 못하고 있으며, 일반학급에서 생활하는 많은 장애학생에 대하여 열정을 갖지도 않는다는 조사 결과는 놀라울 것이 없다(Coates, 1989; Semmel, Abernathy, Butera & Lesar, 1991). 학급교사가 직면하는 문제가 더 많아진다는 것은 의문의 여지가 없다. 일반교육의 학급은 복잡한 곳이며, 학급의 집단은 너무 다양하게 구성된다. 즉, 부자인 학생과 가난한 학생, 영어를 모국어로 사용하는 학생과 영어를 모국어로 사용하지 않는 학생, 정상적인 가정의 학생과 이혼과 재혼 또는 편부모

가정의 학생, 신체적으로 건강한 학생과 건강하지 못한 학생이 혼합된 학급이다. 교사는 학급을 구성하고 있는 학생의 요구에 따라 교육과정을 가르칠 수 있도록 학급을 조직하고 운영해야 한다. 교수와 학습은 서로 조화롭게 구조화되어야 한다. 시간은 생산적으로 채워질 필요가 있다. 학급의 다양성은 조정되어질 필요가 있다. 높은 성취기준은 성취될 수 있다. 이것은 조심스러운 계획과 수많은 결정과정에서 이루어진다. 좋은 결정이 만들어지고 좋은 전략이 실행될 때, 학생들은 더 많은 것들을 성취할 수 있을 것이다. 일반교사와 특수교사가 일반학급에서 많은 시간을 보내고 있는 장애학생의 시간을 효율적으로 운영하는데 필요한 결정에 대하여 책무를 공유한다면, 교사의 시간과 학생의 시간이 더 생산적일 것이다.

장애학생의 교육 개혁과 일반교육의 개혁 없이 시간을 뒤로 돌릴 순 없다. 장애학생들은 일반학급에 계속 참석할 것이다. 그들이 많은 시간을 일반학급에서 보내며 그곳에서 보충적인 도움과 서비스를 받는 것과 일반학급에서 부분적으로 생활하며 일반학급과 별도의 학급에서 교육받는 것 모두는, 일반교사와 특수교사의 공동의 결정과 책임에 의하여 더욱 일관성 있고 성공적인 프로그램이 될 것이다.

4. 후속 활동

1. 최근 10년 동안 특수교육분야가 어떻게 변화했는지를 특수교사를 대상으로 인터뷰 한다. 가장 긍정적으로 변화가 이루어진 것은 무엇이며, 가장 덜 변화된 부분은 어떤 것인지 개인적인 의견을 들어본다. 같은 문제를 가지고 일반교사와 토론한다. 특수교사와 일반교사의 관점은 어떻게 다를까? 서로 일치한다면, 특수교사와 일반교사가 같은 입장을 나타내도록 학급을 공개한다. 교사의 관점은 지도하는 학년의 수준에 따라 다른가?

2. 다른 교육청의 담당자가 당신이 소속된 교육청의 특수교육 서비스에 대하여 몇 가지 질문을 했다고 가정해 보자. 통합교육을 강조하기 위한 교육청의 지원계획은 무엇이며, 주의해야 할 것은 무엇이라고 말할 수 있을까? 관심사항 중에서 계획을 실현하는 과정에서 발생할 문제는 무엇이며, 그것에 어떻게 대처해야 한다고 생각하는가?
3. PL. 94-142, 장애인교육법(IDEA), 그리고 개정된 장애인교육법 1997(IDEA, 1997)의 중요한 차이를 요약한 차트를 준비해라. 다음 의회에서 개정되기를 원하는 것, 즉 최근 법에서 추가할 것과 삭제해야 할 부분은 무엇인가?
4. 다른 환경에서 공부하고 있는 장애학생을 면접하라. 특수학급, 학습도움실, 완전통합 학급의 학생의 반응을 수집하라. 학생들의 학년 수준에 따라 다르게 느끼는가? 당신이 느끼는 것이 학급의 다른 친구와 일치하는가?
5. 특수교육 서비스를 받고 있는 학생의 부모와 대화하시오. 그들의 자녀가 활용하는 프로그램의 유형에 대한 반응을 수집하라. 그 프로그램의 장점과 약점에 대한 그들의 견해는 무엇인가?

제 2 장

통합학급 모형의 특성과 변인

1. 통합학급 모형의 이론적 기초
2. 통합학급 지도 이론
3. 협력교수의 운영
4. 통합학급 모형의 당면 과제
5. 모형 선택하기
6. 요약
7. 후속 활동

제 2 장

통합학급 모형의 특성과 변인

핵심어

팀티칭	중재모형
토큰강화	협력교수
스테이션 교수	협동학습
병행교수전략	동료중재전략
행동계약법	학교생활기술

8학년 사회과 Johnson 선생님은 20명의 아이들로 구성된 8학년 아이들에게 여러 나라의 지형도와 농업 지도를 비교하여 인구도를 만들고, 인구분포에 대한 결론을 도출하도록 가르치고 있다. 선생님 반의 2명은 경도 학습장애를 가진 학생들이다. 그 교실의 한쪽에서는 Greer 선생님이 8명의 아이들을 가르치는데, 그 중의 4명은 학습장애 아동이다. Greer 선생님은 아이들에게 범례와 축척을 이용하여 인구도를 해석하는 법을 가르치고 있다. 15분 후, 모든 학생들이 1주일간 수행한 자신의 지도연구에 대해 토론하기 위하여 한 곳으로 모였다. 두 교사는 연구방향을 설명하고, 질문에 답하며, 구체적인 예를 제시하기 위하여 활동한다.

4학년의 Clark 선생님은 전체 집단 학생에게 노트 필기를 쉽고 유용하게 할 수 있도록 인과적 관계를 나타내는 도식화(graphic organiger)를 이용하는 방법을 가르치고 있다. Clark 선생님이 도식화를 설명한 후, Denton 선생님이 미국 남북전쟁의 원인과 각각의 원인이 전국에 미친 영향에 대하여 강연을 하였다. 학생들은 도식화를 이용하여 필기를 하였다. Clark 선생님은 교실에서 학생들이 노트하는 것을 도와주었다. 강연 후 Clark 선생님은 완성된 도식을 제시하여 학생들이 자신의 노트와 비교하도록 하였다.

Telfar 선생님과 Holder 선생님은 미국에서의 시민권에 대한 단원을 다른 집단의 학생을 대상으로 협력교수하는 선생님들이다. 학급은 반씩 나누어져 각각의 선생님이 단원의 반씩을 전담하고 있다. Telfar 선생님은 1960년대의 시민권 운동에 대하여 토의하고 있고, Holder 선생님은 여성운동에 대하여 토론하고 있다. 수업시간의 반이 지나면 집단의 선생님이 바뀌고, 선생님이 맡은 교과를 지도한다. 학습시간이 끝날 때 두 집단은 함께 모여 집단 토론을 한다. 두 선생님도 토론에 참여한다.

Mason 선생님은 8학년 과학 선생님이다. 그 선생님은 매주 일정한 수업의 틀을 가지고 있다. 월요일에는 전체 학급에서 새로운 단원을 강의 계획표로 소개한다. 학생들은 학급에서 단원의 일정 부분을 읽고 추후활동 과제를 부여받는다. 화요일과 수요일에는 추가된 집단활동을 하거나 강의와 토론이 이어진다. 이틀동안 학급활동의 일정 부분은 학생들이 소집단활동으로 과제를 완성하는데 열중한다. 목요일에 학생들은 학급의 실험이나 프로젝트에 참여하거나 적절하다면 현재의 단원과 관련된 비디오를 시청한다. Mason 선생님은 일반적으로 주말에는 배운 단원에 대한 시험을 본다. 이 방법은 대부분의 학생들에게 잘 맞는 것으로 생각되지만, Ashley의 교육적 요구에는 맞지 않는 것으로 보였다. 그는 매우 명랑한 14세 소년으로 학급활동이나 과제수행을 거의 완성하지 못할 정도로 학년수준이 떨어져 있다. Ashley는 학급에서 갑자기 소리를 지르고, 그 주변에 있는 아이에게 말을 걸거나, 연필을 깎거나 물을 마시기 위하여 제자리를 마음대로 떠난다. 그가 교실에서 이동할 때마다 다른 친구를 괴롭히는데, 머리를 손으로 건드린다거나, 친구의 팔을 친다거나 책이나 공책을 밀어 바닥으로 떨어뜨린다. 이와 더불어 Ashley는 말다툼이나 싸움이 잦다. 다행히 Ashley는 행동장애아동으로 판정되어, Mason 선생님을 주기적으로 만나 Ashley의 활동에 대한 문제를 논의하는 특수교사로부터 지원을 받는다. 두 선생님은 Ashley의 학급행동과 성취수준을 향상시키기 위한 방법을 찾으려고 함께 노력한다.

이 장의 목적은 특수교육 서비스 전달에 따른 일반학급에서의 협력교수 모형에 대하여 설명하려고 한다. 일반학급에 적용하는 자문이나 협력교수는 여러 방법이 있으나, 일반적인 자문, 특정 수업에 대한 자문, 그리고 협력교수 등을 설명하려고 한다. 다음으로 협력교수가 효율적으로 이루어지는데 장애로 인한 조직의 문제, 교육훈련의 문제, 예산의 문제, 수업의 문제 등에 대하여 논의한다. 마지막으로 후속 활동의 방향에 대하여 논의한다.

1. 통합학급 모형의 이론적 기초

사회구조가 변화하면서 아동과 청소년의 문제가 더 심각한 수준으로 변화하였다(Pugach & Jhonson, 1995). 학급의 사회적, 학문적, 문화적 요인은 이전보다 훨씬 복잡해지고 다양화되고 있다(Kameenui, 1993). 이러한 다양성은 미국의 모든 학교에서 찾아볼 수 있다. 많은 교사들은 일반교사가 일반학급에 도움을 제공하는 다른 교사나 전문가들을 도와줘야 한다는 것을 믿고 있다. 교사가 학급의 다양한 아동들의 교육적 요구를 충족시키기 위해서는 더 이상 홀로 존재할 수 없으며 서로 협력해야 한다.

최근 장애학생의 대부분이 일반학급에서 교육받을 것을 요구하는 교육정책의 변화로 일반학급의 다양성이 증가하게 되었다. 최근 미국 장애학생의 73%정도가 대부분의 시간에 일반교육을 받는 것으로 추정되고 있다(U.S. Department of Education, 1996). 이 중 43%는 일반학급에서 교육받다가 특수교육이 필요한 때만 특수학급과 같은 환경에서 교육받는 것으로 나타났다(U.S. Department of Education, 1996). 따라서 교육 현장에서는 일반교사와 특수교사의 협력을 더욱 요구하고 있는 것으로 나타났다.

일반교사와 특수교사가 같은 교실에서 함께 생활하는 것은 쉬운 일이 아니다. 우선 일반교사와 특수교사는 가르치는 활동에 대한 개념 자체가 다르다. 일반교사는 학급의 모든 아동을 지도하는 것을 주 업무로 하며, 교육과정에 나타난 공적이고 전문적인 압력을 강하게 느끼고 있다(Friend & Cook, 1996). 그러나 특수교사는 학급의 아동을 개별적으로 지도하는 것을 주 업무로 느끼며, 교육과정보다는 장애학생이 사회적 문제에 대처기술이나 학습전략을 지도하는데 더 관심을 갖는다. 이와 같은 일반교사와 특수교사의 다른 입장은 장애아동을 협력하여 지도하는 것을 어렵게 만든다. 이러한 어려움에도 불구하고, 협력교수만이 일반학급에 소속된 장애학생을 지도하는 유일한 방법이다.

2. 통합학급 지도 이론

최근 장애학생을 일반학급에서 더 많은 시간을 지도하는데 관리차원의 활동이 점차 늘어나고 있다. 이러한 학급지도 방법은 여러 가지가 있다.

1. 자문(consultation): 특수교사의 자문을 받은 일반교사가 모두 수업하는 것
2. 직접교수 자문(consultation with direct instruction): 대부분 수업의 책임은 특수교사의 수업자문과 장애아동을 포함하는 여러 유형의 아동을 지도하는 방법을 자문받은 일반교사에게 있다.
3. 협력교수(co-teaching): 일반교사와 특수교사가 공동으로 학급에 소속된 모든 아동에 대한 수업에 대하여 책임지는 형태
4. 변형 특수교육(pull-aside special education): 특수교사가 일반학급내의 분리된 공간에서 장애학생에게 특별한 교육과정을 지도하는 것

이러한 지도방법의 공통적인 목적은 장애학생을 포함하는 모든 아동을 일반학급에서 개인의 능력에 맞는 교육을 제공하자는 것이다. 다음 절에서는 이러한 구체적인 내용을 소개한다.

1) 자문교수형태

경도 장애아동의 교육적 요구는 일반교사가 일반아동에게 제공되는 교육내용을 약간 조정하거나 개별화된 수업을 제공함으로써 충족시킬 수 있다. 이 때 일반교사와 특수교사는 일반 학급에 있는 장애학생을 도와줄 수 있는 방법에 대하여 논의한다. 대체로 이러한 방법은 특수교사가 장애학생이 성공적으로 수행할 수 있는 전략이나 방법을 발견하여 제시하는 것이다. 이러한 방법에는 교사 주도적 수업, 동료중재수업, 협동학습, 구체적 행동관리기법 등이 있다. 자문교수 형태에서는 특수교사가 장애학생을 다른 환경으로 끌어내어 지도하지 않는다. 대신 특수교사는 일반교사가 일반

수업을 장애학생의 교육적 요구에 맞게 수정하는 방법을 알 수 있도록 도와준다.

2) 교사의 직접 교수

일반학급의 장애학생을 도와주는 방법 중의 하나는 교사의 직접 수업 방법이다. 구성주의 교수법은 교사가 교육내용을 교육과정 자료 안에서 선택하는 것보다 학습자 개인으로부터 가져와야 수업이 잘 이루어진다는 점을 강조한다(Brophy & Good, 1986). 직접교수에서 교사는 학습자의 학습활동을 지시한다. 학습자가 대부분 스스로 자습하거나 자기주도적인 활동을 하기보다 교사가 지도하고 조언하는 내용을 배우는데 치중한다. 반대로, 사회 구성주의 교수형태를 지향하는 학급의 학습자는 토론에 참여하거나 목표를 선택하는 등 자기 자신의 학습을 책임진다. 따라서 교사는 수업의 촉진자로서의 역할만 한다.

교사가 직접교수를 할 때, 학습자는 과제에 적절한 전략을 발견하고, 지침에 따라 연습하면서 수시로 체계적인 피드백을 받는다. 교사는 과제를 소개하고, 해결방법과 연습기회를 제공하며, 이해 정도를 점검하는 동시에 원활한 속도와 성공 정도로 학습활동을 수행하는지를 평가한다(Englert, Tarrant & Mariage, 1992). 교사가 직접 수업하는 동안의 의사결정과정에 학습자를 반드시 포함시키지는 않는다. 교사의 직접교수 형태는 〈그림 2-1〉과 같다.

교사의 직접교수에서 학습과제의 선택은 수업결정의 중요한 부분이다. 결정된 수업과제는 가능한 한 간략하게 기술된다. 교사는 학습자의 현재 수행수준을 파악하고, 성공적으로 수행할 수 있는 다음 수준에 대한 연습활동을 제공한다. 교사가 직접교수를 할 때, 교사는 수업과제를 여러 단계로 작게 나누어 각각의 단계를 체계적으로 제시한다. 교사는 과제를 알려주고 연습지침을 준 다음 스스로 연습하도록 한다. 정확하게 실행하면, 교사의 직접교수는 다른 교육과정 영역을 가르치는데 활용할 수 있다.

연구에 따르면, 학습자가 교사와 보내는 시간이 많을수록 그들은 더 많은 것을 학습한다고 한다(Rosenshine & Stevens, 1986). 교사 주도적 수업은 학생들이 교사와 보내는 시간을 증가시키는데, 일반학급의 전체수업, 대집단 수업, 소집단 수업 그리고 일대일 수업에도 활용할 수 있다. 교사 주도적 수업을 효과적으로 활용하는 교사는 학습자를 수업활동에 참여시켜 모든 학습자의 학습을 촉진할 수 있다.

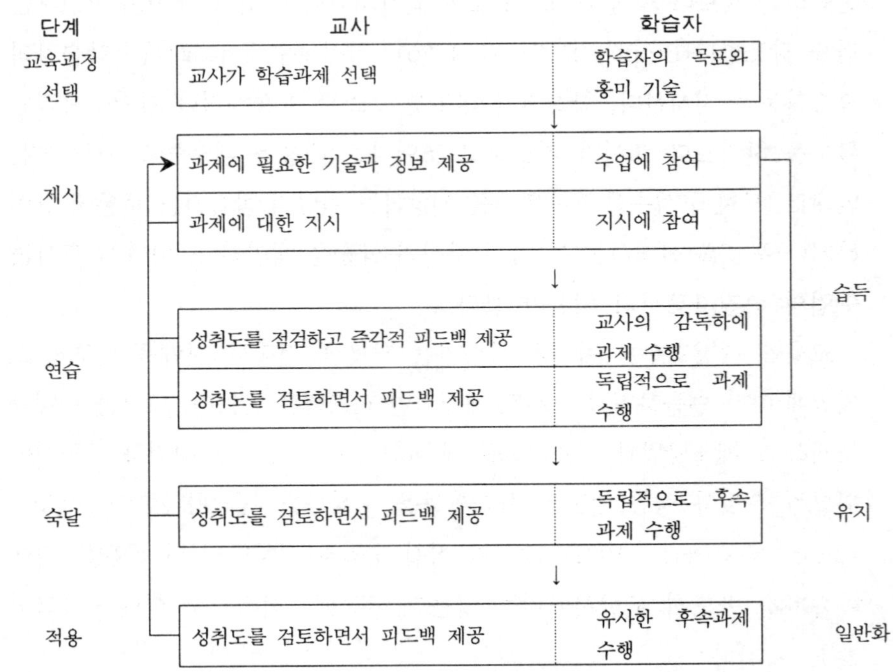

<그림 2-1> 직접교수에 대한 교사와 학생의 책임

3) 동료 중재전략

동료 중재전략은 일반교사가 일반학급에 있는 장애학생의 교육적 요구를 충족시키는 또 다른 방법이다. 동료 중재전략은 동료나 소집단 아동이 장애학생이나 지도받을 일반학생을 도와주는 수업체제이다(Jenkins & Jenkins, 1985). 동료교사나 학습자는 항상 같은 학급의 학생이어야 하는 것도 아니며, 그들의 역할이 고정되어 있는 것도 아니다. 그들의 역할은 과제에 따라 반대로 바뀔 수도 있다. 동료교사제는 아직 특정기능을 학습하지 못하는 학습자에게 연습기회를 제공함과 동시에 동료교수체제에 속해 있는 쌍방의 학습자에게 사회기술을 발달시키고, 학교에 대한 정적 태도를 길러줄 수 있다. 동료교사제가 성공적이려면 교사가 동료교사에게 주는 계획안을 상세화해야 하고, 동료교사를 철저하게 지도・감독해야 한다. 동료교사 프로그램은 발전적으로 계획되어야 하고, 능력 있는 성인의 지도감독을 받아야 하며, 선행학습 자료를 강화재로 활용해야 한다(Idol, Nevin, Paolucci-Whitman 1994).

일반교사의 장애학생 지도를 도와주는 동료교사 지원체제

피바디 동료 학급교사제(peabody classwide peer tutoring; CWPT)는 일반교사가 자신의 학급에 있는 다양한 장애학생의 요구에 맞게 융통성 있게 조정하여 제시할 수 있는 동료 중재전략의 하나이다(Mathes, Fuchs, Fuchs, Henly & Sanders, 1994). 이 프로그램을 이용할 때 학급의 모든 아동은 낮은 성취도를 보이는 학생과 높은 성취도를 보이는 학생이 서로 짝을 이뤄 하나의 팀이 되어 수업활동에 참여하도록 하는 수업의 형태로, 적절한 행동을 하면 보상점수를 받는다. 각각의 활동은 10분 정도에 이뤄지는데, 동료교사는 장애학생이 자신의 실수를 알아서 교정하도록 훈련한다. 각 팀에 참여하는 학습자의 성취도가 높을수록 서로에게 주는 유익함이 크다. 이 프로그램은 원래 초등학생의 읽기 기초과정이나 수학기능을 가르치기 위한 목적으로 개발되었으나(Cooke, Heron & Heward, 1983), 모든 학년수준의 교육과정을 전개하는데 유용하게 활용할 수 있다.

1. 동료교사는 학습자와 목표를 공유한다.
   예) 동료교사는 '내가 곱셈문제를 가르쳐주려고 하는데, 곱셈문제를 해결할 때 손가락을 사용하지 말아야 한다.'고 말해준다.
2. 동료교사는 학습단계를 설명해 준다.
   예) 동료교사는 '내가 낱말카드를 보여주고 나서 낱말을 물어 볼 것이다. 만약 맞으면 네가 그 카드를 갖고, 틀리면 내가 카드를 갖고 있다가 다시 보여주고 낱말을 묻는다.'고 말해준다.
3. 동료교사는 학습자에게 지시사항을 반복해서 물어본다.
   예) 동료교사는 '그래서 네가 무엇을 해야 하는가?'를 묻는다.
4. 동료교사는 과제를 제시한다.
   예) 동료교사는 교수용 카드를 잠시 보여주고 답을 묻는다.
5. 동료교사는 피드백을 제공한다.
   예) 학습자가 틀리면 동료교사는 '틀렸다. 답은 00이다.'라고 말하고, 맞았으면, '잘했어, 네가 이걸 잘 알고 있구나.'하고 칭찬한다.
6. 동료교사는 학습자가 잘 알고 있는 것은 기록판에 +로 표시하고, 잘 알지 못하는 것은 −표를 한다.
7. 동료교사는 정답을 제시하고, 다음을 질문해서 틀린 것을 고쳐나가도록 복습한다(예를 들어 6×8의 답을 모르면).
   예) 동료교사는 '6×7은 42이다. 다음은 무엇일까?'라고 질문한다.
8. 동료교사는 학습자가 또 틀리는지를 점검하고, 학습자가 맞으면 학습자에게 카드를 준다.
9. 동료교사는 재미있는 농담과 함께 종료한다.

<그림 2-2> 수학과 동료교수 프로그램의 예

동료교사제가 효과적이려면 아동의 능동적인 반응을 격려하고, 부가적인 점수를 주며, 오류교정 전략을 제시하며, 아동의 수행결과를 보상하는 등 상벌체제가 명료해야 한다. 〈그림 2-2〉는 동료교사 프로그램에서 동료교사의 책임을 요약한 것이다.

4) 협동학습

동료교사제처럼 협동학습은 학생들이 함께 활동하는 프로그램이다. 그러나 협동학습 집단은 동료교사제와는 달리 집단이 크다. 협동학습은 장애학생을 포함하는 이질적인 집단에 효과적이고 폭넓게 활용되었다. 협동학습이 효율적이려면, 각각의 학생이 분명하게 제시된 과제에 참여할 수 있도록 집단은 작아야 한다. 각 집단 구성원이 배워야 할 것을 학습하고, 나중에는 모든 집단구성원이 배워야 할 것을 학습하게 된다(Johnson & Johnson, 1986). Stevens와 Slavin(1991)은 협동학습은 개인의 책무, 집단 보상이 제공되어야 성취변화가 적극적으로 이뤄진다고 제시하였다. 협동학습 프로그램이 성공적이려면, 학급동료와 협동하여 작업하는데 필요한 사회적 기술을 학습하여야 한다. 〈그림 2-3〉은 협동기술을 가르치는 단계를 제시한 것이다. 협동학습 패러다임은 여러 유형이 있다. 가장 대표적인 형태는 직소우 방법(jigsaw apprdach), 집단 프로젝트(group project), 팀 경쟁방법(competitive team approach), 그리고 팀 촉진 수업(team-accelerated instruction) 등이다(Olson & Platt, 1996). 직소우 방법은 집단의 각 구성원이 프로젝트의 단면을 알게 되면, 그 정보를 집단의 다른 사람에게 알려주는 것이다. 예를 들어, 한 집단(빌리, 저스틴, 매간, 수잔)이 나바조(Navajo)에 대하여 배운다고 하자. 집단 구성원이 나바조의 한 부분을 선택하도록 한다. 빌리는 음악을 선택해서 연구하고, 저스틴은 그들의 가옥을, 매간은 음식을, 수잔은 지리적 위치와 의복을 선택하여 연구하도록 하자. 학생들이 자신의 주제를 학습한 후, 그 집단의 나머지 구성원들과 정보를 공유하는 것이다. 마지막에 각 개인의 정보를 전체적으로 종합하여 최종 보고서를 내는 것이다. 각각의 구성원이 전체적인 문제를 완성하는데 필요한 정보들을 함께 구성하게 된다. 직소우 협동학습을 성공적으로 운영하려면, 각각의 하위 주제에 두 명을 배정해서 어려운 문제이기 때문에 포기하는 것을 미리 예방해야 한다.

협동기술 프로그램이 성공적이려면, 학습자가 학급동료와 상호작용을 하게 하는 사회적 기능을 학습하는 것이 중요하다. 여기에 학급에서 효과적으로 협동기능을 가르치는 방법을 제시하였다.

1. 학습자가 학습할 필요가 있는 기능을 관찰하거나 그들의 기능이나 요구를 평가할 도구를 활용하여 확인한다.
2. 학습자가 왜 협동기술을 배워야 하는지, 그들이 상호작용하는 방법을 분명하게 설명해 준다(예를 들면, 협동적 상호작용이 없는 논쟁은 운동장이나 복도에서 해야 하며, 스스로 긍정적이든 부정적이든 반응할 수 있는 자발적 역할놀이를 하라.).
3. 학습자에게 기능을 제시하라. 예를 들면, 기능 중에 하나가 격려하는 것이다.
4. 학습자에게 기능을 설명해 준다. 격려하는 기능은 '계속해라, 잘하고 있다, 너는 방금 아주 잘 했다'와 같은 용어를 자주 사용하는 것이다. 점차 예를 적게 활용하여 학습자가 긍정적인 것과 부정적인 것을 변별하도록 가르쳐라
5. 처음에는 두 명이 상호작용하는데 필요한 기술을 가르치고, 나중에는 소집단이 상호작용하는데 필요한 기술을 가르쳐라
6. 학습자가 여러 가지 기술을 배워서 협동집단에서 수업게임에 참여하게 하고, 협동기술의 연습을 강조하라. 긍정적인 기능이 사용된 예와 기능이 잘 활용되지 않는 상황의 예를 확인했는지를 집단에게 물어라.
7. 관찰된 학습자의 기능 사용을 칭찬하라. 학습자가 협동기술을 사용하는데 지속적으로 실패하면, 학생집단에 그 사실을 알려주고 필요하다면 개인적으로 학습자와 함께 활동하라.

<그림 2-3> 협동기술 교수 단계

집단 프로젝트는 하나의 프로젝트를 완성하기 위하여 각자의 지식과 기

능을 함께 모으는 것이다. 예를 들어, 한 학습자는 30피트 탑을 세우는데 필요한 최상의 골조구조를 연구한다. 다른 학습자는 그 건물에 필요한 골조의 크기를 연구한다. 또 다른 학습자는 그 골조를 사서 탑을 세울 곳까지 어떻게 운반할 것인가를 연구한다. 각각의 학습자의 정보가 없다면 그 탑은 성공적으로 세워질 수 없다.

팀 경쟁방법은 경쟁을 강조한다. 학습자는 일주일간 집단 구성원과 함께 한 주제를 연구한다. 주말에 열리는 퀴즈나 토나멘트 게임의 개인점수를 더하여 단체점수가 된다. 예를 들면, 주간 주제가 중동지역의 세계지리라고 하자. 교사는 주말에 중동지역 국가에 대하여 질문하는 형태의 게임을 개발한다. 집단의 학생들은 교사의 질문에 개별적으로 답하지만, 가장 높은 점수를 받은 집단이 이기는 것이다.

마지막으로, 팀 촉진 수업은 개별 수업과 협동수업을 결합한 것이다(Slavin, 1984). 팀의 학생은 개별적인 작업 활동을 함께 한다. 집단 구성원들은 서로서로 도와가며 다른 사람의 활동을 점검한다. 교사는 과제를 점검하여 팀의 전체점수를 계산하고 아동에게 개별점수를 부여한다.

학급에서 협동학습 활동을 운영할 때, 교사는 다음과 같이 행동해야 한다.

- 활용할 수 있는 협동학습 모형이나 방법을 선택한다.
- 교과학습과 협력교수의 목적을 상세화한다.
- 집단의 규모와 구성을 결정한다.
- 개인의 책임과 참여를 정당화할 수 있는 과제 활동을 설명한다.
- 필요한 모든 자료를 얻는다.
- 집단의 효과와 행동을 점검한다.
- 집단과정과 산물을 평가한다.

〈그림 2-4〉는 교사가 협동학습방법을 활용하기 전에 결정해야 할 검목표이다.

1. 집단목표의 상세화
- 학문적 요인

____

____

____

- 동기유발 원인

__ a. 점수
__ b. 자격
__ c. 자유시간
__ d. 칭찬
__ e. 숙제안하기
__ f. 기타

2. 집단목표의 상세화
- 협력

____

____

____

- 동기유발 원인

__ a. 점수
__ b. 자격
__ c. 자유시간
__ d. 칭찬
__ e. 숙제안하기
__ f. 기타

3. 선택모형
__ a. 직소우
__ b. 집단 프로젝트
__ c. 경쟁적 팀
__ d. 팀 촉진 수업

4. 학생의 배정
__ a. 남녀의 아동수
__ b. 상하 집단수준별
__ c. 별도 장애아동
__ d. 아동의 문화나 흥미
__ f. 무선

5. 팀 일정의 결정
- 시간 형태

__ a. 몇 주
__ b. 몇 일

6. 교실 자료의 정리
__ a. 교사 스스로 정리
__ b. 자료장의 저장

7. 개인적인 책무 부과
__ a. 개별 퀴즈나 프로젝트
__ b. 역할
__ c. 프로젝트 아동이 선택
__ d. 대용경제체제
__ e. 기타

8. 학생 스스로의 협동행동 평가하기
__ a. 평가양식 완성하기
__ b. 질문에 답하기

9. 아동의 활동 평가하기
- 산출

____

____

____

__ a. 점수
__ b. 등급
__ c. 기타

- 과정

____

____

____

__ a. 점수
__ b. 등급
__ c. 기타

10. 집단의 성과 인정
__ a. 광고
__ b. 소식지
__ c. 기타

<그림 2-4> 교사의 협동학습 전략에 대한 검목표

5) 행동관리 전략

적합한 수업환경을 유지하는 것은 교사가 일반학급에 있는 장애아동을 성공적으로 도와줄 수 있는 매우 중요한 방법이다. 8장과 9장에서 행동에 문제가 있는 장애아동에게 접근하여 관리하는 방법에 대하여 논의한다. 이 장에서는 잘 관리된 수업 환경을 조성하기 위하여 학급에서 활용할 수 있는 일반적인 전략을 제시할 것이다. 학급행동 관리 절차에 대하여 논의하기 전에 강화인(reinforcer), 정적 강화물(positive reinforcement), 벌(punishment), 소거(extinction)와 같은 용어를 정의할 필요가 있다.

강화인은 미래에 일어날 행동을 증가시키기 위하여 제공되는 자극이나 사건이다. 가장 일반적인 강화의 유형과 몇 가지 예를 〈그림 2-5〉에 제시하였다. 사회적 강화인은 안아주기나 언어적 칭찬, 가정에 전화 걸어주기와 같은 것이 있으며, 활동 강화인은 선생님의 심부름하기, 집단게임에 참여하기 등이 있다. 또 만질 수 있는 강화인은 상이나 스티커 등이 있고, 1차 강화물은 사탕과 같은 음식물을 사용할 수 있다.

강화인	예
음식물	초콜릿, 사탕, 과자, 피자
장난감	퍼즐, 스티커, 장신구
교환물	토큰, 별, 표시물
활 동	게임, 자유시간, 현장견학
사회적	웃어주기, 관심, 언어적 칭찬, 안면 표정

<그림 2-5> 강화인의 유형

정적 강화물은 미래의 행동을 증가시킬 수반자극을 제공하는 것이다. 특정행동이나 반복될 행동 다음에 제시되는 자극은 정적 강화물로 알려져 있다. 예를 들면, 교사가 아동에게 한 페이지의 일기를 쓰면 컴퓨터를 이용할 수 있도록 하겠다고 한다. 아동이 일기쓰기를 마치고 교사의 사인을 받은 후 5분 동안 컴퓨터를 사용하도록 하였다면, 컴퓨터를 사용하는 것은 정적 강화물이고, 이것은 앞으로 아동의 쓰기 활동을 증가시킬 것이다. 물론 아동마다 정적 강화물은 다르다. 따라서 정적 강화물을 결정할 때

중요한 요소는 아동 개인의 정적 강화물로 사용될 수 있는 자극이나 일을 확인하는 것이다.

벌은 혐오적인 일에 의하여 행동이 발생하는 것을 감소시키는 것이다. 혐오적인 일이나 벌의 예는 언어적 비난이나 낮은 점수, 일시적 격리 등이다. 아동의 일시적 격리는 강화되는 상황으로부터 격리시키는 것으로, 정적 강화를 받을 기회를 일정기간 동안 박탈하는 것이다. 일시적 격리는 행동을 통제하는데 항상 효과적인 것은 아니다. 왜냐하면, 아동에게 원하지 않는 행동을 모두가 원하는 새로운 행동으로 대체할 수 있는 기술을 가르칠 수 없기 때문이다. 교사는 적절한 방법이 없을 때에만 벌을 행동관리 방법으로 선택해야 한다. 소거는 감소시켜야 할 행동과 관련된 정적 강화물을 철회하는 것으로 아동이 특정행동을 수행하는 것을 멈출 때까지 그 행동을 무시하는 것도 하나의 방법이다. 이 전략은 연필로 책상을 두드리는 것처럼 소수의 아동이 원하지 않는 행동을 할 때 적절한 방법이다. 그러나 교사가 무시한 행동이 감소하기 전까지는 항상 그 행동이 늘어날 수 있다는 것을 기억해야 한다. 아동의 행동을 무시하였으나 그 행동이 늘어난다면, 소거는 그 행동에 대한 적절한 전략이 아니다.

학생을 긍정적 강화자로 활용하는 교사의 활동

세 가지 학급 관리 전략은 다양한 요구를 조정하려는 일반교사에게 유익하다. 첫째, 학급 관리 규칙을 설정하고 강화하는 것이다. 이러한 전략은 분명하고 정확하며, 긍정적인 의미에서 시작되어야 한다. 예를 들면, '의자에 앉아서 해라'는 '다른 곳으로 옮겨가지 말라'는 것보다 훨씬 더 좋은 규칙이다. 아동과 함께 학기 초에 긍정적으로 설정한 규칙은 교사가 정한 부정적인 규칙보다 아동의 행동을 통제하는데 훨씬 성공적이다.

학급을 잘 관리하는 두 번째 전략은 행동계약을 사용하는 것이다. 이것은 집단행동관리 전략의 하나로, 교사와 아동이 정적 강화인을 교환하는 문서이다. 이 계약서에는 목표행동, 행동을 했을 때의 결과를 제시한다. 계약서의 내용은 다음과 같다.

- 아동의 증가된 것과 감소한 행동을 관찰할 수 있는 용어로 진술
- 전략이 전개될 동안의 환경 조건의 진술
- 제공될 강화의 유형과 양의 목록과 강화물 제공자의 명단
- 강화인의 전달이 이루어지는 시간계획
- 계약의 성공을 높이기 위한 교사와 학생의 역할 목록
- 계약시간의 길이
- 아동과 교사의 서명 날인

학급을 잘 관리하는 세 번째 전략은 토큰 경제를 사용하는 것이다. 토큰 경제는 아동이 보상과 교환할 수 있는 토큰을 받을 수 있는 체제를 만드는 것이다. 어떤 과제는 다른 것보다 더 가치있는 것도 있고, 보상보다 더 비용이 드는 것도 있다. 토큰 경제는 다음과 같이 설정한다.

- 행동에 대하여 아동이 받게 될 점수를 정하기
- 학급의 화폐를 결정하기
- 각각의 목표행동의 가치 배당하기
- 아동이 받게 될 보상과 벌 결정하기
- 아동에게 경제체제를 설명하기

• 아동에게 보상과 벌이 화폐로 교환되는 체계적인 방법을 정하기(Friend & Bursuck, 1996)

일반교사와 특수교사는 특별 학급과 특별한 교수스타일에 맞는 규칙이나 행동계약, 그리고 토큰경제체제를 만들기 위하여 협력할 수 있다. 효과적으로 활동하려면, 이 제도는 주의깊게 계획되어야 하고, 조심스럽게 전개되어야 하며, 필요할 때는 수정될 필요가 있다. 이 때, 특수교사의 자문이 필요하다.

6) 직접교수에 의한 자문

직접교수에 의한 자문은 특수교사가 특수교육을 받는 장애학생이 있는 일반학급으로 가서 전략을 가르칠 때 제공된다. 이 수업은 온종일 다양한 학급의 아동을 지도하는 일반교사에게 특수교사가 어떤 지침이나 자문적 지원을 제공하는 것을 말한다. 전략 수업은 전체아동을 대상으로 할 수도 있고, 특수교육 요구 아동이 포함된 소집단 수업일 수도 있다. 이러한 전략 수업의 예나 모형은 여러 종류가 개발되어 있다. 다음의 인지적전략, 전략개입모형, 학교생활기술 등은 장애학생이 성공적으로 일반학급에서 활동할 수 있도록 도와줄 수 있는 유익한 전략들이다.

7) 인지적 전략

최근의 교수적 접근은 점차 학습을 학생이 생각하면서 의미를 구성하고, 선행 경험이나 지식을 활용하며, 개념을 이해하기 위하여 특별한 인지전략을 사용하는 것으로 개념화되고 있다(Jones, Palincsar, Ogle & Carr, 1987). 인지전략은 소극적인 학습자이며 학습과정에서 어떤 전략이 필요한지를 안내해주어야 하는 경도 장애학생에게 유용한 전략이다. 인지전략이 한

번 학습되면, 아동은 성인의 지시에 따라 독립적으로 정보처리를 할 수 있다. 인지전략을 적용해서 학습하는 방법을 학습한 경도 장애아동은 개별적인 과제를 해결할 수 있는 기회가 많아지며, 일반학급에서 생활하는 것이 원활해진다(Graham & Harris, 1993). 장애학생은 학습에 필요한 요구조건을 이해하는 법을 학습한다. 장애학생은 다양한 교재, 과제, 전략, 학습특성, 실행통제기능 등의 다양한 학습조건을 학습하는데 많은 시간이 필요하다. 효과적인 인지전략수업은 다음과 같은 특징을 갖는다.

- 새로운 정보는 유사한 것과 함께 지도해야 한다.
- 교사는 하나의 전략 모형이다.
- 강한 강조는 시각적 영상으로 제시한다.
- 아동이 스스로 정보를 부호화하도록 격려한다.
- 수업은 아동이 취할 수 있는 능동적이고 외적 행동으로 표현하도록 한다.
- 수업 단서나 촉구는 점점 줄인다.

교사들은 아동이 자기 자신의 학습을 계획, 점검, 분석, 평가하는 방법을 가르치기 위하여 다양한 인지전략을 개발해 왔다. 예를 들면, 아동이 일반학급에서 정보를 기억하는 방법을 물으면, 여러 가지 의미론적 전략을 이용하여 학습의 회상을 촉진하도록 활용할 수 있다(Ellis, Lenz & Sabornie, 1987). 그 중의 하나가 CAN-DO 전략이다. 이 전략의 단어는 각 활동의 첫 자로 구성하였다

C - 학습할 내용의 목록을 만든다(Create).
A - 목록의 내용을 자신에게 묻는다(Ask).
N - 주요개념과 세부내용을 기록한다(Note).
D - 구성요소와 그들의 관계를 기술한다(Describe).
O - 구체적인 학습과정에 따라 주요개념을 과잉 학습한다(Overlearn).

8) 전략 개입모형

인지전략 개입모형은 아동에게 학습하는 법을 가르치는 특별한 인지전략 지도방법의 하나이다. 이것은 학생이 교과문제를 해결하려고 할 때, 전략적으로 생각하고 행동하도록 지도하는 방법이다(Deshler, Ellis & Lenz, 1996). 인지전략 개입모형은 전략 교육과정(전략내용), 전략 수업(전략을 가르치는 절차), 전략적 환경(전략 활용을 촉진하는 환경)과 같은 세가지 요소로 구성된다. 전략 교육과정은 다음과 같은 4가지 전략으로 구성된다.

1. 수업 전략(읽기, 시험보기)
2. 사회기술전략(다른 사람과 함께하기, 대화기술)
3. 동기유발 전략(목표 설정하기)
4. 실행 전략(적절한 전략 선택하기)

전략 교육과정은 학습활동, 교사의 구체적인 지도계획, 교수 자료에 대한 지침서로 제공된다. 교사가 아동에게 전략을 지도할 때는 〈표 2-1〉과 같이 8개의 단계로 지도한다. 전략 개입모형의 개발자에 따르면, 효과를 극대화하기 위해서는 각 단계에 따라 지도하는 것이 매우 중요하다(Deshler et al., 1996). 전략 수업은 규칙적이고 집중적으로 제공하는 것이 필요하다. 교사와 학생은 그들이 학습하기를 원하는 전략의 일일목표와 주간목표를 상세하게 설정해야 한다.

전략 환경에서의 수업은 전략학습이 촉진되고 향상될 수 있도록 계획되어져야 한다. 초기 전략 수업 중에는 교사가 학습내용보다는 전략의 핵심적인 부분의 학습을 강조한다. 전략이 학습되면, 수업에서 강조되는 것은 자연적인 장애학생의 학교생활에서 발생되는 일(과제)에 전략을 적용하는 것으로 변화한다. 각각의 전략이 완전히 습득되면, 교사는 학생이 스스로 전략을 사용할 수 있도록 피드백을 줄이게 된다. 교사는 의도적이고 점진적으로 학생에게 학습과 성취의 책임을 부여한다.

전략 개입모형이 효과적으로 사용되면, 학생이 학습하는 방법을 학습하게 된다. 특수교사는 일반교사에게 구체적인 수업 모델이 되고, 학생들에게는 일반학급에서 교수되는 수업내용을 학습하는 것을 도와줄 수 있는 수업의 안내자가 된다. 전략 개입모형의 교수는 캔자스 대학의 학습연구소에 근무하는 Deshler 교수의 지도로 미국 전체에서 아주 유용하게 활용되고 있다.

〈표 2-1〉 학습전략의 습득과 일반화 단계 및 절차

단계	절차
1. 사전검사와 약속하기	1. 안내하기와 사전검사 2. 인식하기와 약속하기
2. 전략 설명하기	1. 안내하기와 전체개관하기 2. 현재의 전략과 기억체계
3. 전략 제시하기	1. 안내하기 2. 발표하기 3. 학생 모집
4. 언어적 정교화와 시역	1. 언어적 정교화 2. 언어적 시연
5. 통제된 연습과 피드백	1. 안내 및 개관하기 2. 안내된 연습하기 3. 독자적인 연습하기
6. 발전된 연습과 피드	1. 안내 및 개관하기 2. 안내된 연습하기 3. 독자적인 연습하기
7. 습득확인과 일반화 약속	1. 확인하기와 격려하기 2. 예상하기와 일반화 약속
8. 일반화	1. 안내하기 2. 활동하기 3. 수정하기 4. 유지하기

9) 학교생활 기술

일반교사는 아동이 일반학급에서 성공적이기 위해서 필요한 기술을 평가하였다. 가장 높이 평가되는 기술은 학급에서 지시 따르기, 학급에 필요한 준비물 갖춰오기, 학습시간을 현명하게 활용하기, 그리고 숙제나 과제를 완성하기 등의 4가지이다(Ellett, 1933). 이러한 기술을 생존 기술(survival skill) (Zigmond, 1978)이라고 하는데, 장애학생이 성공적인 학교생활을 하는가를 결정한다. 장애아동이나 일반아동 중에는 이러한 기술을 수행할 수 있도록 분명하게 지도해야 하는 경우가 있다. Zigmond(Silverman, Zigmond & Sansone, 1981)등은 이러한 기술을 학습장애아동에게 가르칠 수 있는 학교생활기술 교육과정을 개발하였다. 이 교육과정은 행동통제, 교사를 만족시키는 행동, 학습기술/시험보기전략 등으로 구성되어 있다.

행동통제는 모의상황이나 역할놀이를 통하여 지도한다. 이것은 학교상황에서 일어나는 일, 자신의 행동이 타인에게 미치는 효과, 특정상황에서 반응하는 방법, 그리고 서로 다른 방법으로 행동한 결과 등을 알게 하는 것이다(Silverman, Zigmond & Sansone, 1981).

교사를 만족시키는 행동은 학생이 학급의 규칙이나 요구를 따라가게 하는 것이다. 교사의 지시 따르기는 학교에 매일 정해진 시간에 오기, 숙제 완성하기, 주의집중하기, 불평하지 않기 등이다. 어떤 경우에는 학생에게 교사 만족 행동의 수행 정도를 스스로 점검하도록 가르치는 것이 그러한 행동 수행을 증가시킨다.

세 번째 학교생활기술은 학습기술과 시험보기 기술이다. 많은 아동이 학습기술과 시험보기 기술이 부족하기 때문에 시험을 잘 치르지 못한다. 학생은 시험을 준비하는 방법, 과제를 완성하는데 필요한 정보를 수집하는 방법, 교과내용을 충족시키는 방법, 그리고 학습한 것을 시험지에 답하는 방법 등을 배워야 한다.

3. 협력교수의 운영

협력교수를 할 때, 특수교사가 별도의 교육과정을 가르칠 필요는 없다. 일반교사와 특수교사는 일반학급에서 같은 시간에 수업하면서 그 교실에서 필요한 수업을 지도할 책임을 공동으로 갖는다. 협력교수는 함께 가르치는 데 있어 전문가로서 유일하고 특수한 기술을 사용한다. 대부분의 일반교사는 전통적인 학문교과에 대한 교육과정과 교육과정 계열성에 대한 풍부한 지식을 갖고 있다. 또한 대집단 아동을 관리하는 기술과 경험을 갖고 있다. 전통적으로 특수교사는 교육과정에 대한 곤란도를 측정하여 수업자료와 전략을 분석하고, 개정하는데 전문성을 가지고 있다(Bauwens, Hourcade & Friend, 1989). 두 전문가가 한 교실에서 함께 일함으로써 아주 매력적인 기능의 조화가 이뤄진다. 많은 사람들은 두 교육전문가에 의해서 개발된 수업 방법은 한 전문가가 만든 것보다 훨씬 우수하다는 것을 믿고 있다. 협력교수는 매일 또는 일주일에 하루 정도 정해진 시간에 이뤄진다. 협력교수가 성공적이려면, 역할기대를 결정하기 위하여 여러 번 만나서 많은 계획을 세워야 하지만, 그 외에도 많은 활동이 요구된다. Scott와 Smith(1988)는 협력학교에서 함께 일하는 교사는 일에 대한 즐거움이 커지고 수업을 전달하는데 있어서도 효과적인 것으로 지각하는 것을 발견하였다. 두 교사의 협력은 학생의 성장을 촉진하기 위한 교육 프로그램을 함께 설계하고, 운영하며, 문제의 발생을 막는다(Pugach & Johnson, 1995). 협력교수는 교사 개인의 과제이면서도, 학생의 교수-학습의 질을 높이기 위한 공동의 책임이다(Pugach & Johnson, 1995). 협력교수는 교사의 작업환경을 개선하여 공동체 의식을 증진시키기도 한다.

Pugach와 Johnson(1995)은 협력교수를 운영하는 기본 원리를 다음과 같이 제시하였다.

- 교사가 자기 자신의 교수법을 개선할 과제를 갖는다.
- 교사는 모든 학생에게 책무를 갖는다.
- 교사는 수업에 책무를 갖는다.
- 교사는 정기적으로 자신의 일의 발전에 대하여 의사를 교환한다.
- 교사는 교수 파트너를 격려한다(p.179-186).

많은 협력교수 변인들은 문헌에 기록되어 있다(Bauwens, Hourcade, & Friend, 1989). Friend와 Cook(1996)은 협력교수의 7가지 방법을 제시하였다. 이 중 병행교수, 스테이션 교수, 교정교수 등 세 가지에 대해서 자세하게 설명한다.

1) 병행교수

병행교수에서 특수교사와 일반교사가 모두 같은 교실에서 같은 내용을 가르친다. 그러나 학생들이 두 집단으로 나누어져 있기 때문에, 한 교사는 한 집단에 대해서만 책임을 진다. 우수 집단을 담당하는 교사는 같은 수업 내용을 가르치고, 특별한 문제해결과제를 제시한다. 다른 교사는 학습장애 학생이나 학습부진 학생을 맡아서 느리지만, 명료하게 가르친다. 병행교수에서도 두 교사는 교과단원, 활동운영, 학생의 내용 숙달 정도의 평가에 대해 공동으로 책임진다. 협력교수를 통하여 각 학생은 소집단 수업을 받지만, 전문성을 갖춘 교사가 학급에 있는 장애학생을 포함한 모든 학생의 교육적 요구를 충족시킬 수 있다.

2) 스테이션 교수

스테이션 교수에서 교사는 수업 내용을 두 부분으로 나눈다. 두 교사는 지도할 내용의 한 부분을 학급을 반으로 나눈 한 집단에게 지도한다. 지도가 끝난 후 집단을 바꿔 나머지 집단의 학생에게 같은 내용을 가르친다. 내용의 분배는 교사의 관심이나 전문성에 따라 나눈다. 예를 들면, 일반교사인 김 선생님은 다음 주의 읽기 교과서에 나오는 새 어휘를 지도하고, 특수교사인 이 선생님은 컴퓨터를 이용한 쓰기 표현을 지도하여 쓰기 교과서에 나오는 주제에 관심을 갖게 한다.

1. 1교사 교수, 1교사 관찰 형태
1명의 교사가 교수활동에 책임을 지고, 다른 1명의 교사는 학급 아동의 행동을 관찰하여 정보를 수집한다. 각각의 교사가 서로 다른 역할을 담당한다는 점이 특징이다.
2. 1교사 교수, 1교사 지원 형태
이 방법은 1교사 교수, 1교사 관찰형태를 확장한 형태이다. 1명의 교사가 교수활동을 이끄는 동안 다른 1명의 교사는 학생의 활동을 도와주고, 점검하며, 활동을 교정하는 등의 활동을 한다.
3. 스테이션 교수
스테이션 교수는 수업 내용을 2부분으로 나눠서 전체학급의 1/2학생에게 1명의 교사가 전반부의 수업내용을 지도하고, 나머지 1/2학생에게는 다른 1명의 교사가 후반부의 내용을 지도한다. 할당된 내용을 학습하면 학생이 다른 교사가 지도하는 내용을 학습할 수 있도록 교체된다.
4. 병행 교수 형태
이 방법은 학습집단을 2집단으로 나누어 각각의 교사가 1집단씩 지도하는 형태이다. 2명의 교사는 같은 수업자료를 가지고 지도한다.
5. 교정 교수 형태
교정교수의 형태는 1명의 교사는 이미 학습한 내용을 습득한 집단의 학생을 지도하고, 다른 1명의 교사는 학습한 내용을 잘 모르는 학생의 집단을 재지도하는 형태이다.
6. 대안적 교수 형태
1명의 교사는 표준화된 형태로 수업하고, 다른 1명의 교사는 학습내용을 학습할 수 없는 아동에게 수업내용을 간결하게 제시하거나 학습자의 요구에 맞게 수정하여 제시한다.
7. 팀 교수 형태
팀 교수 방법은 2명의 교사가 모든 학생에게 수업하는 형태이다. 이 교수방법은 2명의 교사가 공통된 수업활동을 전개하고, 수업에 대하여 공동으로 책임진다.

<그림 2-6> 한 학급에서 2명의 교사가 협력교수하는 7가지 방법

3) 교정교수

학급을 반으로 나누었을 때, 한 집단은 개념을 완전 습득하고, 다른 집단은 완전하게 습득하지 못했을 경우, 협력교수에 대한 교정교수 접근이 도입된다. 교정적 도움이 필요한 집단은 한 교사에 의하여 지도되고, 다른 교사는 학급의 나머지 학생에게 폭넓고 다양한 내용을 지도한다. 주목할 것은 특수교사가 항상 교정적 도움이 필요한 집단을 맡아야 한다는 것은 아니다. 교정 집단의 격차가 해소되면, 교사는 다른 형태의 협력교수 형태로 돌아간다. 예를 들어, 두 교사가 나눗셈 단원을 지도하고 단원 말 평가를 한 결과, 5명의 학생은 더 연습해야 다음 단원으로 넘어갈 수 있다고 하자. 이 때, 한 교사는 새로운 자료를 이용하여 5명의 학생에게 나눗셈의 개념을 지도하고, 다른 교사는 나머지 학생에게 나눗셈을 이용한 문제해결과제를 지도한다.

협력교수는 여러 가지 장점이 있다. 두 교사가 함께 수업을 진행하고 학급에서 행해지는 모든 학습활동을 점검할 수 있다. 협력교수는 장애로 판정되지 않은 많은 학생들이 필요할 때 교정적 수업이나 보충 지도를 받을 수 있다는 장점이 있다. 교사 대 학생의 비율을 줄여줄 수 있다는 장점도 있다. 교사가 다양한 차원과 시간에 따라 학생집단을 역동적으로 바꿀 수도 있다. 마지막으로, 교사는 정확하게 수업계획을 세울 수 있다는 점도 커다란 혜택이다.

효과적인 협력교수는 교사간의 긍정적인 관계가 필요하다. 긍정적인 관계는 교사가 학생을 다양하게 가르칠 수 있게 되고, 교사가 직면하게 되는 아동의 문제에 효과적으로 접근할 수 있게 한다. 그러나 협력교수도 여전히 많은 문제를 가지고 있다.

- 교사가 가르치고 있는 것을 항상 감시받는다.
- 교실은 더 이상 한 교사의 전유물이 아니다.
- 협력교사 간에 철학적인 차이가 있을 수 있다.

- 교수활동에 관한 자율성이 줄어든다.
- 교사 간에 전혀 다른 전문적인 지식을 갖고 있다(Pugach & Johnson, 1995).

협력교수의 특별히 중요한 과제는 학교에서 전문적인 자질을 갖춘 전문가가 필요하다는 점이다(Bauwens & Hourcade, 1995). 협력적인 수업을 계획하기 위한 시간의 확보는 협력교사의 중요한 요구 중 하나이다. 또한 효과적인 협력교수는 전문가 간의 협력이 가장 중요한 의미를 갖는다 (Pugach & Johnson, 1995).

4) 특별 보충 특수교육(Pull-Aside Education)

교사가 학급에서 다양한 학생에게 수업을 제공하여야 할 필요성이 증대되면서, 특수교사는 일반학급에 있는 소수의 학생에게 직접교수를 제공해야 하는지를 더 자주 묻곤 한다. 학급 교사는 충분하게 교육과정 내용을 제시하고 충분한 시간을 줌으로써 비록 학습이 느린 학생도 그들에게 필요한 교육과정 내용을 학습하도록 한다. 경도 장애학생은 다른 학생이 학급에서 이미 습득한 내용과 기술을 명료하게 지도할 필요가 있다. 이러한 경도 장애학생에게는 수정된 교육과정이 때때로 필요하다. 특수교사는 경도 장애학생에게 수정된 교육과정을 일반학급의 구석진 곳에서 가르쳐야 하는가에 대하여 문제를 제기한다.

특별교육이나 일대일 교수, 그리고 소집단 수업은 학생들에게 더 많은 것을 질문하고, 토론에 자유롭게 참여하며, 교사의 질의에 답할 기회를 더 많이 갖게 한다. 이러한 소집단 학습에서는 특수교사가 이러한 학생이 대집단에 있을 때보다 더 쉽게 학습할 수 있도록 개정하고 수정한다.

특수교육에서 특별보충학습의 장점은 특수교사와 일반교사가 함께 계획할 기회가 많아진다는 점이다. 특수교육의 수업이 일반학급에서 진행되기 때문에, 양 교사가 특수교육 요구에 관계없이 모든 아동을 위하여 수업을 계획하고, 학급의 아동과 특별보충교육을 받을 아동의 교육목적을 제시할 수 있다. 계획은 단원별, 제재별, 차시별로 세울 수도 있다(Bos & Vaughn). 〈그림 2-7〉은 특수교사와 일반교사가 협력하는 과정에 활용할 수 있는 주간협력계획표의 한 예이다. 특별보충학습 모형을 활용하기 전에 논의되어야 할 몇 가지 문제가 있다.

- 어느 교사가 특별보충학습 집단의 학생에게 평점을 줄 것인가?
- 어느 교사가 학급관리를 하도록 해야 할 것인가?
- 특별보충학습은 어느 곳에서 이루어져야 하는가?
- 양 교사가 계획하고 조정하는데 참여할 시간은 언제인가?

4. 통합학급 모형의 당면 과제

이 장에서는 통합 협력모형을 적용한 수업의 조직, 훈련, 예산, 수업에 대한 문제를 논의한다.

1) 조직의 문제

일반교사와 특수교사의 양분된 책임이 공동의 책임으로 생각이 바뀌는 이유 중의 하나는, 기존 학교의 물리적 조직의 구조가 변화될 필요가 있다는 인식이 증가하고 있다는 것을 나타낸다(Baker & Zigmond, 1990). 장애인에 대한 서비스와 지원은 더 이상 특정인에 의하여 특정한 공간에서 이루어지는 것이 아니다. 일반교사와 특수교사는 학급에 있는 일반학생과 장애학생에 대해 공동의 책임을 진다. 이것은 조직체계가 장애학생을 단순하게 배치하는 것보다는 완전통합이 지향하는 서비스 전달모형으로 바뀌어야 한다는 것을 의미한다(Welch & Sheridan, 1995).

Pugach와 Johnson(1995)은 완전통합교육의 서비스 전달모형의 3가지 접근방법을 제안하였는데, 다음과 같이 낮은 수준에서 높은 수준으로 제시되었다.

- 특수교사와 일반교사의 일대일 상담
- 소규모 교사집단들이 함께 일하기
- 특수교사와 일반교사의 팀티칭 또는 협력교수(p.10)

대부분의 교사가 이러한 방향으로 변화시키는 의사결정 과정에 참여할 때 조직의 구조가 가장 잘 변화하는 것으로 생각하고 있다(Friend & Cook, 1996). 교사가 의사결정 과정에 참여할 때 가장 존경심을 느낄 수 있다(Maeroff, 1988).

그러나 조직을 변화시키기 위해서는 많은 시간과 공간과 지원이 요구된다. 한 교사가 수업에 참여하는 시간이 많아질수록 더 많은 철학적인 문제가 발생한다. 조직 변화의 핵심은 개인을 변화과정에 참여시키는 것이다.

2) 훈련의 문제

대부분의 일반교사는 문제를 해결할 때 개별적으로 기능하도록 훈련을 받았다(Friend & Cook, 1996). 더욱이, 특수교사의 사전 연수 프로그램도 협력적 상담에 대한 종합적인 교육이 거의 제공되지 않았다(Heron & Harris, 1993). 상담자나 내담자에 대한 연수 프로그램 자체가 없었다. 교사의 역할과 책임이 복잡하고 협력적인 면이 증가하고 있지만, 교사 연수 프로그램은 이를 보완해주지 못하고 있다. 대부분의 교사는 서로 협력하는 효과적인 방법을 모르고 있다.

Idol과 West(1987)의 지적에 따르면, 특수교사가 상담기술이 부족하다고 지적하였다. 그들은 많은 교사훈련 프로그램이 교사들이 상담의 의사소통적/상호작용적 과정을 사용하도록 하는 훈련의 중요성을 인식하고 있지만, 교육생의 수행정도를 평가하기 위한 수행 준거로 활용되는 경우는 거의 없다. 일반교사와 특수교사가 학급에서 어떻게 협력할 것인가를 평가하는 수행중심 평가를 포함하는 더 철저한 훈련이 직전교육과 현직연수에서 이루어져야 한다.

교 시		주간
수업주제		
수업목표	일반교사	특수교사
수업활동	일반교사	특수교사
월		
화		
수		
목		
금		
자료	일반교사	특수교사
월		
화		
수		
목		
금		
학생집단	일반교사	특수교사
월		
화		
수		
목		
금		
활동평가		
기 타		

<그림 2-7> 협력교수의 주간계획 양식

3) 예산의 문제

완전통합교육 서비스 전달 모형인 통합학급의 지지자들은, 완전통합교육이 전통적인 분리교육 체제보다 장애아동의 교육적 요구를 충족시키는데 비용이 적게 든다고 믿고 있다. 협력모형에 자원을 재할당한다면 전체 서비스에 대한 비용은 변하지 않지만(Fuchs & Fuchs, 1995b), 일시적으로는 비용이 증가할 것이다.

통합학급 서비스의 예산이 학교, 학급, 아동에게 어떻게 분배되는지를 다시 정리할 필요가 있다. 예산을 결정할 때 종전의 법적 장애아동의 분류체계나 수준을 사용해서는 안된다. 연방정부의 특수교육 예산을 장애학생이나 장애가 없는 학급또래에게도 적절하게 제공할 수 있도록 규정한 IDEA 97의 특수교육 예산 집행은 협력교수 모형을 지지하는 것으로 본다.

4) 수업의 문제

전통적인 학급에서 수업은 일반교사가 제공하고, 그 수업의 초점은 학급 전체의 요구에 맞추어져 있었다. 교육청에서 채택한 교육과정을 사용하도록 함으로써 교사가 학급에서의 수업 결정을 제한하게 된다. 전통적으로 대부분의 학급에서 개별적인 학생의 요구는 교육과정 요구와 학급 전체에게 유익한 내용이 균형을 이루게 구성하는 것이다. 일반아동이 그 학급의 학습속도, 평가 계획, 수업형태를 결정하는 기준이다. 특수교육 요구를 가진 많은 학생이 일반학급에서 협력교수를 받는 것이 일반화될수록 수업에 대한 문제가 변화하게 된다. 일반교사들은 학급에 있는 장애학생을 수업에 참여시킬 뿐 아니라 학급에 들어오는 다른 교사도 참여시켜야 한다. 학급에서의 수업 결정은 한 교사가 독단적으로 설계하는 단계를 벗어나 두 교사가 함께 하는 것이 점차 증가할 것이다(Pugach & Wesson, 1995).

대부분 일반학급의 기본적인 수업형태는 장애아동이 성공적으로 학습할 수 있도록 변화되어야 한다(Baker & Zigmond, 1990). 일반교사는 장애학생을 자신의 일상적인 수업형태에 통합할 수 있도록 노력해야 하고, 자신의 수업에 참여하는 교사를 통합할 수 있도록 노력해야 한다. 일반교사와 특수교사의 협력적인 관계는 점차 중요하게 될 것이며, 수업자체의 변화를 유도해나갈 것이다. 이러한 변화가 성공적으로 이루어지려면, 일반교사와 특수교사가 의미 있고 도전적이며 복잡한 과제를 다른 전문가들과 함께 해결하는 연수 교육을 필요로 한다. 일반교사와 특수교사가 서로 수업역할을 바꿔가면서 서로를 지원하는 수업활동이 필요하다.

5. 모형 선택하기

이 장에서는 일반학급에서 특수교육을 제공하는 3가지 모형을 설명하였다. 이 모형이 여러 가지 측면에서 서로 다른 특징을 가지고 있다는 것을 분명히 한다. 즉, 특수교사가 수업에 어느 정도 자주 참여하는가에 따라 다르다. 수업 모형을 선택할 때 고려해야 할 점이 많다. 첫째는 학급에서 공부하는 장애학생의 특성이 고려되어야 한다. 모형의 선택은 통합교육을 받고 있는 학생의 수와 장애 정도를 고려해야만 한다. 또한, 교사가 다루어야 할 다양성의 정도와 독특한 교육과정 목표를 필요로 할 학생의 수와 같은 교육과정 문제(curriculum issue)를 고려하는 것도 중요하다. 마지막으로, 모형의 선택은 수업적인 맥락도 고려되어야 한다. 장애학생은 대안적 수업접근이 필요하기 때문에 많은 전문지식이 필요하게 된다.

〈그림 2-8〉은 모형을 선택할 때, 하나의 지침으로 사용할 수 있는 점검표이다. 점검표를 활용할 때의 규칙은 일반교사가 관리해야 할 일이 많아지면, 특수교사가 다양한 측면에서 수업에 참여할 기회가 많아진다는 것이다. 특수교사와 일반교사가 점검표를 함께 작성하면, 자신의 입장에서 가장

적절한 모형을 선택할 수 있다.

영역	점검내용
학생의 특성	• 학급에 장애학생이 몇 명이 있는가? • 장애학생의 장애수준은 어느 정도인가? • 장애학생의 장애수준은 얼마나 다양한가? • 장애학생이 다른 학생과 함께 수업하는데 어려움이 있는가?
교육과정 문제	• 교육과정 내용이 어느 정도 다양성을 요구하는가? • 다른 교육과정 내용을 요구하는 학생은 어느 정도인가? • 대안적인 교육과정 자료를 어느 정도 요구하고 있는가? • 교육과정 수정을 어느 정도 필요로 하는가? • 대안적인 자료를 활용할 수 있는가?
수업의 문제	• 대안적 수업을 요구하는 학생은 어느 정도인가? • 특수교육의 전문적인 지식을 요구하는 수업인가? • 특수교육보조원이나 관련인사를 어느 정도 활용할 수 있는가? • 수업의 속도를 어느 정도 조정해야 하는가?

<그림 2-8> 통합학급 교수 모형 선택에서 고려사항

이 전략은 두 명의 교사가 시작 때부터 협력적인 관계를 이루어 함께 할 때 효과적이다. 또 각자의 역할과 책임을 논의할 기회가 반드시 필요하며, 각자의 역할과 책임을 시간에 따라 어떻게 조정할 것인가를 고려해야 한다.

통합학급 모형을 선택할 때 마지막으로 고려해야 할 것은, 융통성 있는 운영이다. 하나의 통합학급 모형은 언제나 모든 상황에 적용하기에는 부적절하다. 특수교사는 교사나 학급 또는 지도하는 학생의 요구와 특성에 따라 모형을 변경할 수 있도록 준비되어야 한다. 학급에서 선택된 모형은 수업이 진행되는 동안에 수시로 변경된다. 〈그림 2-9〉는 앞에서 언급한 4가지의 통합학급 모델을 제시한 것이다. 이것은 특수교사가 제공하는 수업에서의 책임을 제시한 것이다.

모형	자문	자문/직접교수	협력교수	특별보충교수
내용	• 교수전략토의 • 교수적 수정 계획 • 자료 개발	• 능동적 교수참여 상담활동 확대 • 단기수업참여 • 점차 직접교수 지원활동 줄이기	• 교수활동에 대한 역할확대 • 장기 수업참여 • 직접교수 시간 줄이기	• 장애아동 교수의 일차적인 책임맡기

<그림 2-9> 특수교육 통합학급 교수 모형

〈그림 2-9〉에는 성격이 뚜렷하게 다른 모형으로 제시되었으나, 실제 운영되는 과정에서는 역할이나 책임이 중복될 수 있다. 특별한 경우에는 특수교사가 상담 모형을 선택할 수도 있지만, 주기적으로 일반교사의 수업을 도와주기 위하여 협력교수 모형을 활용하는 것이 효과적이다.

6. 요약

21세기의 일반교사에게 복잡한 문제를 가지고 있는 학생의 요구에 따라 다른 교사나 전문가의 지원이 계속해서 필요할 것이다. 이제는 교사가 혼자서 활동하는 단계를 벗어났다. 일반교사와 특수교사는 학생의 다양한 교육적 요구를 수용할 수 있도록 협력해야 한다. 협력은 모든 교사의 책무 중 하나이다. 더욱이 다양한 특수교육 요구를 가지고 있는 학생이 일반학급에 많이 들어올수록, 모든 학생에게 성공적인 경험을 제공하기 위해서 통합학급 모형이 필수적이다. 교사가 통합학급 모형을 선택하고, 모든 학생의 학습활동이 극대화될 수 있도록 다른 교사와 동료관계를 맺는다면, 다양한 학생의 문제를 원활하게 해결할 수 있다.

7. 후속 활동

1. 한 학급을 계획 활동의 맥락에 적용할 수 있도록 제시하라. 이 장에 제시한 협력교수 모형 중 하나를 선택하여 그 모형을 전개하는 단계를 밝혀라. 당신이 선택한 모형이 당신의 학급에 적합한 이유를 논의할 준비를 하라.
2. 일반아동이 활동 지침과 같은 자료를 활용하여 10개의 새로운 철자를 장애학생에게 정확하게 지도할 수 있는 동료학습계획을 설계하도록 하라. 당신은 이 문제가 어떻게 구조화되었는지를 다른 교사에게 물어볼 수도 있다. 당신의 계획은 이 장의 앞에서 논의한 Maheady, Sacca 그리고 Harper(1987)이 제시한 중요 특징과 관련되어야 한다.
3. 협력교수를 운영할 이론적 배경에 대한 보고용 노트를 작성하여 교장과 협력교수를 할 동료교사에게 보여줘라. 보고서의 내용은 수업, 재정, 교육 및 연수와 관련된 고려사항을 기술하라.
4. 대리 경제 체제를 5학년 학급을 위하여 개발하라. 교육과정 영역을 선택하라. 필요한 것이 무엇이고, 학급에 제시할 방법은 어떤 것이며, 계획을 운영하는 과정을 설명하는 지침을 분명하게 제시하라.
5. 경쟁적 팀 협력학습 모형을 많은 교사와 함께 학습할 수 있도록 하라. 이 모형이 어떻게 운영될 수 있는지에 대한 자료를 학급에 만들어 비치해라. 이 자료는 이 모형을 운영하는데 필요한 절차적 단계를 중심으로 구성한다.

제 3 장

협력과 자문 방법

1. 자문과정 모델
2. 협력과정
3. 자문의 특정 기술
4. 학교에서의 자문 활동
5. 자문 진행 방법
6. 요약
7. 후속 활동

제 3 장

협력과 자문 방법

핵심어

협력 행동 모델 대인간 의사소통	효과적인 듣기 요구 평가

"나는 더 이상 아무것도 할 수 없어!" Hernandez 선생님이 소리쳤다.

"Jeremy가 나를 완전히 미치게 만들고 있어! 선생님이 내 교실에서 Jeremy를 데리고 나가 주세요. 전 더 이상 못 가르치겠어요. 다른 학생들이 더 이상 공부할 수 없을 뿐만 아니라 아무도 Jeremy와 같이 공부하려 하지 않네요. Jeremy가 우리 학급에서 같이 공부하기엔 좀 어려울 거 같네요. Jeremy는 그와 비슷한 다른 아이들과 같이 특수학급에 있어야 되겠어요. 저는 Jeremy가 특수학급으로 돌아갔으면 해요!" "힘든 하루를 보낸 것처럼 들리네요." Hert 선생님이 말했다.

"Jeremy가 무엇을 하고 있는지 왜 제게 정확하게 말씀하지 않았나요?" "제가 도와드릴 수 있었을 텐데" "Jeremy는 자리에 앉아있질 못해요. 그는 항상 어떤 것을 두드리거나 쾅쾅거리며 소리를 내죠. 그리고 절대 손을 드는 일이 없죠. 또 허락 없이 뛰기도 해요. 그리고 언제나 다른 친구들을 때리곤 하죠. 읽지도 못하고 어떤 것도 하려고 하지도 않죠. 한마디로 게을러요. 그리고 놀이와 작업을 하는 모임에 놓아두면 항상 불화를 일으키곤 하죠." "Jeremy는 학급에서 항상 지도가 필요해요" Hert 선생님도 수긍했다. "제가 들어와서 Jeremy가 하는 행동에 대해 기록하는 게 어떨까요? 저는 그의 행동을 지도할 좋은 생각이 있어요. 선생님만 좋으시다면 우리는 함께 그를 도울 수 있는 행동계획을 만들 수 있을 거예요. 괜찮겠죠?" "좋아요. 해보는 데까지 한번 해보죠." "선생님께서 무엇을 말씀하시는지 알거 같아요. 가끔 당혹스러울지도 모르겠지만, Jeremy를 관찰하기 위해서 당신이 Jeremy를 내일 우리 반으로 데려와 주셨으면 해요. 그러면 제가 그 상황에 대해서 좀 더 알 수 있을 거 같네요. 그런 다음, 방과 후에 Jeremy의 행동의 문제가 무엇이며 다음에는 어떻게 해야 하는지를 결정할 수 있을 것입니다. 제가 선생님께 당장이라도 도와줄 수 있는 한두 가지 제안을 드릴 수 있을지 모르겠지만, 아마도 우리가 시간을 두고 생각해 보는 게 좋을 듯 합니다. 우리가 만날 때는 Jeremy의 활동 계획에 대해 이야기 할 수 있을 겁니다."

Heranadez 선생님이 "네~ 아주 좋군요." "저는 Jeremy와 얼마나 잘 할 수 있을지 확신은 없지만, 가능성이 있는 데까지 최선을 다해 보겠습니다. 그럼 내일 봐요."라고 대답한다.

이 장의 목적은 자문과 협력과정을 설명하려는 것이다. 자문과정에 대한 여러 가지 이론적 모델을 제시하였다. 또 협력단계를 설명하고, 학교에서 협력모델을 운영하거나 운영과정을 관리하는데 필요한 특정기술을 제시하였다. 역사적으로 교사는 동료로부터 간섭받지 않는 자기 교실과 같이 떨어진 환경에서 주로 활동해 왔다. 그들은 서로 자기 교실의 학생만 책임졌다. 그러나 이러한 교수방법도 최근에는 두 명 이상의 전문가가 한 학급에 있는 학생을 책임지는 협력적인 모델로 바뀌어가고 있다. 특히, 이러한 접근은 장애학생을 지도하는 하나의 방법으로 받아들여지고 있다. 1990년대 초에 일반교사, 특수교사, 관련 서비스 종사자, 특히 부모 등이 서로 협력하면서 일반학급에서 특수교육 요구 아동이 증가하는 하나의 원인이 되었다. 오늘날의 교사들은 일반학급에 증가하는 장애학생을 개별적으로 적절하고, 문화적으로 타당하며, 보편적이면서 효과적인 방법으로 지도해야 한다는 주문을 받고 있다. 이러한 요구에 가장 효과적인 방법으로 협력교수 방법을 채택하고 있다(Berdine & Cegelka, 1995).

협력교수의 방법은 무엇인가? Bauwens와 Hourcade(1995)는 "협력은 전문가가 개별적으로 참여하여 프로그램을 계획하고, 운영하며, 평가함으로써 전반적인 프로그램에 대하여 책임지는 전문적인 상호작용의 한 형태"로 정의하였다. Idol-Maestas(1983)는 "협력은 특수교육 지원 서비스가 일반교사에게 제공될 때 이루어진다."고 하였다. Friend와 Cook(1996)은 하나의 대인과정으로서의 협력은 "적어도 2명 이상의 전문가가 공동의 의사결정에 자발적으로 참여하고, 공동의 목적을 달성하기 위하여 직접적인 상호작용을 하는 하나의 형태"로 정의한다. 본 장에서는 두 사람 이상의 전문가가 공통적으로 관심 있는 일을 해결하기 위하여 함께 일하는 상호작용의 한 형태로 정의한다. 〈그림 3-1〉은 여러 가지 협력에 대한 정의의 특징을 설명한다.

- 협력은 자발적이다.
- 협력은 참여자가 맡은 몫이 있어야 한다.
- 협력은 서로의 목적을 바탕으로 한다.
- 협력은 참여자의 참여와 의사결정에 공동의 책임을 부과한다.
- 협력하는 사람은 그들의 지원을 공유한다.
- 협력하는 사람은 그 일의 성과에 대하여 공동의 책임을 진다.

<그림 3-1> 협력의 정의에 대한 특성

1. 자문과정 모델

오늘날 학교에서 활용할 수 있는 다양한 협력 모델과 접근방법은 협력 참여자를 서로 관련시키는 방법, 동기유발 방법의 선택, 중재를 이행하는 협력자의 책무 등을 제시하고 있다. Gallessich(1982)는 정신건강 모델, 임상 모델, 조직 모델, 행동 모델, 프로그램 모델, 교육 모델 등과 같은 광범위한 모델 6가지를 제시하고 있다. Bobcock와 Pryzwansky(1983)는 협력 모델, 의학 모델, 정신건강 모델, 전문가 모델 등 4가지 모델을 구분하여 제시하였다. 이러한 제안을 종합하여, 본 장에서는 오늘날 학교의 협력적 중재에 대한 이론적 기초를 제시하는 것으로 믿고 있는 정신건강 모델, 행동 모델, 조직 모델, 임상 모델 등 4가지를 선택하였다.

1) 정신건강 모델

초기의 정신건강 모델은 Rogers(1959)의 아동 중심 이론에 근거하고 있지만, 본 장에서는 대인간 요인(interpersonal factor)으로 설명하고 있다. 이 모델에서 협력자는 촉진자 또는 관계 형성자의 역할을 한다. 정신건강 모델의 지지자는 교사간 대인관계 기술의 개선을 강조한다.

정신건강 모델은 학급에서 관찰할 수 있는 아동의 행동보다는 문제 상황에 대한 교사의 정서적 상태에 초점을 둔다. 정신건강 모델은 학생에 대한 건전한 정서적 풍토를 이끌어 낼 수 있는 교사의 정서적 반응을 중요하게 생각한다. 이 모델의 지지자는 이 모델을 통하여 자아실현 개념을 학교에 적용할 수 있고(Friend & Cook, 1996), 학교생활과 관련된 문제를 설명할 수 있으며, 앞으로 나타날 수 있는 문제를 예방할 수 있다는 점을 유익하게 생각한다. 그러나 정신건강 기법을 객관적으로 정의하기가 어렵고, 특별한 훈련이 필요하며, 그것을 운영하는 것을 감독하기 어렵다는 점을 문제점으로 지적하였다. 또한 교직원의 정신건강 모델의 효과를 지지할 만한 경험적 자료가 적다는 점도 문제로 제시하였다(Friend & Cook, 1996).

2) 행동 모델

자문에 대한 행동주의 모델은 응용행동 분석의 개념을 활용한다. 변화될 필요가 있는 개인의 목표 행동을 설명할 것을 요구한다. 대부분의 경우, 이러한 학생은 일반학급에 있는 특수교육 요구학생이다. 대부분의 학교 상황을 고려할 때, 다양한 상황에 적용할 수 있는 독특한 기술과 지식을 가지고 있는 교사는 특수교사이다. 특수교사는 일반교사가 아동의 문제행동을 평가할 때나 기대성취 수준과 실제 수준간의 차이를 이해할 수 있도록 자료를 준비하여 도와줘야 한다. 그리고 일반교사는 중재를 계획하고, 계획된 중재를 실행하는데 참여해야 한다. 특수교사와 일반교사의 중재가 성공적인지, 그리고 공격적인 아동의 행동이 변화되었는지를 평가하는 데에도 참여해야 한다. 예를 들면, 학급에 문제 학생이 소속된 일반교사는 특수교사에게 행동 프로그램을 계획하는데 도와 달라고 요청해야 한다. 특수교사는 상황을 파악한 후, 일반교사에게 문제행동을 나타내는 아동의 행동에 관심을 가지고, 행동계약을 체결하여 운영하도록 의견을 제시해야 한다. 일반교사와 특수교사가 논의한 후, 행동계약을 일반학급에서 실행함으로써 학생의 문제행동은 점차 줄어들게 된다. 특수교사와 일반교사는 중재계획의 운영을 평가하기 위하여 매주 만나야 한다.

학교에서의 자문에 대한 행동모델은 잘 계획된 행동 분석 전략에 기초하고 있다는 점, 중재를 계획하고 그의 영향력을 평가하는 근거가 될 수 있도록 학급에서 진행되고 있는 참 모습에 대한 자료를 수집한다는 점이 장점이다. 그러나 자문의 행동모델은 협력보다는 조언자의 관계에 의하여 변할 수 있다는 점, 특수교사가 장애학생을 직접 지도하지 않고, 대부분 일반교사가 특수교사에게 도움을 요청하는 것을 불편하게 생각한다는 점이 문제이다.

3) 조직모델

조직 모델은 인간관계와 조직이론에서 파생된 것이다(Heron & Harris, 1993). 이 모델의 핵심은 비공식적 또는 공식적 절차와 과정의 변화에 초점을 둔 모델이다(Heron & Harris, 1993). 목표는 집단 처리과정을 쉽게 하여 문제해결과 의사결정과정에 참여하는 팀 구성원의 상호작용을 촉진하는 것이다. 협력자의 역할은 처리과정을 도와주어 정책과 집단구조를 바꾸도록 하는 것이다. 자문에 있어서 조직모델을 이용하는 목적은 학교가 복잡한 사회체제의 개선된 기능을 수행하도록 하기 위한 것이다. 이 모델의 지지자는 앞으로 개선될 학교체제가 특수교사와 일반교사 모두에게 훨씬 효과적이라고 믿는다. 이 모델이 학교에서 전개되면, 협력을 전개하는 효과가 학교의 모든 체제 안에서 조정되며, 체제의 구성원인 교사의 근무시간에 협력이 이루어진다는 점이 유용하다. 그러나 체계적인 협력 모델을 전개하는데 많은 시간과 비용이 들고, 현행 학교체제에서는 조직적인 협력과정을 체계적으로 전개할 기회가 거의 없다는 점이 이 모델의 문제이다.

4) 임상적 모델

임상적 모델은 진단평가 결과를 이용하여 문제를 파악하는 것을 강조한다. 언어치료사나 학교 심리학자는 협력이나 자문에 임상적 모델을 이용한다. 특수교사는 일반교사에게 문제를 확인하기 위하여 학생을 어떻게 관찰하고 검사할 것인가를 묻고, 문제해결에 필요한 중재과정에 참여하도록 한다. 특수교사는 중재과정에는 참여하지 않는다. 학교에서 임상 모델은 특수교사에게 최소한의 시간만 요구한다는 점과 복잡한 문제가 발생할 때나 여러 분야의 전문가가 문제를 분명히 할 필요가 있을 때 특히 유용하다. 그러나 진단평가자가 일반학급에 참여하는 것이 제한되고, 문제가 수업이나 교육과정과 관련되지 않고 학생에게 있다고 가정할 때만 적용하는 것이 단점이다.

5) 모델 선택하기

자문교사에게 정신건강, 행동, 조직, 임상 모델 등과 같은 유용한 이론적 모델이 학교에서 자주 이용된다. 자문과정 형태에 따른 모델 선택은 교사의 경험과 훈련정도에 따라 결정된다. 정신건강 모델은 두 교사가 이것을 성공적으로 운영하는 것이 가장 어려운데, 그 이유는 자문교사가 대인관계를 개발하고 형성하는데 필요한 폭넓은 기술과 촉진자로서의 역할을 동시에 수행하기가 어렵기 때문이다. 이러한 기술은 교사의 일상적인 업무수행의 기술이 아니다. 한편, 교사는 행동원리를 이용하도록 훈련 받아왔기 때문에 행동모델을 자연스럽게 선택한다. 또 이 모델은 교사가 자신의 학급에 있는 학생의 학급행동을 변화시키도록 도와주는 효과적인 방법으로 인정되었다. 조직 모델은 단순히 교사행동의 변화보다는 체제변화를 원할 때 훨씬 더 유익하다. 임상 모델은 자문팀을 구성한 전문가가 학생의 문제행동을 확인하고 진단할 필요가 있을 때 선택된다.

2. 협력과정

협력과정은 협력에 참여하는 참여자간의 관계를 설명하는 것이다(Heron & Harris, 1993). 이 과정은 협력관계가 끝나거나, 협력이 필요한 일의 목표를 성취할 때까지 계속 협력하는 것이다. 일반교사와 특수교사는 다른 지식기반을 가지고 있기 때문에, 협력과정에서 능동적인 역할을 수행할 수 있다. Kurpirus(1978)는 협력과정의 형태를 정의하는데 도움이 되는 9가지 단계를 제시하고 있는데, 사전준비(preentry), 준비(entry), 정보수집, 문제 정의하기, 해결방법 결정하기, 목표 진술하기, 계획 전개하기, 계획 평가하기, 그리고 과정 종결하기 등이다. 단계별 정의는 〈그림 3-2〉에 제시되었다.

협력과정의 단계는 서로 배타적일 필요는 없다. 협력 관계는 1회 모임에서 1단계로 끝날 수도 있고, 1단계를 완성하는데 몇 주 또는 몇 개월이 걸릴 수도 있다(예, 계획 평가하기). 모든 협력과정은 독특하다. 각 단계를 부드럽게 진행하기 위하여 협력교사(특수교사)는 확실한 기술목록을 정해야 한다.

1. 사전 준비하기	• 협력교사들은 자문과정에서의 자기 역할을 분명히 한다.
2. 준비하기	• 협력교사들은 라포를 형성하여 문제의 조건을 직접 정한다. 협력교사의 역할과 책임을 알려 준다
3. 정보 수집하기	• 교사는 논의 중인 문제를 해결하기 위한 정보를 수집한다.
4. 문제 정의하기	• 교사는 문제정의에 동의하고, 문제의 척도를 객관적이고 측정 가능한 용어로 설명한다. 문제가 한 가지 이상일 때는 가장 중요한 것부터 순서대로 계열화한다.
5. 해결방법 정하기	• 문제를 해결할 방법이 정해진다. 협력교사는 해결방법의 가능성을 탐색한다.
6. 목표 진술하기	• 목표는 문제해결에 대한 분명한 척도에 의하여 진술한다.
7. 계획 전개하기	• 모든 협력자가 동의한 계획을 전개한다. 특정 책임의 윤곽을 정한다.
8. 계획 평가하기	• 계획평가는 긍정적인 변화가 있는지를 결정할 때 이루어진다.
9. 과정 종결하기	• 모든 협력자가 목표를 달성했다고 결정할 때, 모든 과정이 종결된다.

<그림 3-2> 협력과정의 9단계

3. 자문의 특정 기술

특수교사가 협력적 자문에 활용하는 기술은 매우 중요하다. 왜냐하면 교사가 다양한 교육적 상황에 효과적으로 대처할 수 있는 기술이 필요하기 때문이다(Berdine & Cegelka, 1995). 특수교사와 협력하는 다른 전문가는 수업에 대한 전문지식을 가지고 있어야 할 뿐만 아니라 효과적인 대인관계 기술도 있어야 한다. Conoley와 Conoley(1982)는 협력교사들은 서로 우호적이고 개방적이며, 위협적이지 않고, 집단의 이익을 추구하는 관계이어야 한다고 믿는다. Idol-Maestas와 Ritter(1985)는 특수교사가 다음과 같은 기술을 갖추어야 한다고 제안하였다.

- 학습자의 행동을 평가하는 기술
- 직원회의에 참석하여 집단 상호작용하는 기술
- 문서화된 개별화 교육계획(IEP)을 개발하는 기술
- 부적절한 사회적 행동을 줄이는 계획을 개발하는 기술
- 적절한 수업자료를 준비하는 기술
- 특정 목표에 대한 활동을 창출해 내는 기술

협력과정을 효과적으로 운영하려면, 대인간 의사소통 기술, 듣기기술, 질문하기 기술, 관찰하기 기술 등이 있어야 한다. Idol-Maestas와 Ritter(1985)는 위의 4가지 기술을 확대하여 제시하였는데, 앞으로 이것을 구체적으로 제시하고자 한다. 중요한 기술로 추가된 활동 창출하기, 목표 진술하기, 행동 평가하기 등에 대한 구체적인 내용은 다음 장에 소개한다.

1) 대인간 의사소통 기술

이것은 조화를 이루며 생산적인 관계를 유지하거나 발전시키는 것 보다 더 많은 노력을 필요로 한다(Bauwens & Hourcade, 1995). 일반학급에서 특수교육을 받는 학생들이 많아짐에 따라 특수교사와 일반교사는 학생의 변화에 대한 정보 교환하기, 진단 검사 결과의 정보 교환하기, 학업에 대한 책임을 공유하기, 장・단기적 교육 계획에 협력적으로 참여하기, 부모나 그 밖의 전문가와 협의하기 등과 같은 과정에서 상호 의견을 교환한다(Volts, Elliott & Cobb, 1994). 효과적인 대인간 의사소통 능력은 이러한 의사소통을 유연하게 진행하기 위해 필요하다. Johnson(1996)은 대인관계와 관련된 네 가지 구성요소를 정의했다.

1. 서로를 알고 신뢰하기
2. 서로 정확하고 명료하게 대화하기
3. 서로를 수용하고 지지하기
4. 갈등을 해소하고 문제를 건설적으로 해결하기

신뢰감이 형성됨에 따라, 교사들은 안심하게 될 것이며 더 많은 정보를 공유하기를 원하게 된다. 교사가 안정감을 느낄 때, 자신의 신념을 방어하려는 것보다 더 많은 문제에 관심을 갖게 된다. 대화의 내용은 개인적인 차이보다는 정확하고 명백한 사실에 초점을 맞춘다. 신뢰감은 상대방을 이해하고 지지하고 표현함으로써 만들어진다. 비난이나 거부나 비판은 서로의 신뢰관계를 파괴한다. 좋은 대인관계기술은 갈등을 건설적으로 해소해 준다. 이와 같은 기술은 좋은 듣기기술을 개발함으로써 가질 수 있게 된다.

2) 듣기기술

듣기는 생활의 여러 가지 측면에서 아주 기본적인 요소이다. 특히 협동적인 상황에서 듣기는 중요하다. 우리가 어떤 내용을 들을 때, 상대방은 우리가 관심을 나타내면서 그 사람이 무엇을 말하는지 이해하길 원한다(Friend & Cook, 1996). 듣기는 관심 없는 문제는 무시하고, 관심 있는 문제에만 초점을 두도록 한다. 또 듣기는 적절한 관계를 형성하기 위한 라포를 형성하도록 도와준다. 그리고 듣기는 우리가 정확하고 적절한 정보를 얻도록 도와준다. 교사의 올바르고 능동적인 듣기가 협력활동을 도와준다고 확신한다(Idol-Maestas, Lloyd & Lilly, 1981; Idol-Maestas & Ritter, 1985).

효과적인 듣기를 방해하는 여러 가지 요인이 있는데, Friend와 Cook(1996)은 다음과 같은 내용을 제시하였다.

- 되물어보기: 자신이 말했던 것을 잊어버린다.
- 공상에 잠기기: 다른 사람이 말한 내용을 이해하지 못한다.
- 핵심어 의미를 모를 때: 문장에 들어있는 한 두 단어에 집착하여 전체 내용의 의미를 이해하지 못한다.
- 내용을 골라 듣기: 그 화제 내용을 모두 알고 있다고 생각하고 전체적인 토의내용을 듣지도 않고, 실제로 말하고 있는 것도 듣지 않는다.

- 외적 요인에 의해 산만해지기 - 외적 요인(말하는 사람의 머리 스타일)에 주의를 기울임으로써 말하는 내용을 놓칠 수 있다.

대부분의 교사는 효과적이고 수용적인 듣기가 관계를 형성하는데 매우 중요하다는 것을 인정한다. 그러나 효과적으로 듣는 법을 학습한 교사는 거의 없다. 듣기 능력을 향상시키는 첫 단계는 효과적인 듣기 기술을 방해할 수 있는 반응을 인식하는 것이다. Friend와 Cook(1996)이 듣기 능력을 향상시키기 위한 전략으로 다음과 같은 목록을 제시하였다.

- 토론의 완성단계에서 최종적으로 전달되는 정보를 반복하라.
- 당신이 받은 정보를 분류하고, 정보가 너무 많으면 분류체계를 변경한다.
- 구체적으로 기억할 수 있도록 전달된 정보를 기록해서 보관하라.
- 반응할 신호를 선택하고 활용하라. 그리고 의문이 나는 부분에는 별표를 하거나 의문부호를 해 둔다. 이것은 적절한 시기에 질문하는 것을 도와줄 것이다.

또한 효과적인 듣기는 다른 교사의 생각과 감정에 동조하고 있다는 것을 언어적으로 나타내도록 도와준다. 언어적 반응('음' 또는 '그렇죠' 등)에 추가된 비언어적 반응(고개를 끄덕이는 것 등)은 말하고 있는 것을 듣고 있다는 신호가 된다.

3) 질문하기 기술

질문은 협력적인 상황에서 일차적인 정보를 파악하는데 사용하는 기술이다. 따라서 적절한 질문 기술을 습득하는 것이 중요하다. 질문방식에 따라 대답에 상당한 영향을 미친다(Friend & Cook, 1996). 예를 들면, 정보를 찾는 질문은 정보를 제공하는 질문과는 아주 다르게 표현될 수 있다.

질문은 의사소통 과정을 명확하고 분명하게 해 주는 도구이다. 질문은 문제의 빈도, 지속기간, 중요도 등을 끌어낼 수 있도록 상세해야 하고 문제행동이 발생하는 조건이 드러나도록 구성되어야 한다. 의미있는 질문이 되려면, 특수교사나 자문교사의 질문이 심문처럼 들리지 않도록 주의해야 한다. 예를 들어, 한 교사가 다른 교사에게 문제아동에 대해 도움을 요청하는 상황에서 첫 번째 활용되는 전략은 여러 가지를 계속해서 묻는 것이다. 그러나 너무 많은 질문은 협력 관계를 지속할 가능성을 줄일 수도 있다. 그러나 교사가 원치 않더라도 질문의 사용을 전적으로 피하기는 어렵다.

질문은 자문하는 가운데 이뤄지는 다양한 의사소통 전략 중의 하나가 되어야 한다. 다른 전략의 사용과 더불어 질문은 능동적인 측면에서 협력을 활성화시킬 수 있다. 협력적인 관계에서 질문은 다음과 같은 목적으로 활용된다. (1) 다른 교사로부터 부가적인 정보를 얻기, (2) 정보가 이해되었는지를 점검하기, (3) 교사가 문제 상황에서 느끼는 것을 이해하기 등의 목적이 있다. 따라서 질문은 상대방의 명확한 의도를 알고 싶을 때나 다른 교사가 말한 것을 바꾸어 말할 때, 그리고 관심 있는 상황을 잘 파악하기 위하여 상대방의 느낌을 듣고 싶을 때 사용할 수 있다.

명료화하기	가장 많이 나타나는 오류는 교사가 상대방 교사가 잘 이해하였다고 생각하는 것이다. 이 문제는 명료화를 요구하는 방법이 있다. 예를 들면 "선생님이 방금 말씀하신 내용을 제가 잘 이해하고 있는지 모르겠네요." "선생님이 말씀하신 내용이 ㅇㅇ라는 말인가요?"
바꿔 말하기	선생님이 상대방의 의견을 정확하게 이해하고 있는지를 확인하는 방법 중 하나로 "영수가 스스로 숙제하는 것이 어렵다는 말인가요?" 하고 묻는 방법이다.
생각점검하기	대인간의 관계를 유지하는데 중요한 것은 대화내용을 정확하게 이해하는 것 못지않게 상대방의 감정을 바르게 이해하는 것도 중요하다. 따라서 상대 교사의 생각이 어떠한지를 이해하는 것도 중요하다. 그런 방법의 하나로 "영수가 잘 읽지 못해서 선생님이 낙담하는 일이 없었으면 좋겠다."고 말하는 것이다.

<그림 3-3> 효과적인 질문의 목적

둘째, 협력관계에서 이미 제공받은 정보가 불명확할 때, 그것의 명료성을

요청할 때도 질문할 수 있다. 자문교사는 그들이 이미 알고 있는 것을 확인하거나 이해하지 못한 정보를 명백히 하기 위해 질문할 수 있다. 예를 들어, "내가 그 상황을 ……와 같이 이해해도 될까요?" 또는 "내가 당신의 상황을 정확하게 설명했나요?"등과 같이 질문하는 것도 이해하기 쉽게 다른 사람의 말을 바꿔서 말하는 방법 중의 하나이다. 바꾸어 말하기는 상대방이 말한 내용을 자신이 생각하고 있는 내용으로 바꿔서 말하는 것이다(Friend & Cook, 1996). 바꾸어 말하기는 상대적으로 적은 정보단위에 초점을 두거나 또는 추론할 여지가 없는 것일 때 주로 사용한다. 상대방이 말한 내용을 재진술한 다음 자신이 이해하고 있는 것이 상대방의 의도와 맞는지를 물어본다. 바꾸어 말하기는 교사가 상담자와 관계된 정보를 명백히 하는 것을 또한 도울 수 있다. 예를 들면, "마이클은 독립적인 읽기에 어려움이 있다고 들었는데 내가 정확하게 들었나요?"등이다.

셋째, 질문은 화자의 이해를 분명히 하는 데 사용할 수 있다. 이해 점검 과정에서 자문교사는 교사가 설명한 상황을 바르게 이해하고 말했는지를 확인해야 한다. 예를 들어, "그 아동의 행동이 다른 학생을 방해하고, 수업을 진행하는데 어려움을 주는 것처럼 보이진 않나요?" 상대방 교사의 화, 슬픔, 좌절 등을 받아들임으로써 상대방과 신뢰를 형성하고 발전적인 관계를 도모할 수 있다. 공감적인 관계가 쉽게 이뤄지는 것은 아니다. 상대방과의 공감은 적극적인 참여와 듣기기술이 요구되어지기 때문이다(Welch & Sheridan, 1995). 너무 많거나 적은 질문은 효과적인 의사소통에 방해가 된다. 그러나 효율적으로 질문을 한다면, 그것은 협력적인 활동이 이루어지는 동안 정보를 찾아야 하는 자문교사에게 매우 중요한 수단이 될 수 있다.

4) 관찰 능력

듣고 질문하기처럼 자문과정에 중요한 또 다른 기술은 학급을 관찰하는 능력이다. 세심한 관찰은 자문과정에서 수집한 정보를 통합하는 단계로 인식되었다(Idol, Nevin & Paolucci-Whitcomb, 1994). 자문교사가 교실에 있는 학생이나 교사의 행동을 관찰한 뒤에는 일반교사를 도와줄 수 있다(Heron & Harris, 1993). 일반교사는 혼자서 학급을 지도하기 때문에 학급 활동이 이뤄지는 동안 특정 아동의 행동을 관찰할 기회가 거의 없다. 자문교사는 중재 계획을 잘 수립할 수 있도록 관찰된 자료를 일반교사에게 제공한다. 특정 행동에 대해서 수집된 자료는 목표를 설정하고, 프로그램을 계획하고, 중재의 효과를 평가하는데 도움을 줄 수 있다(Dettmer, Thurston & Dyck, 1993). 자문교사는 학생의 행동을 관찰하기 위해 여러 가지 측정 전략을 선택할 수 있다.

하지만 상대교사의 학급을 관찰하는 것은 그렇게 쉬운 일이 아니다. 자문교사가 일반학급을 관찰하려고 일반교실에 들어가면 두 교사 모두 또는 일반교사가 긴장하거나 불안해지는 불편이 있다. 여러 가지 전략이 관찰과정을 촉진하고, 교사의 불안을 줄여줄 수도 있다.

Dettmer, Thurston과 Dyck(1993)은 자문교사에게 다음과 같은 것을 제시하였다.

- 교실에 들어갈 때 긍정적인 말을 해라.
- 교사가 지정해 주는 자리에 겸손하게 앉아라.
- 학급 활동에 직접 참여하지 말라.
- 기호로 행동을 기록하라.
- 교사에게 눈짓으로 신호하면서 웃는 표정으로 나가라.
- 교사에게 교실을 관찰한 결과 긍정적인 측면을 말하라.

한 번의 관찰은 별로 도움이 되지 않기 때문에 반복적인 관찰이 이루어져야 한다. 며칠 동안 관찰한 자료가 축적되어야 상대방 교사가 질문하는 문제나 행동에 대하여 믿을 수 있는 설명과 많은 예시자료를 제공할 수 있다. 교육과정 수정이 필요하다면, 비위협적인 방식으로 교육과정 수정에 대하여 논의할 수 있다. 효과적인 관찰기술은 협력적인 관계에 있어서 매우 중요하다.

4. 학교에서의 자문 활동

학교 장면에서의 실질적 자문의 운영은 쉽지 않다. 몇몇 장애물을 여러 각도에서 고려할 필요가 있다. Johnson, Pugach, Hammittee(1988)는 자문에 대한 실제적인 측면과 개념적인 측면에서의 자문에 대한 문제를 논의하였다. 그들이 이야기하는 실제적인 장애물은 (1) 자문의 개념적 정의와 자문교사의 역할의 혼란, (2) 자문에 참여하는 시간의 부족 등이다. 개념적인 장애물은 (1) 일반학급에 참여하는 특수교사의 신뢰성, (2) 특수교육 자문교사와 일반교사의 사고 불일치, (3) 교육 전문가(교사)의 직위 체계상의 문제, (4) 일반교사와 특수교사의 지식 기반 등이다. 실질적이든 개념적이든 여기에 존재하는 장애물은 효과적인 협력 관계의 발전을 방해한다. Pugach와 Johnson(1995)의 주장처럼 이러한 장애물을 인정하고 어떻게 하면 그들과 쉽게 상호작용할 수 있을 것인가를 인식하는 것이 앞으로의 의사소통 과정에서 나타날 문제를 최소화하는 첫 단계이다. 다음에 오늘날의 학교에서 협력적인 자문을 수행하는데 가장 큰 방해가 되는 잠재적 장애물에 대해 논의하고, 이러한 장애물을 제거하는 방법도 제시한다.

1) 저항과 갈등을 관리하기

인간의 상호작용이 증가하면 증가할수록 대인간의 갈등도 늘어난다. Friend와 Cook(1996)은 갈등을 “다른 사람이나 집단이 자신 또는 자기 집단의 목표 달성을 방해하고 있다고 느끼는 상황”(p.118)이라고 정의하였다. 누군가가 개인의 의견에 동조하지 않거나 변화에 반대한다면 불편하게 느낄 것이다. 교사는 갈등의 원인을 이해하고 그것을 건설적이고 합리적으로 처리하는 방법을 이해할 필요가 있다(Welch & Sheridan, 1995). 협력에는 많은 갈등요소들이 있다. 어떤 경우에는 특수교사가 이해하기 바라는 일반학급의 요구와 압력일 수도 있다. 또, 자문과정에서 제기되는 아이디어가 일반학급 교사로서는 실현가능해 보이지 않는 것일 수도 있다. 그 아이디어는 특수교사에게만 해당하는 것으로 비춰질 수도 있다. 일반교사는 특수교사보다 자신이 학급을 경영하는데 필요한 전문지식이 더 적다고 느낄 수도 있다. 신임 특수교사는 학교에 근무하고 있는 경력이 많은 일반교사에게 저항감을 느낄 수도 있다. 신규 교사로서 경력이 많은 교사에게 새로운 아이디어를 제시하는 것이 쉽지 않다. 협력하기 위해서는 특수교사나 자문교사는 정확한 갈등요소를 알고, 그것을 극복할 수 있는 방법을 찾아내도록 노력해야 한다.

Pugach와 Johnson(1995)은 갈등과 저항을 관리하는 방법을 다음과 같이 제시하였다.

- 충고하지 않기
- 잘못된 확신 주지 않기
- 너무 많은 질문하지 않기
- 아무데나 참견하지 않기
- 방해하지 않기
- 진부한 표현이나 성급한 선택을 하지 않기

이 같은 충고에 따른다면, 일반교사와의 협력적인 관계에 대한 저항을 다소 줄일 수 있다.

2) 시간과 에너지 관리

한 사람이 일할 때보다 협력할 때가 더 많은 시간이 필요할 수도 있다

(Friend & Cook, 1996). 따라서 교사들은 시간이 협력을 방해하는 중요한 장애물 중 하나로 파악하고 있다(Bauwens, Hourcade & Friend, 1989; Idol-Maestas & Ritter, 1985; Idol, et al., 1994). 상호작용하기 위하여 시간을 낸다는 것은 바쁜 교사들에게는 아주 어려운 일 중의 하나이다. 어떤 때에는 시간을 내는 것 자체가 거의 불가능할 수도 있다. 또한 바쁜 교사는 자문을 통하여 도움을 구한다는 것이 마음이 내키지 않을 수도 있다. 바쁜 특수교사나 자문교사가 많은 자문요구에 답하는 것이 바람직하지 않을 수도 있다. West와 Idol(1990)은 자문하는데 필요한 시간관리에 대한 몇 가지 해결책을 〈그림 3-4〉와 같이 제시하였다.

이 중에서 가장 중요한 것은 계획된 시간을 관리할 수 있도록 행정적으로 지원하는 것이다. 일단 자문계획이 정해지면 계획에 대한 많은 요구가 줄어들지만, 시작할 때는 대화하거나 계획을 세우는데 시간이 충분치 않다.

- 학교에서 이뤄지는 특별한 공연(예, 초청강연, 영화나 연극 상연)을 감독자 없는 학생들만의 모임으로 정기적으로 열어라.
- 교장 또는 교사나 관리자를 하루에 한 시간씩 가르쳐라.
- 학생들이 같은 종류의 과제나 학습활동을 할 때는 그들을 하나의 큰 집단으로 묶어서 함께 활동하게 하라(예, 다목적실이나 도서관).
- 교실 이동수업, 점심시간 또는 쉬는 시간에 학생들을 안내하고 관리 · 감독하는데 보조자 또는 자원봉사자를 활용하라.
- 다양한 계층의 자원봉사자를 활용하라(예, 학부모, 조부모, 지역사회 인사, 은퇴교사)
- 교장은 매주 협력교사를 위한 특별 시간을 배정하라.
- 직원들에게 학생이 없는 협력시간을 줄 수 있도록 수업일자를 변경하라.
- 동료 교수제도(또래교사)를 활용하라.
- 교장은 한 학년에 하루씩 "협력의 날"을 따로 지정하라.
- 직원 투표를 통하여 1주일에 2일을 20분씩 협력활동 시간으로 정하고, 20분씩 전교사가 협력활동을 하도록 독려하라.

<그림 3-4> 교사들을 위한 자문시간 늘리기 전략들

자문교사는 협력적인 관계를 확립하기 위하여 몇 가지 전략을 사용할 수 있다. 그 예는 다음과 같다.

- 모든 교사들이 함께 이용할 수 있는 시간과 에너지가 제한되어 있다는 것을 생각하라. 어떤 것을 가장 먼저 고려해야 하는지를 신중하게 선택하라.
- 불확실성에 대한 두려움을 없애라. 학기 초에 특수교사/상담사와 협력자의 역할을 정확하게 설명하고, 일반교사에 자신의 역할을 재확인하라.
- 특수교사/자문교사의 견해는 일반교사보다 문제를 어렵게 보게 할 소지가 있다는 것을 인식하고, 결정을 내리기 전에 모든 의견에 대하여 토론하여 결정하라.
- 진행되었던 협력 활동을 알려주고, 다른 교사들로 하여금 성공적인 결과들과 작업에서 왜 실패를 했는지 원인을 밝혀내게 하라.
- 시간이 중요하며, 협력 활동이 성공하기 위해서는 교장이 협력적인 활동에 많은 시간을 배정해 주어야 한다는 것을 알려줘라.

여기에 제시한 전략은 모든 상황에 적용될 수 있는 전략은 아니며, 모든 전략이 모든 상황에서 필요한 것도 아니다. 그러나 이러한 전략은 협력적인 활동을 원활하게 진행할 수 있도록 도와주기 때문에 잘 알고 있어야 한다.

3) 자문자원과 기록 관리

관리가 필요한 것은 관련서비스 요원과 기록 관리이다. 많은 특별한 요구를 가진 학생들은 언어치료사, 상담교사, 직업교사 등의 서비스들을 이용한다. 자문교사는 이러한 서비스들을 하나의 통합된 프로그램 안에 조화롭게 편성할 수 있어야 한다. 특수교사는 서류작업에 너무 많은 시간을 할애해야 한다는 것에 동의한다. 많은 서류작업을 하는데 시간이 너무 부족하다는 것이 그들의 공통적인 불만사항이다. 그럼에도 불구하고, 신중하고 완벽한 서류작업은 필수적이므로 정확하게 완성해야 한다(Dettmer, Thurston & Dyck, 1993). Dettmer, Thuston, Dyck(1993)은 교사가 협력활동의 기록을 효율적으로 관리하려면 자문일지를 사용하라고 제안한다〈그림 3-5〉. 물론 구성원들의 비밀은 보장되어져야 한다.

서류작업을 컴퓨터로 처리하는 교사

- 자문대상자:________ 자문교사(약자):________
- 일반관심사:________
- 자문 목적:________
- 자문내용 요약:________
- 협력적 자문 단계:________
- 추가적인 부분:________
- 성공적인 부분:________
- 필요한 개선 영역:________

<그림 3-5> 자문일지계획 형식

모든 교사들은 자문능력을 갖추고 있어야 하며, 문제를 해결하는데 도움을 줄 수 있는 인사를 찾는데 많은 시간을 할애해야 한다.

5. 자문 진행 방법

다양한 자문 모델과 자문을 운영하는데 필요한 기술, 그리고 효과적인 협력관계를 저해하는 요인 등을 고려하면서 스스로 '자신이 알고 있는 협력교수에 대한 지식수준, 그리고 동료와 협력을 시작할 수 있는 기능의 소지 여부' 등에 대하여 깊이 생각해야 한다. 다음은 교사가 협력적인 관계를 시작할 때 갖추어야 할 중요한 지침을 제시한다. 여기에서는 일대일 협력 관계의 수립에 대한 방법과 집단적인 협력 관계에 대해 설명한다.

1) 일대일 협력

협력은 일반교사가 특수교사에게 특정 학생의 문제를 어떻게 풀어야할지 자문을 요청함으로써 시작된다. 그렇지 않으면, 교장 선생님이 특수교사에게 일반교사의 학급에서 이루어지고 있는 활동을 지원하라는 요청에 의하여 이루어질 수도 있다. 어떤 경우든지 두 교사는 하나의 문제 상황을 해결하기 위하여 함께 일하기 시작한다. 두 교사는 〈표 3-2〉에 제시된 9단계의 협력과정을 거치면서 협력활동을 성공적으로 이루어내기 위하여 몇 가지 일을 더 추가하게 된다. 특수교사를 자문교사로 임명하고, 교장 선생님은 학기 초에 교사에게 안내문을 보내 알려준다. 그 문서에는 특수교사의 새로운 직무와 권한이 무엇인지를 밝히고, 교내의 교사들이 특수교사와 연락하는 방법과 같이 구체적인 활동절차를 알려주어야 한다. 또한 그 문서에는 향후 일반교사들이 이용하게 될 자문 절차를 명확하게 안내해야 한다. 〈그림 3-6〉은 사전 준비 단계 기록의 한 부분이다. 교사들과 만난 후, 특수교사

/자문교사는 개별적 회의계획을 세워야 한다.

존경하는 선생님께

저는 매일 오전 두 시간동안 학습도움실을 운영하는 교사입니다.

저는 여러 학급에 문제를 갖고 있는 학생을 도와주기 위해 여러 선생님과 협력하여 지도하려고 합니다. 저는 장애학생이 교실에서 학습하는 과정을 관찰하여 자료를 수집하고, 담임선생님을 도와 학생을 지도하게 될 것입니다. 제가 도울 일이 있거나 새로운 아이디어가 있으신 분은 제 우편함에 메모를 넣어 주십시오.

0000년 00월 00일

<그림 3-6> 특수교육 자문교사의 회의 안내문의 예

회의준비: 원활한 회의 진행을 위하여, 특수교사는 일반교사에게 회의 시간과 장소에 대한 간단한 안내장을 전달한다. 그 안내장에는 회의 목적과 일반교사가 회의에 참여할 때 가져와야 할 자료의 목록을 간단히 설명해야 한다(예, 대상 아동의 최근 시험 점수). 안내장은 특정한 형식을 갖출 필요는 없지만, 회의를 통하여 결정하려는 것이 무엇인지를 명확하게 제시해야 한다. 〈그림 3-7〉은 “회의 안내장”의 한 예시자료이다.

존경하는 ○○○ 선생님께

저는 이번 회의에 많은 기대를 합니다. 제가 다음 회의를 금요일 3시에 도서관 회의실을 사용하겠다고 이미 등록해 놓았습니다. 선생님은 Timothy가 최근에 완성한 학습 결과물과 시험지 등이 있다면 함께 가져오시면 좋겠습니다. 약 20분 정도 Timothy가 학급에서 더 좋은 성과를 낼 수 있는 방법들을 모색해 보도록 하겠습니다. 질문사항이 있거나 시간이 허락지 않으시면 연락 주십시오.

0000년 00월 00일

<그림 3-7> 회의 안내장의 예

특수교사는 회의 일정을 계획하고, 문제학생에 대하여 수집된 자료들을 가져오도록 요청한다. 회의일정은 융통성 있게 변화될 수 있도록 조정되어야 한다. 두 교사가 참여하는 회의는 비공식적으로 이루어지지만, 회의결과는 두 교사 모두가 서로 정보를 공유하고, 독창적인 협력관계를 이루어낼 수 있도록 구조화되어야 한다.

회의진행: 회의를 시작할 때, 특수교사는 회의 목적을 명확히 하기 위하여 두 교사간의 친밀감을 형성해야 한다. 따라서 특수교사는 상대방 교사의 참석에 대해 감사함을 표시하고, 상대교사의 언어나 비언어적 행동에 관심을 나타내며, 친밀한 언어를 이용하여 사회적 상호작용 기술을 사용해야 한다. 또한 특수교사와 일반교사는 첫 회의에서 자문과정에 대한 그들 자신의 철학적인 입장에 대해 서로 이야기하도록 한다. 개별화된 자문 프로그램 계획서(Individualiged Consultation Program Planner: ICPP)는 첫 회의에서 나타난 문제점을 분명히 하는데 도움이 된다. 자문 프로그램 계획은 교정이 필요한 학생의 행동을 시각적 도식화하기, 적합한 행동에 대한 강화물이나 보상계획 세우기, 두 교사가 결정한 계획의 실행 등으로 이루어진다. 또한 자문 프로그램 계획은 중재의 성공여부를 평가하는 지침으로도 사용된다. 마지막으로, 자문 프로그램 계획은 회의 중에 발견한 아이디어들의 시각적 요약이기도 하다. 〈그림 3-8〉은 자문 프로그램 계획의 예이다.

회의 후: 회의에 학생이 참석하지 않았다면, 특수교사/자문교사는 회의 후에 학생에게 회의결과를 알려줄 필요가 있다. 또한 특수교사/자문교사는 함께 협력하게 될 다른 전문가들에게도 회의 결과를 알려줘야 한다. 진행과정 중의 아이디어는 모두가 필요할 때 확인해 볼 수 있도록 회의 일지에 기록해 두는 것이 좋다. 특수교사나 자문교사는 특별한 행동을 요구하는 내용을 개별 자문 프로그램 계획에 추가한다. 자문교사는 학생의 과거 기록을 보고, 거기서 학생에 대한 정보를 수집하는 책임을 지고 있다(정보수집의 단계).

<table>
<tr><td colspan="4">개별화 자문 프로그램 계획서

일 시: -------------------- 담임교사: --------------------
학생성명: -------------------- 자문교사: --------------------</td></tr>
<tr><td>문제행동
1.
2.
3.</td><td colspan="2">관리: 강화물/동기유발
1.
2.
3.</td><td>의사소통
일일: 카드( ), 접촉( ), 기타( )
주간: 카드( ), 접촉( ), 기타( )
기타: 카드( ), 접촉( ), 기타( )</td></tr>
<tr><td>목표행동</td><td>전략</td><td>개인반응</td><td>표준(기준)</td></tr>
<tr><td></td><td></td><td></td><td></td></tr>
<tr><td colspan="4">주의점:</td></tr>
</table>

<그림 3-8> 개별 자문 프로그램 계획서

문제의 발전적 정의: 모든 관련 정보가 수집된 후에 제2차 모임이 필요하다. 이 회의에서는 교사가 문제를 명확하게 정의하고, 그 문제의 변인을 관찰 가능하고, 측정 가능한 용어로 설명해야 한다. 한 가지 이상의 문제가 발견되면, 교사는 가장 중요한 것부터 순위를 매기려 할 것이다(즉, 문제 규정 단계). 2차 모임에서 해결 가능한 방법이 더욱 정교해지고 구체화된다. 강화물이나 행동계약의 목록이 만들어진다(즉, 해결책 결정 단계). 계획의 목적을 분명하게 진술하는 것이 계획을 운영하는 모든 사람에게 도움이 된다(즉, 목표의 진술과 계획 실행 단계).

특수교사는 일주일 동안 이루어진 일을 일반교사와 함께 점검할 책임이 있다. 마지막으로, 계획에 대한 시기적절한 평가가 있어야 한다. 항상 성취감을 함께 하고, 평가 시간을 가지며, 성공적으로 끝마치지 못한 회의에 대해서는 반성하는 것을 잊지 말아야 한다(즉, 계획평가 및 과정 종료 단계).

교사가 학생에게 개별상담프로그램의 목적을 설명하는 장면

2) 집단 자문 제공

자주 자문교사는 전체 학교 프로그램에 대한 변화를 일으키는 자극으로서의 구실을 한다. 그들은 변화를 주도할 수 있는 환경을 만든다. 자문교사와 특수교사는 교내에 있는 교직원들에게 연수 프로그램을 제공할 책임을 가진다. 신중하게 설계되고, 잘 운영된 연수 활동을 통해 협동이 촉진될 수 있다는 생각을 가져라. 불행히도 'those-same-old' 직원 개발 프로그램들과 비슷한 연수는 교사들에게 주목받지 못한다. 그러나 직원 연수 프로그램은 모든 학생들을 위한 교육 개선 계획의 필수적인 일부분이 되어야 한다. 그리고 대집단까지 자문 기술들을 확장시킬 수 있는 방법이 될 수 있다. 교내에 있는 교사들을 위한 연수 프로그램에 대한 책임을 지고 있는 특수 교사/자문교사들은 성인 학습자와 전문가들 같은 잠재적 참가자들에

게 가까이 다가가야 한다. 대부분의 참가자들은 연수 과정에 부분적으로 참여하기를 원할 뿐이고, 그들의 전문적인 능력을 문제시하는 직원 연수 프로그램은 꺼린다.

연수 계획하기: 연수회 또는 직원 개발 프로그램을 준비하는 첫 단계는 바로 "계획하기"이다. 교내에서 프로그램을 제공하는 것의 장점은 특수교사/자문교사가 동료 교사의 요구와 그들의 학교 환경 및 풍토를 알고 있다는 것이다. 그러나 연수회 주제에 대한 의견은 연수회가 열릴 것이라는 공고 전에 동료 교사들로부터 구해야 할 것이다. 교사들은 참여와 관심, 그리고 결정하는데 관여된 주제를 개발한다. 특수교사/자문교사는 교사들에게 주제 혹은 부주제를 선택하는 과정에 참여하는 방법의 하나로 교사의 요구를 평가한다. 요구 평가는 다음에 의해 진행될 수 있다.

- 다른 교사의 교실 관찰
- 교사, 학생, 학부모와의 대화
- 성공적인 프로그램 견학
- 실행 가능한 주제 결정을 위해 특별 전문 위원회 조직
- 실행 가능한 주제 설정을 위한 토론 그룹 조직
- 요구-평가 조사 시행

요구 평가 도구를 제작하여 직원들에게 배포한다. 특수교사/자문교사는 몇 가지 형식(체크 리스트, 설문지 또는 표본 조사, 개방형 질문 또는 인터뷰 등) 중에서 선택한다. 사람들이 요구 평가를 더 완전하게 하기 위한 아이디어나 의견을 보탤 수 있는 여지는 항상 남겨둔다. 더욱이, 더 빠르고 쉽게 평가를 완성할수록, 좀 더 수정하기 쉽다. 물론 언제 어디에 수정이 필요한지 명확하게 제시해야 한다. 〈그림 3-9〉는 요구 평가에 대한 한 예를 제시하고 있다.

완성된 요구 평가를 모은 후, 특수교사/자문교사는 모든 참가자들에게 요구 평가 결과를 알려주어야 하며, 연수회의 시간과 장소도 알려야 한다.

가능하다면 가벼운 다과가 제공되어야 하고, 안내문에도 언급하면 좋다. 안내문은 편리한 장소(예를 들면, 커피포트 옆)에 게시되어야 한다. 〈그림 3-10〉은 요구 평가 조사에 대한 회신의 샘플이다.

○○○ 선생님께

월요일 직원회의에서 진행할 연수주제에 대한 선생님의 의견을 조사하려는 것입니다. 아래의 요구 평가의 결과에 따라 연수주제가 선택되오니 도와주시기 바랍니다. 선생님께서 중요하다고 판단하시는 주제를 평가해 주십시오.

1= 가장 높은(연수주제가 좋다)
2= 그저 그렇다
3= 가장 낮은(연수주제로 좋지 않다)

1 2 3 행동관리 기법
1 2 3 교육과정 수정
1 2 3 주의결핍 장애
1 2 3 시험방법 수정
1 2 3 공부기술 지도
1 2 3 기타: -------------------------

이 요구 평가서를 완성하여 10월 15일까지 제 우편함에 넣어주세요.
감사합니다.

<그림 3-9> 교사의 요구 평가 견본

0 월 00일

선생님의 요구 평가에 대한 여러분의 응답에 감사드립니다. 이 응답들을 토대로 이번 주제는 공부기술 지도로 결정되었습니다. 연수회는 11월 15(월)일 도서관에서 열겠습니다. 약간의 다과와 기념품이 제공될 것입니다. 도움에 감사드리며 그 때 뵐 수 있기 바랍니다.

<그림 3-10> 교사의 요구 평가에 대한 결과 회신

연수회 계획에 있어 자문교사들은 그들이 어떻게 할 것인지 생각해 봐야 한다.

- 참가자들이 편안해 할 수 있는 자리 배치
- 참가자들에게 선택 사항 제공(예: 좌석, 분단, 활동 등)
- 각 활동이나 소주제는 최대 15분으로 유지
- 참가자들은 소위원회의 시간 엄수, 즉 계획에 따른 공지 시간 지키기
- 필요한 자료들의 목록(예: 이름표, 다과, 유인물)
- 추가 및 후속 활동 계획(예: 관련 참고 목록, 주소 및 전화번호, 웹 사이트)

연수내용 발표하기: 직원 연수 프로그램에 참가할 때는 참가자들이 요구하는 주제를 개별화하는 것이 유용하다. 각 소주제가 필요로 하는 시간을 명확하게 제한하여 제시하고, 질의나 참가자들이 상호작용할 수 있는 시간을 제공한다. 청중의 요구를 파악하고 필요에 따라 직원들의 흥미를 유도할 수 있도록, 관심있는 자료를 포장하여 추가로 제공하는 지원이 중요하다. 만일 참가자들이 많다면 이름표를 사용하는 것이 좋다. 참가자들은 자기 이름이 불려진다면 더욱 흔쾌히 대답할 것이다. 연수시간을 선택할 때는 하루 중 어느 때인가에 따라 발표에 영향을 준다는 사실을 유념하라. 방과 후 또는 일과 시간 전을 이용해도 좋지만 시간이 짧아야 하며, 수업 시작이나 일과를 마친 후 귀가시간이 가까워지면 교사들은 시계를 보기 시작할 것이다. 정규 직원회의 시간을 할애하여 연수회를 개최하는 것이 가장 좋을 것이다. 또한 다과나 집에 가져갈 자료, 자유수업 시간을 위한 무작위 추첨, 월간 주차장 선택권 제공, 또는 자원교사 보조시간과 같은 유인물을 발표에 넣는다면 유용할 것이다.

연수회는 정시에 시작해야 한다. 시작부터 참가자들의 관심을 휘어잡아야 한다. 종료 시에는 질문과 의견을 내도록 격려하기도 하지만, 가장 중요한 것은 연수를 정시에 끝마쳐야 한다는 것이다. 자료는 단일 감각 경로를 활용하는 자료보다는 더 많은 경로를 통해 제공되어야 한다. 성인 학습자들

은 유인물, 사진과 같은 영상물, 비디오테이프, 쌍방향 비디오디스크 활동 등의 가치를 알고 있다. 유인물과 영상물들은 간단하고 명확하며 큰 모양이어야 한다. 효과적인 제시방법은 한 장에 하나의 주제를 흑백보다는 천연색 그림을 제시하는 것이다.

장애학생에 대한 지원방법을 제시하는 연수활동

유인물이 필요한데 제공되지 않았다면, 연수회를 마친 후 참가자들에게 추가로 지급해야 한다. 발표하는 동안 유인물을 배포할 때는 참가자들의 주의가 산만해지지 않도록 유의해야 한다. 항상 여유분을 준비하라. 연수회의 마지막 활동 후에 발표자는 참가자들에게 프로그램을 평가할 기회를 주어야 한다. 평가는 객관식 응답과 주관식 응답 둘 다 포함한다. 5내지 7 단계의 리커트 척도는 양자택일을 위한 '예 또는 아니오' 형식보다 훨씬 유용하다. 이 평가에서 모아진 정보는 다음 연수회를 보다 뜻 깊은 활동으로 설계하는 데 유용한 것이며, 발표를 개선하는 데도 도움이 된다. 〈그림 3-11〉은 연수회의 교사-발표자에 의해 사용된 평가 양식의 자료이다. 동료교사나 다른 전문가들에게 제공한 연수회는 특수교사/상담교사가 갖고 있는 기술을 더 많은 사람들에게 베푸는 것이다. 기술을 베푸는 것은 철저히 준비했던 연수회를 잘 끝냈을 때 비로소 가치 있는 것이다. 동료교사들은 존경하는 친구가 소개한 연수회에 참가할 것이며, 그 친구는 그 교사들에게 무엇에 관심이 있는지 물었을 것이다.

(Cascade 학교 직원연수 자료)

학생의 교육적 요구에 대한 회의

년 월 일

연수회에 관계된 다음 문장들을 1부터 5까지의 척도에 따라 평가해 주십시오.
(1=가장 낮은 것, 5=가장 높은 것)

	완전 반대 1	약간 반대 2	보통 3	약간 동의 4	완전 동의 5
1. 연수회 내용이 잘 계획되고 조직되었다.	1	2	3	4	5
2. 발표는 잘 조직되었다.	1	2	3	4	5
3. 질문과 논평은 충분히 전달됐다.	1	2	3	4	5
4. 시각 자료와 유인물은 유용했다.	1	2	3	4	5
5. 참가자들의 요구가 반영되었다.	1	2	3	4	5
6. 전체적으로 연수회가 도움이 되었다.	1	2	3	4	5

평가:

<그림 3-11> 연수회 평가의 예시자료

6. 요약

자문은 점차 학교와 교실의 문제를 풀기 위한 일반적인 접근방법이 되어 가고 있다. 이 책의 저자가 주장하는 접근방법은 자문을 조직적이고 상호의존적이며 동등한 과정으로 본다. 교육적 문헌에서 논의된 몇 가지 자문

모델들이 언급되었다. 교사들은 다양한 협동집단이 함께 일함으로써 공통의 권리를 만들어 내고 있다. 교사들은 본 장에 제시된 기술들을 사용하여 효과적인 자문을 수행함으로서 함께 일할 수 있다. 또한 방해(저항), 시간, 자원들, 그리고 서류 작업을 효과적으로 관리하는 것은 자문을 이용하는데 도움이 될 것이다. 그런 요소들의 효과적 관리를 위한 전략들이 제안되어 있다.

7. 후속 활동

1. 선생님의 학교에서 사용된 협동모델을 논의하기 위해 준비하라. 특히 실행과 관련된 문제들과 협동적인 노력에 대한 반응들을 미리 조사해라. 참가자들은 이 접근의 강점과 약점들을 무엇이라고 생각하는가?
2. 텔레비전 인터뷰 쇼를 보고, 기자가 제기한 질문들의 목록을 발견하라. 이 단원에 제시된 범주에 따라 각 질문의 목적을 파악하라.
3. 선생님의 학교에서 문화적으로 다른 배경을 가진 학생의 행위에 대해 몇몇 교사들과 회의하는 장면을 테이프에 녹화하라. 질문의 목록들을 발견하라. 각 질문의 목적에 대해서 생각해 보고 그 목적에 맞는 대답을 파악하라. 그것이 문화적으로 민감한가? 아닌지, 잘못된 응답인지를 조사하라. 만약 잘못된 응답이라면 그 질문은 어떻게 수정되어야 하는가?
4. 구성원으로 함께 근무했던 팀에 대해 간단히 기술하라. 팀을 효율적 또는 비효율적으로 만든 특별한 특징들을 파악하기 위해 노력하라. 문화적으로 다양한 팀의 구성에 대해 이야기하라.
5. 동료교사와 함께 어떤 공통적인 관심을 나누었던 학생에 대한 협동 프로젝트를 운영하라. 학생과 함께 논의했던 회의기록을 보관하라. 프로젝트 종결과정에 일화기록과 선생님의 자문이 얼마나 잘 실행됐는지

에 대하여 평가하라. 어떤 단계가 성공적으로 이행되었고 어떤 단계에서 어려움이 있었는가?

6. 〈그림 3-2〉에 기술된 9단계의 협동적인 과정에 대해 재검토하고, 당신의 학교생활 경험으로부터 하나의 사례를 얻어라. 각각의 단계들이 독립적인가 또는 그것이 역동적이었는가를 기록해 두어라.

제 4 장

효과적인 협력교수방법

제 4 장

효과적인 협력교수방법

핵심어

대집단수업 소집단수업 보충교수	자율학습 교과학습시간 전환교육시간

Dana Williams 선생님은 Grove Park 중학교에 배치된 3명의 특수교사 중 한 사람이다. 선생님은 매일 7시 30분에 학교에 도착하여 7시 30분부터 8시 15분까지 공문을 작성하고 일반교사와의 상담일정을 잡거나 특수교육 관련 회의에 참석하면서 일과를 준비한다. 8시 15분부터 9시까지 다른 교사와 함께 이동식 특별활동에 참여한 아동을 지도하거나 학교평가위원회의 위원을 만나 특수교육 서비스를 의뢰한 학생에 대하여 협의한다. 9시부터 10시 20분까지 교실에서 두 명의 학생에게 학습기술을 가르친다. 이 학교는 과밀학교이기 때문에 선생님은 학급을 담임하지 않고 두 개의 학급에서 보조교사의 역할을 맡고 있다. 불행하게도 선생님은 학습자료를 한 교실에 놓지 못하고 들고 다녀야 한다. 10시 20분에 선생님은 국어시간 Reed 선생님과 함께 협력교수를 한다.

11시 10분부터 12시까지는 요일마다 다른 활동을 한다. 월요일에는 담당업무에 필요한 공문을 작성하고, 화요일에는 특수교육 서비스가 의뢰된 학생을 평가한다. 수요일과 목요일에는 Reed 선생님이나 또 다른 협력교사인 Cox 선생님과 함께 계획하기와 문제해결하기 등의 학습을 지도한다. 금요일에는 다음 주 학습지도를 준비한다. 12시부터 12시 45분까지는 Cox 선생님과 수학과를 협력교수한다. 12시 45분에 점심식사를 하고, 1시 15분에 일반학급에서 수학에 어려움이 있는 학생을 특별지도 하고, 2시에는 국어를 특별지도 한다. 이 수업에 참석하는 학생들은 학급동료보다 낮은 성취수준을 나타내기 때문에 폭넓은 교정지도가 필요하다. 그들에게 필요한 수업이 일반학급에서는 부적절하기 때문에, 그 학생들만 특별 지도하는 것이 최상의 지도 방법이다. 선생님은 일과의 30분 정도는 특수교육과 관련된 자문을 요청하는 교사에게 자문해 준다. 그렇지 않으면, 내년부터 학생의 전환교육에 대하여 함께 일할 Grove Park 고등학교 선생님과 협의하기 위하여 고등학교로 간다. 선생님은 전문가 회의에 참석하거나 연수회나 부모회에 참석한다. 대부분 저녁에는 공문을 수정하거나 학습자료를 준비한다. Williams 선생님은 아주 바쁘고 적극적으로 활동하고 있는데, 이것이 대부분의 특수교사의 전형적인 일과이다.

이 장의 목적은 초등학교나 중학교에서 협력 또는 협력교수를 운영하는데 필요한 지침을 제공하려는 것이다. 따라서 협력교수를 하는데 극복해야 할 방해요인, 수업상의 고려사항, 협력교사로서의 책무가 무엇인가에 대하여 논의한다. 학급에서 교사가 교수-학습과정을 효과적으로 전개하기 위하여 거의 매일 여러 가지를 결정해야 한다. 두 명의 협력교사가 학급의 책무를 공유할 때 이러한 결정은 더욱 복잡해진다. 교사가 협력교수를 할 때는 수업에 대한 여러 가지 복안을 가지고 있어야 한다. 이 장에서는 효과적으로 협력과 협력교수를 하기 위해서 필요한 기술을 제시한다.

협력교수에서의 협력은 일반교사와 특수교사가 하나의 물리적 공간에서 장애학생이 섞여 있는 일반학급의 학생을 지도하는 것을 말한다(Cook & Friend, 1995). 협력교수에 있어서 학생집단의 교육과정을 이해하고, 구조화하며, 학습속도를 조절하는 일반교사는 개별학생의 독특한 학습요구를 알고, 교육과정을 재구조화하며, 그들의 요구에 맞춰서 수업할 수 있는 전문가인 특수교사와 짝을 이룬다(Cook & Friend, 1995). 협력교수는 개별화 교육계획을 가지고 있는 학생의 교육적 요구에 맞게 수업을 수정할 수 있도록 일반학급을 지원하는 것이다. 협력교수가 성공적으로 이루어지기 위해서는 여러 가지 문제가 있다. 실제적인 문제는 시간계획과 물리적 공간의 문제이며, 두 교사가 효과적으로 함께 수업하기 위하여 의사소통하는 것과 같이 복잡한 문제도 있다. 이 장에서는 협력교수가 성공적으로 운영되기 위하여 해결되어야 하는 문제를 논의한다.

1. 협력의 압박요인

1) 시간계획의 고려

학교는 교사와 학생이 정상적인 공간에서 적절한 시간에 올바른 교육과정 자료를 활용하도록 도와주는 시간표를 운영한다. 대부분의 특수교사는 자신의 가장 어려운 일 중의 하나가 일반학급에서 장애학생에게 학습할 기회를 많이 제공할 수 있는 시간을 최대한 확보하고, 일반학급을 벗어나는 시간을 최소화하는 것이라고 한다. 시간계획은 여러 가지 서비스 전달모델(특별지도, 학습도움실지도, 일반교사의 자문, 일반교사와 협력교수)을 장애학생에게 제공할 때 시작된다. 시간계획은 결코 쉽지도 않고 완벽하지도 않다. 가장 좋은 방법은 학년 초에 장애학생의 교육적 요구를 고려하여 시간표를 작성하고, 그에 따라 한 학기를 운영해 보는 것이다.

시간계획에 따른 운영에 있어서 기억해야 할 가장 중요한 것은 융통성이다. 고정된 시간운영계획은 일과를 예측하여 일정하게 운영할 수는 있지만, 특수교사가 새로운 교육적 요구에 따라 시간과 교과를 역동적으로 운영할 수 있는 융통성은 적어진다. 학기말에는 시간운영에 대하여 협력교수를 해 온 교사와 함께 평가한다. 시간계획은 요구나 문제가 발생할 때마다 변경할 수도 있지만, 본래의 시간계획은 교사와 학생에게 혼동을 방지하기 위하여 학기말까지 동일하게 운영해야 한다. 다음은 시간을 계획하는데 도움을 줄 수 있는 지침이다.

- 시간은 처음부터 일반교사와 협력하여 계획하라.

- 시간은 학교생활의 한 부분임을 명심하라.
- 시간의 계획은 성공적인 협력교수에 있어서 중요하다. 학교생활 전체에 대한 시간 계획을 세워라. 계획이 부족하면 체계 없는 수업이 된다.
- 장애학생이 있는 모든 학급의 교사와 협력 교수하는 것이 불가능하다.

특수교사가 시간을 계획할 때 협력교수의 시간을 먼저 정한다. 다음에는 특별 공간에서 장애학생을 직접 지도할 시간을 정한다. 마지막으로 자문 서비스를 제공할 시간을 정한다. 〈그림 4-1〉은 시간계획을 세울 때, 고려해야 할 것을 시각적으로 나타낸 것이다.

시간을 계획할 때 일반교사와 의견을 나누는 것이 중요하다. 그래야 협력적인 일이 잘 이루어진다. 또 일반학급을 관찰하여 특수교사가 제공할 서비스를 받을 학급의 학생과 공감을 형성한다. 관찰활동은 특수교사가 장애학생의 학습속도나 협력 프로그램을 계획하는 것을 도와준다.

시간을 계획할 때는 구체적인 전략이 요구된다. 예를 들어, 중학교 특수교사인 Spencer 선생님은 7학년의 주지교과 교사와 팀 교수를 한다. 매 학기마다 선생님은 7학년의 주지교과 교사 1명과 함께 협력교수를 하였다. 선생님은 장애학생에게 학습기술과 보충학습을 지도할 수 있는 특별공간을 가지고 있다. 선생님은 자문을 요청한 8학년 선생님을 만나는 시간을 배정하고 있다. 또 선생님은 7학년 팀을 구성하는 동료들과 만나고 있다. 그의 스케줄을 고려할 때 공유시간을 배당하기가 어렵지만, 이것은 성공적인 팀을 구성하는데 있어서 매우 중요하다. 선생님은 8학년 선생님을 5교시에 만났다. 처음 두 시간은 8학년 선생님과 협력교수를 하였으며, 3교시와 4교시에는 전략 수업이 필요한 장애학생을 직접 지도하였다. 6교시와 7교시에는 7학년 교사와 함께 장애학생을 평가하고 계획하는 시간을 가졌다. 그는 종종 바삐 돌아다니면서 자신과 협력하고 있는 모든 교사와 학생을 만나서 식사하곤 한다.

□ 보충교수(Pull-out) CT 협력교수(Co-Teaching) C 자문(Consulting)

시간	월	화	수	목	금
1			C		
2	CT	CT	CT	CT	CT
3			C		
4			C		
5			C		
6			C		
7			C		
8			C		

- 일주일에 1일(수요일)만 자문(협력) 계획
- 일주일에 5일(월~금) 동안 협력교수

과목	월	화	수	목	금
					C
국어	CT	CT	CT	CT	C
과학					C
					C
수학	CT	CT	CT	CT	C
사회					C
					C

- 일주일에 1일(금요일)만 자문(협력) 계획
- 일주일에 4일(월~목)동안 협력교수

시간	월	화	수	목	금
1	CT	CT	CT	CT	CT
2			C		
3			C		
4			C		
5			C		
6			C		
7			C		
8			C		

- 일주일에 1일(수요일)만 자문(협력)계획
- 평가에 기초한 교육과정, 수업전략, 사회적 기술을 가르치기 위해 일주일에 5일간 5명의 교사와 협력교수

시간	월	화	수	목	금
1					C
2	CT	CT	CT	CT	C
3					C
4	CT	CT	CT	CT	C
5					C
6					C
7					C
8					C

- 일주일에 1일(금요일) 자문(협력)계획
- 일주일에 2일 동안 4명의 교사와 함께 협력교수 (두 명이 교사와 함께 월요일과 수요일, 두 명의 다른 교사와 함께 화요일과 목요일)

과목	월	화	수	목	금
			C		
과학	CT	CT	C		
			C		
수학	CT	CT	C		
영어			C		
	CT	CT	C		
			C		

- 일주일에 1일(수요일)만 자문(협력)계획
- 일주일에 2일동안 6명의 교사와 함께 협력교수

과목	월	화	수	목	금
국어	CT	C	CT	C	CT
		C		C	
수학	CT	C	CT	C	CT
		C		C	
과학	CT	C	CT	C	CT
		C		C	
사회	CT	C	CT	C	CT

- 일주일에 2일(화, 목요일)만 자문(협력)계획
- 일주일에 3일동안 4명의 교사와 함께 협력교수

<그림 4-1> 특수교사의 시간계획

2) 시간의 압박요인

대부분의 교사는 시간이 너무 빨리 지나가서 몇 시인지도 모를 정도로 하루가 너무 빨리 지나간다. 특히, 협력교수를 하는 교사는 협력교사와 함께 계획하고 학생을 만나고 공문서를 작성하는 등 여유 있는 시간이 없다고 불평한다. 시간을 성공적으로 관리하려면 조직적이고 융통성 있는 운영이 핵심이다. 또 시간을 어디서 보내는가 하는 것도 중요하다. 교사가 시간을 어떻게 보내고 있는가를 이해하는 하나의 방법은 활동일지를 작성하는 것이다. Bauwens와 Hourcade's(1995)는 〈그림 4-2〉와 같이 시간을 지키기 위한 하나의 방법을 제안하였다. 15분 간격으로 표시한 시간기록지는 〈그림 4-3〉과 같이 제시할 수 있다. 시간기록지의 빈칸에는 시간, 교사, 학생, 활동 등을 기록한다.

시간 계획을 지키는 것은 특수교사의 하루 일과를 잘 알 수 있게 해 주며, 동시에 시간을 효과적으로 관리할 수 있도록 해 준다. 교사가 시간을 지키면서 며칠 생활하다 보면, 자신이 어떻게 시간을 보내는가를 알고 놀라곤 한다. 활동일지는 일반교사가 교무실에서 다른 교사와 지나칠 동안에도 많은 상담을 한다는 것을 나타낼 수 있다. 시간 기록지는 일과 중 주지교과의 교사와 협력하면서 더 많은 시간동안 양질의 도움을 제공하는데 활용할 수 있다. 또 시간기록지는 학생이 요구하는 특별시간과 지원을 결정하는데도 활용할 수 있다. 보다 효과적으로 일하게 하는 특별한 제안은 근무환경을 정리하고, 행정적인 업무를 마치며, 개인적인 시간을 관리하는 것이다. Smith, Polloway, Patton, 그리고 Dowdy(1995)는 다음과 같이 제안하고 있다.

- 서류더미를 치우고 책상을 정리한다.
- 서류나 정보를 찾기 쉽게 파일을 정리한다.
- 가능하다면 색 분류 체계를 활용한다.

- 공문은 모아서 한꺼번에 모두 처리한다.
- 필요한 모든 일의 형식을 통일하여 처리한다.
- 부모, 교사, 장학사 등 학교와 관련된 대화는 모두 기록한다.
- 매일 해야 할 일의 목록을 작성한다.
- 중요한 일은 작게 나눠서 한다.
- 과도하게 일을 배당하지 않는다.
- 여유있는 시간을 잘 활용한다(pp.373-375).

어떤 교사의 독특한 요구에 직면하여 시간 기록일지를 구성하는 것의 첫 번째 단계는 하루 일과를 통해 참가하는 모든 활동들의 확인이다. 이것은 사람마다 다를 것이다. 비록 완전하지 않더라도, 아래의 내용들은 학교에서 전형적인 일상 활동 목록을 만들기 위한 출발점으로 활용될 수 있다.

- 개개인의 직업 계획하기
- 학생들과 함께 직접적으로 교수하거나 작업하기
- 다양한 학교 업무들(예, 급식실 업무, 운동장 업무, 버스업무)
- 운동경기 지도나 클럽/활동 상담
- 다른 학교 전문가들과의 만남
- 부모와의 만남
- 학생상담
- 다양한 문서작업(예, 출석부, 기록카드를 기입하는 일)
- 그들이 독립적으로 작업함으로서 학생을 감시하는 것(예, 협동학습활동, 독립적인 좌석에서 할 수 있는 개인과제)
- 학생평가(예, 등급을 매기는 시험, 계산용 기록카드 등급)
- 교실의 물리적인 환경의 변화(예, 게시판의 변화, 학생들의 책상이나 테이블, 의자의 재배치)

이 목록은 학교에서 전형적으로 참가하는 특정 활동을 반영하도록 추가된다. 각 활동은 활동란 중 하나에 기록될 수 있다.

<그림 4-2> 시간 기록 일지를 쓰는 방법

3) 물리적인 교실공간의 조직

두 명의 교사가 교실에서 친밀하게 일할 때—협력교수든 아니면 한 교사가 특별 배치 수업을 제공하는 것이든—물리적인 공간의 조직은 학생 학습과 행동을 방해하거나 강화할 수 있다. 조심해야 할 일은 교실의 조직과 배치는 소음과 혼란을 감소시키고, 과제를 수행하는 학생들의 시간을 증가시켜야 한다는 점이다. 칸막이는 벽에 학생들의 결과물을 진열할 수 있고, 적절한 행동을 강화하기 위해 규칙이나 전략을 게시하는 데 사용할 수 있다. 또, 칸막이는 각각의 교사에게 독립적인 공간을 제공하기 위하여 학급을 두 부분으로 나누는데 사용될 수 있다. 교실 앞쪽의 오른쪽 벽은 교실의 모든 위치에서 볼 수 있으므로, 매일 숙제를 알려주는 공간으로 사용할 수 있다. 또 칸막이는 특수한 인지 학습전략 단계를 보여주거나 중요한 지시나 학생들이 따라야만 하는 지시를 사실적으로 표현하여 주는 데 사용된다. 게시판은 또한 수업 정보를 보여줄 수 있는 유용한 장소이다. 학생은 정보를 알리는 게시판에 주의 집중해야 한다. 학생은 교사의 특별한 지시 없이 게시된 자료들을 바꿀 수 없다.

일반학급의 물리적인 조직은 협력팀에게 메시지를 보내는 데 활용할 수도 있다. 교실 앞에 있는 두 개의 책상은 교실에서 두 교사의 역할이 동등함을 나타낸다. 교사는 항상 코너나 뒤에 있어야 하고, 학생들을 통제해서는 안 된다. 학생들의 책상 배치는 수업의 유연성을 고려해야만 한다. 4개 책상의 배치는 가장 작은 그룹활동을 수행한다. 줄지어 놓은 개개인의 책상은 교사에게 방해받지 않은 시야를 제공하고, 주의력 결핍 과잉행동장애(ADHD) 아동을 위해 필요하다. 대안적 책상배치는 활동을 고려한 것이어야 한다.

아동에게 학습전략을 제시하는 게시판

이동형태는 다른 사람들에게 혼잡스러움과 혼란을 최소화해야 한다. 예를 들어, 화장실이나 현관으로 가는 통로는 항상 깨끗해야 한다. 움직일 수 있는 칸막이나 선반은 학급을 쉽게 두 부분으로 나누어 준다. 그리고 각 부분은 다른 수업집단을 위해 사용될 수 있다. 학생들은 교실의 어떤 구역이 출입 금지 구역이라는 것을 배울 필요가 있다. 그리고 교사는 어떤 명백한 목적없이 공간을 만드는 것을 피해야 한다. 그 공간으로 인해 문제를 일으킬 수 있다. 〈그림 4-4〉는 협력교수를 위한 일반학급의 배치 계획의 두 가지 예를 제시한다.

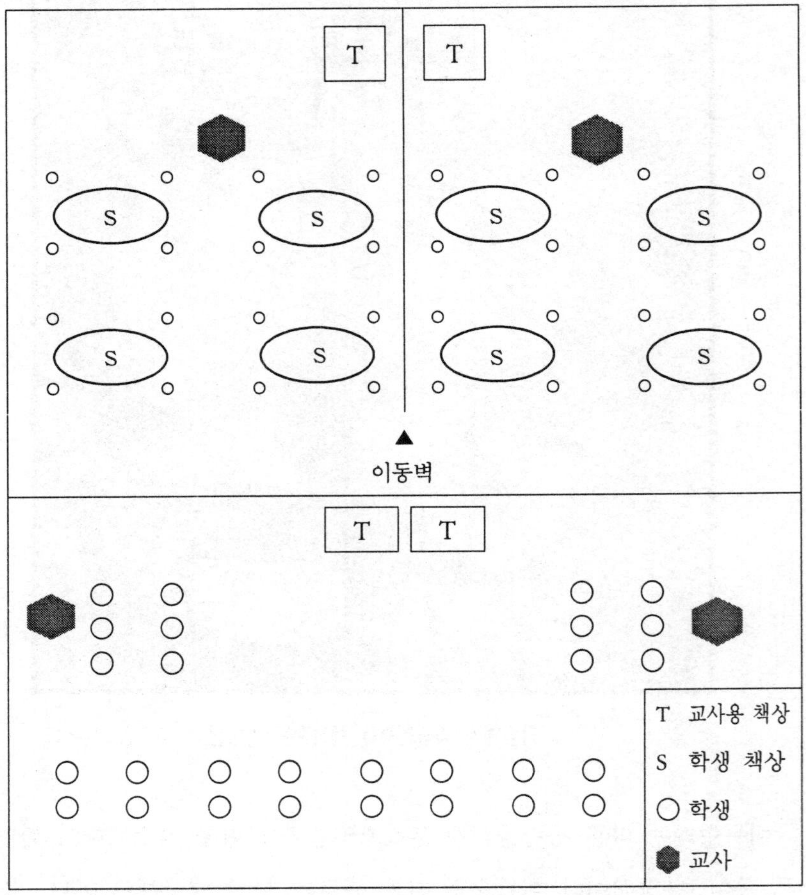

<그림 4-4> 협력교수를 위한 교실 배분 계획

4) 관리상의 주의가 필요한 사항

초등학교에서, 같은 시간에 읽기를 가르치는 모든 2학년 교사들과 같은 시간에 수학이나 과학을 가르치고 있는 모든 4학년 교사들은, 특히 장애학생이 학교에 있는 모든 교사의 학급에 골고루 배치되어 있다면, 특수교사와 함께 적절한 협력교수를 계획하는 것이 종종 어렵다는 것을 안다. 하나의 해결책은 한 교사의 학급으로 학년이 다른 모든 특수아동을 배치하는 것이다. 이 배치는 협력교수 계획을 쉽게 할 수 있는 것처럼 보이나, 오직 한 교사에게만 특수학생을 배치할 때는 교실 관리가 더 어려워진다. 학교 관리자의 첫 번째 활동은 학교에 있는 장애아동의 특성과 수를 파악하는 것이다. 이것을 위해 관리자가 해야 할 일은 다음과 같다. ① 확인된 학생 명단 작성하기, ② 개별화 교육 프로그램(IEP)의 특별한 목표 작성하기. 두 번째 결정은 각 학년 수준에서 협력교수가 가능하고 적절한지, 장애아동의 요구가 어느 정도인지를 결정하는 것이다. 세 번째, 관리자는 IEP에 특수교육 서비스가 상게하게 기술된 학생을 확인해야 한다. 네 번째, 관리자는 특수교사의 매일 일정에서 계획을 세우기 위한 시간을 남겨 둘 필요가 있다. 중요한 관리상의 실수는 특수교사가 계획기간이 필요하지 않다고 생각하는 것이다. 시간을 계획하고, 보조원 · 학부모 · 다른 교사들과의 자문시간을 구성하는 것은 초등학교 수준에서 성공적인 통합을 위해 중요하다.

중등교육 수준에서, 자문과 협력교수 계획은 관리자에게 악몽이다. 학생의 요구에 따라 학급에 배치하고, 협력 팀을 구성하기 위해 교사를 선발하는 것은 쉬운 일이 아니다. 협력에 가장 협조적인 교사에 관해 먼저 생각함으로써 선택폭이 좁아질 수 있다. 이상적으로, 그들은 각 팀에서 가장 강하고 유능한 교사들일 것이다. 장애 위험성이 높은 학생들이 배치된 이 학급을 담당하는 것이 지나친 부담이 될 것이다(Knackendoffel, 1996). 각 학급에 있는 문제 학생을 특정학급에 모두 배치하는 것은 그 학급을 "쓰레기 장소"로 인식하게 해주기 때문에, 한 학급에 있는 특수아동의 수는 전체 학급 구성의 30%를 넘지 않게 제한하는 것이 좋다. 또 두 교사가 협력교수하는 학급의 학생수는 평균보다 더 많아서는 안된다.

협력교수와 협력활동을 설계하려면, 학교 관리자는 학교에서 협력적이고, 비경쟁적 문화를 만들어 가도록 해야 한다. 그리고 교사는 서로 독립적이기보다는 함께 일하도록 용기를 북돋아 주어야 한다. 교장은 학기 내에 문제를 해결하고 계획하기 위한 기회를 만들어 주어야 한다는 것을 기억해야 하고, 그 결과 협력교수야말로 중요하고 가치있는 활동이라는 것을 인식하게 된다.

2. 교수적 고려사항

같은 집단의 학생들에 대한 책임을 공유한다는 것은 그들의 수업에 대한 책임을 공유하는 것이다(Pugach & Johnson, 1995). 책임은 여러 방법으로 나눌 수 있으나, 어떻게 분배되는가에 관계없이 각각의 교사는 적어도 일정 시간동안 수업전달에 대한 주요한 책임을 져야 한다. 성공적으로 협력교수를 하기 위해서는 특수교사의 지위는 본질적으로 문제가 있는 학생을 지도할 때만이 아니라, 모든 아동들을 가르칠 때도 변화될 필요가 있다. 이러한 지위의 변화는 학생과 부모들이 특수교사를 단지 '돕는' 교사가 아닌 '진정한'교사로 보는데 도움이 될 것이다.

교육적 책임을 함께 진다는 것은 성공적인 팀활동의 중요한 측면이다(Pugach & Johnson, 1995). 여러 학급의 수업을 계획할 때, 짝을 이루는 두 교사는 자료 제시 방법, 연습방법, 시험기법을 다양화하는 것을 배워야 한다.

1) 수업집단의 구성

집단 형태는 수업목표를 위해 어떻게 학생을 조직하는가를 의미한다. 일반학급에 있는 장애아동의 일차적인 관심은 개인적 요구와 IEP 목표에 집중시켜야 한다. Smith 등(1995)은 교사가 다음과 같은 일을 해야 한다고 제안하였다.

- 수업집단의 구성을 위해 심사숙고하라.
- 집단배치가 규칙적으로 되풀이 되지 않도록 하라. 학생들의 집단을 구성할 때 구성원이 고정되지 않도록 구성원을 바꾸어라.
- 집단을 구성하는 기준을 다양하게 바꿔라. 어떤 때는 기능에 따라 나누고, 어떤 때는 흥미에 따라 나누는 등 다양한 기준에 따라 집단을 배치하라.
- 규칙적인 원리로 협력학습 배치를 사용하라. 이러한 접근으로 적절히 구조화된다면 성공적인 학습과 사회화를 촉진한다.
- 집단의 크기는 능력수준에 의하여 결정하라. 능력이 부족할수록 작은 집단으로 구성하라.

Mercer와 Mercer(1998)는 협력교수를 위한 6가지 수업배치를 제안한다. (1) 대집단 수업, (2) 소집단 수업, (3) 1대 1 수업, (4) 자율학습, (5) 협력학습, (6) 동료교수 Cook과 Friend(1995)는 제2장의 〈표 2-7〉에 제시한 것처럼 약간 다른 방법으로 분류하였다.

대집단 교수는 한 교사가 정보나 수업을 제시하는 것이다. 대집단 수업이 이루어지는 협력교수에서 두 교사가 교대로 정보를 제공하고 단원을 안내하는 동안, 한 교사는 급히 도움을 요청하는 학생에게 과제를 수행하는 방법을 지도할 수 있다. Cook과 Friend(1995)는 이것을 교수-응급지원(one teach-one drift) 모델이라고 부른다. 교사가 대집단 수업을 공유할 수 있는 또 다른 방법은 Cook과 Friend(1995)가 팀티칭이라고 명명한 것이다. 두 교사는 한 학급의 수업에 대하여 완전히 공유한다. 그들은 교대로 내용자료를 제시하거나 토의를 안내한다. 팀티칭에서 한 교사가 설명하는 동안, 다른 교사는 노트하기를 시범을 보이거나 모방한다. 또는 한 교사가 단원의 내용을 전달하는 동안, 두 번째 교사는 제시된 질문에 적절한 방법으로 역할 놀이와 모방을 한다.

소집단 수업에서 한 교사는 학급 학생의 일부를 가르치고, 협력교사는 두 번째 학생 집단을 가르치고, 남은 학생들은 자율학습, 협동학습, 동료학습에 참여한다. Cook과 Friend(1995)는 이러한 집단배치를 스테이션 교수

(station teaching)라고 부른다. 학생들과 교사들이 스테이션에 배치되고, 모든 학생들은 개별교사와 함께 공부하며, 어느 정도 학습할 능력을 갖추면 모든 학생들은 독립적 또는 서로서로 학습하게 된다. 스테이션 교수는 수업하는 동안 교사 대 학생의 비율을 줄이지만, 각각의 교사는 별도의 실질적인 교수 책임을 진다.

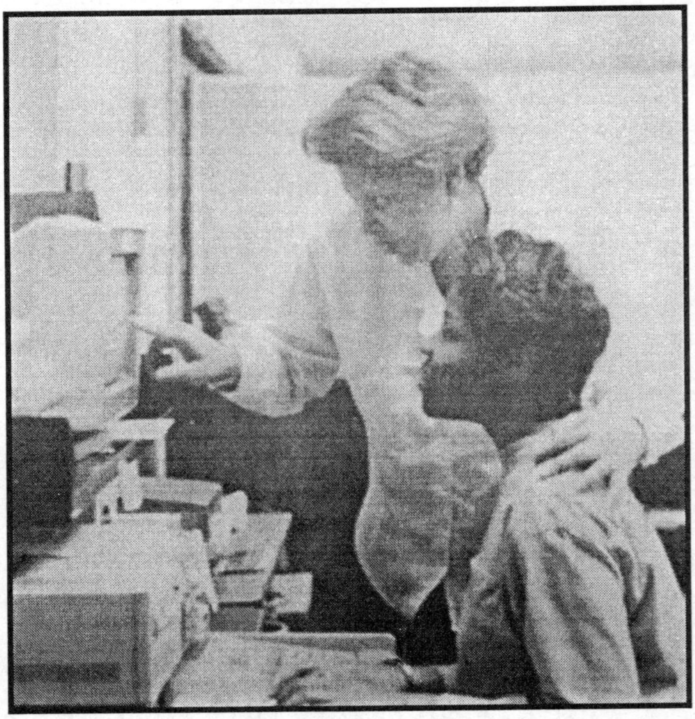

일대일 수업을 지도하는 교사

Cook과 Friend(1995)에 의해 제안된 대안의 소집단 수업은 평행 교수(parallel teaching) 모형이다. 이 모형에서 각각의 교사는 학급의 1/2로 구성된 학생과 특정시간만 함께 수업하고, 나머지 1/2의 학생은 다른 지도교사가 지도한다. 다음에는 각 교사가 전에 지도하지 않았던 학급의 나머지 다른 학생 집단을 지도한다. 또 다른 소집단 수업은 보충교수(supplemental teaching) 방법으로 집단 속에 있는 학생을 소집단으로 분리하여 특별한 교육 목적을 달성하도록 지도하는 방법이다. 일대일 수업을 할 때는 한 교사가 개별수업을 진행하고 협력교사는 나머지 학생을 지도한다. 그렇지 않으면, 일부는 일대일 수업을 받고 나머지 학생은 독자적으로 학습한다. 자율학습(independent learning)은 학생들이 이미 학습한 기술을 혼자서 복습할 기회를 주는 것이다. 이 때, 협력교사는 응급지원(지원을 요청할 때 제공하는 지원)을 제공하고 필요할 때마다 모든 학생에게 도움을 제공할 수도 있다. 또는 다른 학생이 일대일 교수를 받는 동안에는 자율학습하는 시간을 갖는다. 협동학습(cooperative learning)은 학생들이 공동의 목표를 달성하기 위하여 함께 공부하는 것이다. 교사는 과제를 수행하는 시간을 관리하는 감독자이며 촉진자의 역할을 한다. 동료교수(peer tutoring)는 짝을 지어 서로 서로를 가르쳐주며 공부하는 것이다. 학생들은 성공적으로 협력학습을 하거나 동료교수를 할 수 있도록 훈련받을 필요가 있다. 교사들은 학생들의 활동을 훈련시키면서 감독해야 한다. 수업배치는 학생들의 요구와 교육과정 내용에 의하여 결정되어야 한다.

2) 수업시간 관리

학교에서 학생들이 교과활동에 성공적으로 참여하는 시간의 양을 학습시간(academic learning time)이라고 한다. 연구에 따르면, 학습시간이 길면 길수록 학생들은 더 많은 것을 학습한다고 한다. 전환시간(transition time)은 한 활동에서 다른 활동으로 바뀔 때까지 걸리는 시간이다. 전환시간은 학생들이 제자리에 앉아서 한 교과에서 다른 교과로 바뀔 때나, 학교나 학급의 다른 곳으로 자리를 옮길 때 일어날 수 있다. 효율적으로 계획된 전환시간은 수업과 교과학습에 활용할 시간을 증가시킨다. 교사들은 학생들이 시간이 얼마나 남았는지를 알 수 있도록 볼 수 있거나 들을 수 있는 장치를 통하여 시간을 알려준다(Smith et al., 1995). 모델링은 학생이 중요한 활동이나 과제에 머물게 도움으로써 활동을 전환하는 가장 적절한 방법이다(Rosenberg, O'Shea & O'Shea, 1991). 또 전환하는 동안 할 수 있는 활동을 제공하면 학생들의 교과활동시간이 증가된다. 예를 들어, 수업교과를 바꾸려고 다른 교실로 이동한다면, 수업을 담당할 교사는 과제를 미리 OHP에 제시할 수 있다. 학생들이 교실에 들어오는 즉시 수업에 대한 질문이 이루어진다. 그 질문은 그 날 배워야 할 과제의 선행조직자이거나, 이전에 배운 것을 재질문하는 것일 수도 있다. 질문의 목적은 한 활동에서 다른 활동으로 옮기거나, 한 학급에서 다른 학급으로 옮기는데 소요되는 전환시간을 없애기 위한 것이다.

3) 개별화에 대한 지원

학급의 많은 교사들은 개별 학생들의 요구에 따라 교수를 수정해야 한다는 것을 지나치게 부담스러워 하는 경향이 있다. 모든 학급의 교육과정 전체를 살펴보면, 일반교사가 매일 개별 교육프로그램과 개별 행동관리 계획을 설계할 시간이 거의 없다. 그러나 일반교사가 특수교사와 함께 협동할 때, 학급에 있는 개별 학생들의 요구를 충족시키는 수업 지원 프로그램을 설계하고 운영하는데 도움이 된다. 처음에는 두 교사가 학생들에게 효율적일 것으로 예상되거나 과거에 효율적이었던 수정 방법을 적용하여 교육과정을 함께 수정한다. 그리고 나서 협력교사는 일반학급에 있는 교육과정 운영 계획을 공동으로 운영한다. 그리고 특수교사는 수정된 교육과정을 점검하는 것을 도와 줄 수 있다. 마지막으로, 두 교사는 계획의 효율성을 평가해야 한다. 〈그림 4-5〉와 같은 지침에 따라 모임을 갖고 교육과정 수정이 얼마나 필요하고 얼마나 오랫동안 운영되어야 하는지에 따라 평가의 기초선이 계획된다.

• 이 름 : ____________	• 날 짜 : ____________
• 교 과 : ____________	• 학 년 : ____________
• 교 사 들 : ______________________________	
• 어려운 영역 : ______________________________	
• 수업목표 : ______________________________	
• 교수수정 : ______________________________	
• 평가측정 : ______________________________	
• 작성한 사람 : ____________	• 기 간 : ____________
• 다음 모임 날짜 : ______________________________	

<그림 4-5> 교육과정 수정요구의 요약

3. 협력교수를 위한 계획

협력교수가 좋은 영향을 줄 수 있기는 하지만 반드시 그런 결과를 초래하지는 않는다. 협력교수가 성공적으로 이루어지려면 두 교사 모두의 상당한 노력이 필요하다. 협력적인 구조는 각각의 교사가 (1) 교수 스타일과 선호하는 것 바꾸기, (2) 다른 교사에게 의존하며 친밀한 관계를 유지하기, (3) 이전에 혼자서 수행한 과제에 대한 책임을 공유할 필요가 있다(Friend & Cook, 1995). 협력교수를 운영하려고 계획하는 교사는 협력관계를 유지하는데 필요한 여러 가지 문제를 고려해야 한다. 〈그림 4-6〉에 제시한 지침은 많은 교사들이 유용하게 활용한다.

중심문제	질 문
철학과 신념	• 교사의 역할, 교수활동, 학생의 학습에 대한 철학은 무엇인가? • 실제 수업에 영향을 미치는 교육적 신념은 어떤 것이 있는가?
동등한 표시	• 학급에서 두 교사가 동등하다는 것이 학생과 다른 사람들에게 어떻게 인식되는가? • 수업하는 동안 일체감을 느낄 수 있는가?
학급 일과들	• 학급에서 일상적인 수업활동은 어떤 것이 있는가? • 학급에서 조직적인 일상적인 활동은 어떤 것이 있는가?
훈육	• 학생들의 행동 중 수용할 수 있는 행동과 수용할 수 없는 행동은 무엇인가? • 학생들의 행동을 지도하는 사람은 누구인가? • 학급에서 활용되는 보상과 결과는 무엇인가?
피드백	• 개개인의 학생에게 피드백을 제공하는 가장 좋은 방법은 무엇인가? • 긍정적인 문제와 부정적인 문제가 나타나면 어떻게 책임을 지는가?
소음	• 학급의 소음 정도는 안락한 수준인가?
짜증부리기	• 교수활동이나 학급활동의 관점에서 서로 대립되는 것은 무엇인가? • 서로 피하는 것과 같은 짜증나는 일을 어떻게 확인할 수 있는가?

<그림 4-6> 협력교수를 위한 협력적인 관계를 유지하기 위한 질문

일반교사와 특수교사가 함께 일할 때, 학생이나 교사 자신을 위한 통합교육과 협력적인 프로그램을 성공하는데 필요한 새로운 기술이나 수정된 기술이 필요하다는 것을 종종 발견한다. 교사들이 좌절하는 가장 큰 이유는 교사의 역할과 책임에 대한 기대와 한계 때문에 나타난다(Polloway & Patton, 1997). 모호한 역할은 협력교수의 목적이 불확실할 때 발생한다(Pugach & Johnson, 1995). Bawens와 Hourcade(1995)는 두 교사가 "모든 교사는 모든 학생들에 대한 책임이 있다."는 것을 끊임없이 생각할 것을 제안한다.

4. 요약

협력교수에 참여하는 많은 교사들은 자신의 역할을 "발전적인 것"으로 설명한다(Nowacek, 1992). 그들은 적어도 처음에는 자신의 역할을 명백하게 계획하지 않고, 서로를 관찰하면서 조심스럽게 접근한다. 교사들은 신뢰와 존경심이 어느 수준에 도달할 때까지 조심스럽게 접근한다. 대다수의 교사들은 혼자서 학습을 지도한 경험이 있기 때문에 갑자기 상대방을 신뢰하거나 존경심을 나타내지 못한다.

한 학급에서 두 교사가 협력교수를 함으로써 일반교사의 학급관리 부담을 줄여주고, 학생의 학습활동을 강조하게 된다(Bawens & Hourcade, 1995). 또 교사들은 협력교수를 통해서 그들이 가치있는 전문적인 기술을 배운다는 것을 발견한다(Bawens, Hourcade, & Friend, 1989).

5. 후속 활동

1. 협력교수 활동이 이뤄지는 일반학급을 방문하라. 협력교수 활동이 이뤄지기 위하여 학급의 물리적인 공간은 어떻게 배치되었는가?
2. 협력교수 활동에 참여하고 있는 교사들과 대화해라. 협력교수를 하는 상대방 교사의 역할과 책임을 어떻게 설정했는지 알아보라. 그들이 느끼는 문제는 무엇이며 그 문제를 해결하기 위하여 활용하는 전략은 무엇인지 확인하라.
3. 일상적인 일과가 협력교수, 특별지도, 계획, 관찰, 필요한 서류작업 완성하기, 다른 사람 만나기와 같은 활동의 범위를 조정해야 하는 특수교사를 인터뷰하라. 이 교사가 여러 가지 요구를 반영하여 일정을 개발하는 방법을 찾아라.
4. 개별 교사가 일정 개발 과제에 접근하는 방법을 결정하기 위하여 초·

중학교 특수교사의 협력 교수를 위한 일과시간 문제에 대해 논의하라. 각각의 교사에게 가장 큰 문제로 나타난 요인을 확인하라. 이들 요인이 특수교사와 일반교사에게 본질적으로 같은가?

5. 여러 일반학급을 관찰하라. 과제간의 전이를 촉진하기 위하여 사용하는 전략과 교과 학습시간을 증진할 전략을 확인하라.

제 5 장

수업환경평가

1. 수업맥락은 왜 평가해야 하는가?
2. 수업 맥락을 평가하기 위한 자료수집
3. 수업 분석하기
4. 평가 분석하기
5. 종합적인 자료-수집 도구
6. 요약

제 5 장

수업환경평가

핵심어

진단자료	질문지법
산출평가	안내전략
시간기록법	빈도척도
오류분석	수업태도
사건기록법	사례연구법
문항분석	계열과 계속성

Jones 중학교 6학년에 재학 중인 Carlos는 Pope 선생님의 사회과 수업에 많은 어려움을 겪고 있다. Carlos는 쓰기학습장애가 있는데, 이것만으로는 그의 문제행동을 설명하는데 충분치 않다. 그래서 선생님과 Carlos는 많은 좌절감을 맛보고 있다. 그래서 특수교육을 담당하고 있는 Stout 선생님께 이 난국을 타개하기 위해 도움을 요청했다. Stout 선생님은 4단계의 계획을 수립했다. 우선, 그는 문제를 제대로 파악하기 위해 Pope선생님과 Carlos를 면담할 것이다. 그런 다음 Carlos의 수행평가 결과를 점검하고 수업시간의 성취과정을 점검할 것이다. 그렇게 되면 Carlos가 나타내고 있는 문제점을 정확히 판단하기 위해서 자료를 분석할 것이다. 마지막으로, 그는 Pope선생님과 Carlos를 만나 그의 연구 결과를 설명하고 Carlos가 사회 시간에 효과적으로 학습할 수 있도록 도와줄 수 있는 행동 모델을 찾을 것이다. Stout 선생님은 그의 2단계 계획까지 실행한 후에 중요한 정보를 얻어냈다. 면담을 하고난 후 Stout 선생님은 Pope 선생님이 Carlos가 게으르기는 하지만 조금만 노력을 하면 잘 해낼 수 있을 것이라고 믿고 있다는 것을 알아냈다. 그녀의 말대로라면 Carlos는 수업시간에 몽상을 하고 절대로 필기도 하지 않는다고 한다. 그가 몽상을 하지 않을 때는 그림을 그리거나, 옆에 있는 친구들과 잡담을 하거나, 연필로 책상을 딱딱거리거나, 다른 방법으로 수업을 방해

한다고 한다. 그녀에 따르면 Carlos는 숙제를 해 온 적이 없으며, 수업시간에도 좀처럼 과제를 끝낸 적이 없다고 한다. 수업시간 준비물도 가져오지 않고, 시험 성적도 형편없다. 이것은 그녀를 매우 놀라게 한다. 왜냐하면, 이러한 행동에도 불구하고 수업시간의 토론에 참가를 하고 문제를 정확히 이해하고 있기 때문이다. 그는 또한 팀별 주제를 주고 토론할 때는 잘 해내고 있는 것처럼 보인다. 토론회를 주도하기 때문이다. 그런데도 사회 수업에는 어려움을 겪고 있다.

Carlos와의 인터뷰에서 Pope선생님이 Carlos를 미워하고 있다고 Carlos가 믿고 있다는 것을 알아냈다. 그녀는 항상 Carlos에게 소리를 치는 것처럼 보인다. Carlos는 그가 수업시간에 공부를 더하면 할수록 어려움을 더 겪는다고 알고 있다는 것이다. 그가 하는 모든 것은 선생님께 인정을 받지 못한다고 믿고 있다. 그는 또한 선생님이 내주신 숙제의 많은 부분을 이해하지 못하는 것으로 밝혀졌다. 그가 한 숙제는 집과 학교 사이에서 없어져 버린다고 믿고 있다. 그는 누군가가 그의 숙제를 사물함에서 훔쳐간다고 믿고 있다. 그는 정말 잘하고 싶은데 진전이 전혀 없다고 생각한다. Stout 선생님이 Carlos의 숙제를 점검했을 때, 그의 사물함, 책가방, 노트들이 전혀 정리정돈 되어 있지 않다는 것을 알았다. 물건들은 들어갈 공간만 있는 어느 곳이나 멋대로 쑤셔 박혀 있다는 것을 알았다. 그는 Carlos가 하려고 한 숙제는 정리가 안되어 있으며 끝마쳐진 것이 하나도 없었다는 것을 알아냈다. 그는 가능한 짧게 답을 했으며 대부분의 숙제에서 F학점을 받기는 했으나 프로젝트 형태의 과제는 완성해 놓은 상태였다. 이 과제는 창조적이고, 다양했으며 매우 훌륭한 것이었다. 그가 제출한 숙제는 보고서를 첨부해야 했기 때문에 그의 프로젝트 성적은 거의 최저점에 가까웠다. 프로젝트 지시사항에는 그 과정의 성적을 매기는데 어느 정도 보고서를 첨부해야 하는지는 명확하게 밝혀져 있지는 않았다. Stout 선생님은 인터뷰로 얻은 정보를 바탕으로 그의 수업시간 관찰에 도움을 줄만한 시험문제를 만들기로 했다.

앞의 3장과 4장은 경도장애가 있는 학생을 위하여 수업시간에 효율적으로 수업하기를 원하는 선생님들의 능력에 초점을 맞추고 있다. 앞의 3장과 4장에서는 자문과 협력교수에 대한 다양한 접근법을 점검해 보았다. 우리들은 일반학교에서 장애학생 지도를 위한 기초는, 전문가들 간의 효과적인 의사소통과 교수협력자로서 교사들이 함께 일하는 것이라고 강조했다. 그러나 이것은 수업시간에 갖춰져야 할 기본적인 사항인 것이고, 이것만으로는 불충분하다. 두 번째 갖춰져야 할 것은 학생들이 겪고 있는 문제를 정확히 집어내고, 그들의 요구를 결정하는 것이다. 교사들은 각각의 학생들에게 무엇을 어떻게 가르쳐야 할지를 밝혀내는 능력도 갖추어야 한다. 결국 교사들이 장애학생들의 효과적인 학급 프로그램을 개발하기 위해서는 사정과 평가 방법을 잘 알고 있어야 한다.

1. 수업맥락은 왜 평가해야 하는가?

학급환경에 대한 평가의 중요성을 이해하려면 수업의 본질을 이해해야만 한다. 첫째, 수업은 상호작용적이다. 수업은 학생과 수업이 이루어지는 환경과의 상호작용이다. 〈그림 5-1〉에서 예시된 것처럼, 수업의 맥락에는 교사, 환경, 수업 또는 평가과제와 관련된 변인이 포함된다. 이 장의 후반부에서 알게 되겠지만, 각각의 변인들은 맥락에 따라 상당히 다른 하위 구성요소로 구성되어 있다. 학생은 수업하는 동안 이와 같은 3가지 수업맥락 요인과 서로 상호작용을 한다. 순간적으로 일어나는 수업의 형태에 따라 상호작용의 형태가 바뀐다. 따라서 수업의 두 번째 중요한 특징은 역동성이다.

장애아동을 일반학급에서 가르칠 때는, 일반학급은 수업이 이루어지는 하나의 맥락이다. 학급은 여러 측면에서 상당히 다르고 다양한 요인이 아동의 성취에 영향을 미치기 때문에, 아동을 효과적으로 가르치기 위한 기본적인 단계가 수업 맥락을 측정하고 평가하는 것이다. 여기서 학생들이 부딪히게 되는 것들을 명확하게 파악하는 것이 필요하다. 이것은 교육계획을 수립하는 기초가 되며, 학생의 강점과 약점을 비교할 수 있는 분석틀로 활용될 수 있다. 수업 맥락에 대하여 많이 알면 알수록 학급의 수요와 아동의 능력간의 부조화를 밝혀내는 일이 쉬어진다. 따라서 학생과 수업 환경 사이에 존재하는 부조화를 최소화하기 위해서 조정된다. 이러한 기본 틀이 없으면, 교수적 수정이나 조정을 위한 계획 수립은 느슨하게 될 것이며, 최상의 목표를 달성하기 힘들게 될 것이다.

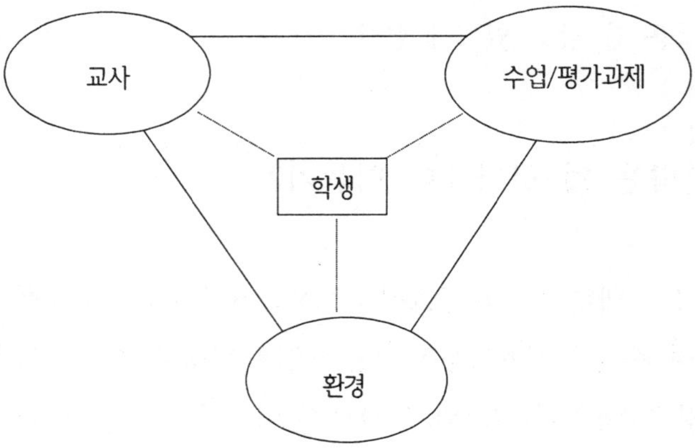

<그림 5-1> 교육환경의 구성요소

수업 맥락을 결정하는데 도움이 되는 여러 가지 방법을 소개한다. 또한 자료를 수집하는데 도움이 될 만한 다양한 방법에 대해서도 논의하게 될 것이다. 또 수업 맥락을 분석하는 특별한 방법도 논의될 것이다. 이와 같은 2가지 주제가 학생들이 교과와 행동요구를 결정하는 관점에 대하여 6장과 8장에 소개될 것이다.

2. 수업 맥락을 평가하기 위한 자료수집

교사들은 학생에 관한 정보를 수집하는 다양한 도구들을 가지고 있다. 이러한 도구들은 수업환경의 매개변인들을 알아내는데 유용하다. 문제는 정보의 차이가 도구에 의해 결정되는 것이 아니라, 그 도구를 어떻게 사용하느냐 또는 왜 정보를 수집하느냐에 따라 다르다는 것이다. 첫 번째는 학생들의 특별한 교육적 요구를 밝히는데 사용된다. 둘째의 경우는 수업 중에 어떤 일이 진행되고 있는지를 좀 더 명확하게 파악하여 특정학생에게 어떤 수업과정이 효과를 발휘하지 못하고 있는지를 찾아내는 것이다.

이 장에서 우리는 진단 자료를 수집하는데 사용할 수 있는 중요한 평가도구에 대해 논의할 것이다. 진단자료(diagnostic data)라고 하는 용어는 중요한 관심 영역을 찾을 목적으로 수집되는 모든 자료를 의미한다. 진단자료는 학생의 관심사항에 관련된 것일 수도 있고, 수업맥락과 관련될 수도 있다. 어떤 경우에든 똑같은 형태의 평가도구가 사용될 수도 있을 것이다. 평가도구들에는 3개의 넓은 활동 범주가 있다〈그림 5-1 참조〉.

정보를 수집하는 방법 중에는 설문지나 면접법을 이용하는 방법이 있다. 두 번째는 직접 관찰하는 방법으로 활용절차에 따라 과정이나 초점이 다를 수 있다. 마지막 방법은 체계적인 산출 결과물을 평가함으로써 정보를 수집하는 방법, 그리고 인위적으로 얻은 자료, 그리고 관심영역을 평가하기 위하여 수집하는 방법 등이 있다. 학급에서 자료를 수집하는 각각의 전략들은 다음 장에서 자세히 다뤄질 것이다.

1) 질문하기

질문하기 전략을 통해서 정보를 수집하려면 다음과 같은 몇 가지 중요한 점을 기억해야 한다. 우선 질문하기 전략은 두 사람 이상의 상호작용 형태에서 일어나지만, 개인의 자문자답도 하나의 형태가 될 수 있다.

〈표 5-1〉 평가자료를 모으는 전략과 도구

전 략	도 구
질문	조사, 면접
관찰	사건 중심 기록, 시간 중심 기록, 척도나 체크리스트, 사례연구
시험	일상적인 산출물, 의도적인 산출물

예를 들어, 특수교사는 수업시간에 장애학생의 요구를 잘 충족시키기 위하여 일반교사와 함께 협력활동을 할 것이다. 두 선생님은 진단자료를 수집하기로 결정하고, 담임교사는 학생의 관심 분야를 알아보기 위하여 특수교사가 고안한 설문지에 답함으로써 자료를 모을 것이다. 그 후에 두 교사는 일반교사가 답한 내용을 구체화하고 정교화하기 위하여 토론한다. 대안적으로, 두 교사가 조사하는 대신 면접법을 사용할 수도 있다. 이 경우 특수교사는 조사하는 것과 동일한 결과를 얻을 수 있도록 자유롭게 대답할 수 있는 개방형 질문을 준비해야 한다. 부족하다면 일반교사를 인터뷰할 수도 있을 것이다. 질문전략을 사용하는 경우에는 두 명의 전문가가 함께 한다.

두 명의 교사가 개인적으로 수업맥락을 평가하는 방법을 선택할 수도 있다. 각각의 교사가 탐색한 공통 관심사는 조사나 자문자답 전략을 사용한 면접 결과에 나타난다. 이렇게 하기 위해, 각각의 교사는 검사문항이나 개방적 면접 문항이 적절한지 점검해야 한다. 특수교사는 여러 번 일반학급을 직·간접적으로 경험하면서 얻게 된 정보에 기초하여 반응하게 될 것이다. 특수교사는 이러한 질문을 던지게 될 것이다. “이 문항을 통해서 내가 교사와 학급에 대해서 알고 있는 것이 무엇인가?” 일반교사는 일상적으로 일어나고 있는 직접적인 경험을 바탕으로 대답할 것이다. 그리고 일반교사는 “도대체 나의 수업 시간은 어떻게 돌아가고 있는 것일까?” 이 문항에 대해서 “나는 어떻게 일 처리를 해왔단 말인가?”라고 질문하게 된다. 자문자답 방식은 수업맥락을 파악하는 진단적인 자료를 모으는데 효율적인 방법이다(Emmer, Evertson, Clements & Worsham, 1997). 그러나 만약 자문자답 전략을 사용하려면, 관찰 대상이 되는 교실 분위기를 잘 알고 있는 사람에게 확인을 받는 것이 중요하고, 수업이 이루어지는 수업환경을 직접 파악해야 한다(Emmer et al., 1997). 다양한 상업용 조사나 인터뷰는 묻기 전략을 실행하는데 도움을 준다. 교사가 만든 대체용 검사도구도 학생의 역동성과 수업 맥락을 측정하는데 유용하다. Anderson과 Burns(1989)는 조사와 면접을 설계하는데 두 가지 중요한 특징을 고려해야 한다고 한다. 작성된 질문은 구체적이고 잘 정의된 목적을 가져야 하며, 질문은 수업 시간이 실제로 어떻게 진행되고 있는지 명확하게 파악할 수 있도록 질문되어야 한다. 이 장의 후반부에 중요한 수업 맥락의 요인을 요약해서 제시할 것이다. 이 요약은 교사가 수업 진단자료를 수집하기 위하여 직접 작성한 조사나 면접 자료를 개발하는데 하나의 지침으로 제공될 수 있을 것이다. 많은 상업용 자료들이 이 장의 후반부에 역시 제시될 것이다.

2) 관찰하기

진단자료를 수집하는 두 번째 전략은 관찰하는 것이다. 이 전략은 직접적인 방법으로 자료를 모으는 것이다. 질문하기와 관찰하기는 교사의 수업상의 문제를 분석하는 장점은 있지만, 효과적인 중재를 개획하기 위해서는 직접적인 관찰이 더 필요하다. 왜냐하면, 직접관찰은 문제가 되는 중요한 행동들이 발생하는 환경을 연구하는 유일한 접근법이기 때문이다(Gelfand & Hartman, 1984; Sugai & Tindal, 1993; Wolery, Bailey & Sugai, 1987).

관찰 자료는 여러 가지 방법으로 취합되어진다. 어떤 방법은 자료를 수집하는데 반드시 따라야 하는 규칙이나 절차가 고도로 구조적이다. 또 어떤 것은 관찰되고 기록될 구체적인 행동에 초점을 맞추고 있는 방법도 있다. 다른 방법은 덜 체계화되고, 초점이 없기도 하며, 두 개의 모든 약점을 가지고 있는 것도 있다. 고도로 구조화되고 초점이 잘 맞춰진 관찰법은 사건 중심 기록법과 시간 중심 기록법이다. 사건 중심 기록 방법에서는 관찰자가 특정 목표행동이나 특성의 사례 수를 기록한다. 시간 중심 기록법은 일정기간 동안 행해진 관찰을 근거로 그 행동이 나타날 수준이나 비율을 평가하는 것이다. 예를 들어, 한 학생이 5교시 수학 시간동안 얼마나 많이 자리에서 벗어나는지에 관심이 있는 선생님은 일주일간의 수학시간에 학생이 자리를 뜰 때마다 카드에 그 횟수를 표시해 둔다. 이것이 사건 중심 기록법의 한 예이다. 그러나 만약 관찰목표가 학생 스스로 숙제하는 것이라면 선생님은 시간 중심 기록법을 사용할 것이다. 그 선생님은 학생들이 각자 공부를 할 때에는 하루를 30분 단위로 끊어서 3번 정도 관찰하는 방법을 택할 수도 있을 것이며, 30분짜리 3개를 5분 단위로 나눠서 기록하는 방법을 쓸 수도 있을 것이다. 학생은 매 5분마다 처음 5초간 관찰되어질 것이며 학생이 그 시간동안 집중하는지 그렇지 않은지를 기록하면 된다. 일과가 종료될 때 선생님은 5초 간격으로 학생이 집중하지 않은 시간을 계산할 수 있을 것이며, 학생이 집중하지 않은 시간의 퍼센트와 수를 측정할 수 있다. 선생님은 이 과정을 며칠동안 반복할 것이고, 학생이 과제에 집중하지 않은 비율을 평가하기 위해 결과를 평균으로 계산할 것이다. 만약 학생이 얼마나 오랫동안 공부를 하지 않는지, 선생님의 지적을 받고 다시 공부하는데 얼마나 시간이 걸리는지에 선생님이 관심이 있다면, 다른 방법의 시간 중심 기록법이 사용될 수 있을 것이다.

- 지속기록방법(A duration recording system)은 특정행동이 어느 정도 오래 지속되는지 밝혀 줄 수 있다. 선생님은 매일 10분 단위로 과제를 시작하는 시점과 멈춘 시점을 기록한다.
- 지연기록방법(A latency recording system)은 선행 행동과 목표 행동 사이에 소요되는 시간의 길이를 말한다. 선생님은 학생이 꾸중을 듣고 난 후에 얼마가 지난 후에 다시 공부를 시작하게 되는지를 기록한다.

어떤 관찰법을 사용하든 간에, 관찰자는 관찰이 진행될 때 연구되어야 할 구체적인 행동의 본질과 관찰할 때 지켜져야 할 규칙들을 밝혀야만 한다(Sugai & Tindal, 1993). 제8장에서는 구조화된 관찰 방법을 설계하고 선택하는데 필요한 추가적인 정보를 제공하고, 시간기록법이나 사건기록법을 사용하는 형식의 예를 보여주고 있다.

체크리스트와 평정척도는 덜 구조화된 관찰방법으로, 거쳐야 할 절차적 규칙도 적고, 양적 정보보다 사건에 대한 정보를 제공하는 경향이 있다. 체크리스트는 정도나 빈도에 관계없이 목표행동들의 출현과 부재를 보여주고, 평정척도는 사전에 정의된 연속성, 관찰된 특별한 행동 또는 특성 정도를 판단하는 것이다(Herron & Harris, 1993). 체크리스트나 평정척도 둘 다 자료수집 초기 단계에서는 필수적이지만 관찰 자료의 원자료가 적을 때는 유용한 자료가 아니다(Wallace, Larsen & Elksnin, 1992). 더욱이, 여기서 설명한 직접관찰법, 체크리스트, 평가척도들은 간접적 측정도구로도 사용할 수 있다.

세 번째 관찰 방법은 사례연구방법을 활용하는 것(Herron & Harris, 1993)인데, 가끔은 질적 관찰법으로 불리기도 한다(Stake, 1978). 사례연구법의 목적은 학급에서 일어나는 일을 깊이 있게 설명하기 위한 것이다. 사례연구에서 강조하는 사항은 개인의 특징적 행동, 연구문제의 정의, 결과적으로 활동을 평가하는데 도움을 제공할 정보수집 등이다. 따라서 체크리스트나 평정척도처럼 사례연구방법도 초기 문제를 평가하는데 적절한 도구이다.

사례연구방법이 다른 관찰방법보다 덜 구조화되고 초점이 흐린 방법이지만, 전체가 비구조화되었다고 할 수도 없다. 관찰을 위한 범위나 매개변인을 설정하고, 체계적으로 자료를 수집하여 분석하는 것들도 있다(Wilson, 1977).

3) 시험보기

진단 자료를 모으는데 사용될 수 있는 마지막 전략은 시험 결과로 평가하는 것이다. 시험결과는 일상적인 학급활동의 결과물과 의도적인 활동 결과물로 나눠진다. 일상적인 산출물은 학생들이 날마다 수업 시간에 하는 것들이다. 연습장, 연습지, 그룹별 과제, 선생님이 출제한 시험, 숙제 등 수업 자료들이 여기에 포함될 수 있을 것이다. 정기적인 자료에는 계획서, 출석과 성적 행동 규범, 성적 산출 근거, 컴퓨터에 관한 요약능력을 보여주는 인쇄물, 학생들에 대한 간단한 일화같은 선생님들의 자료도 여기에 포함된다.

의도적인 활동 자료는 특별한 목적이나 이유로 수집된 자료로서 전체적으로는 일반적인 수업과정에서 나타나는 것은 아니다. 예를 들어, 교사가 특정 학생의 곱셈과 나눗셈에 대한 능력을 알아보고자 할 때 연습장, 숙제처럼 정기적인 자료로는 문제점을 적절하게 알아내지 못할 것이다. 그래서 교사는 곱셈과 나눗셈에 대한 규준참조검사를 하기로 결정할 것이다. 이 시험은 인위적인 자료이다. 이것은 보다 더 집중적으로 일상적인 과제로부터는 얻을 수 없는 학생의 수행능력을 조사하기 위한 방법이다. 학생들의 작문능력을 깊이 있게 알아보고 싶은 교사는 학생에게 특별한 작문에 대한 포트폴리오를 준비할 것이다. 또 특수교사는 일상적인 교육계획을 보다 깊이있게 살펴보고자 할 것이다. 그래서 교사는 수업활동 이외의 다양한 목적이 반영된 문서와 테이프, 또는 과제물에 대한 해석을 보고 싶어할 수도 있다. 보충자료는 교육계획이나 교사용 지도서에 포함되지 않는다, 그래서 수업 관찰에 의해서는 나타나지 않는다. 이것은 의도적인 활동 자료이다. 진단정보의 풍요성은 학급에서 얻은 산출결과물이지만(Wood, 1998; Choate, Enright, Miller, Poteet & Rakes, 1995; Olson & Platt, 1996), 이 전략을 사용할 때 명심해야 할 고려사항이 있다. 첫째, 산출결과물을 조사할 때, 산출결과물은 체계적이어야 한다. 평가는 분석해야 할 문제를 상세화 함으로써 시작된다. 〈그림 5-2〉는 목표아동의 수업적 본질을 이해하기 원하는 특수교사가 평가하기 위하여 만들어낸 견본이다. 여기서 평가할 때 요구되는 다양한 수업결과물을 그림의 하단에서 찾아볼 수 있다. 반대로 산출결과의 평가 목적이 아동에 대하여 더 많은 정보를 얻는 것이라면 〈그림 5-3〉에 나타난 것처럼 산출분석의 지침을 따르면 될 것이다.

1. 교육의 구체적인 초점이 무엇인가? 어떤 목표들이 언급되어 있는가?
2. 과제물에 대해 학생들이 정확히 인식하고 있는 것인가?
3. 과제물을 완성하는 데 어떤 읽기, 쓰기, 관련 기술들이 필요한 것인가?
4. 숙제의 분량은 보통 어느 정도인가? 과제물을 완성하는데 어느 정도의 시간이 주어지고 있는가?
5. 수업 시간 동안 어떤 집단 형태가 활용되는가?
6. 양식, 속도, 집단 편성, 기타 등에 따라 학습 내용이 제시되는가?
7. 평가 활동의 형식은 어떠한가? 평가 활동은 어떤 방식으로 구성되어있는가?
8. 평가를 완수하는데 읽기, 쓰기, 관련 기술 등이 필요한가?
9. 평가 활동이 수업 시간의 과제와 연습 활동에 적합한가?
10. 평가 활동을 등급을 매기는데 있어서 어떤 절차들이 사용되고 있는가? 강좌의 등급을 결정하는데 있어서 평가 자료에 어느 정도 비중을 두어야 하는가?

점검자료 : 학습 과제, 교사의 지도 계획서, 방과 후 숙제, 선생님이 만든 단원별 시험과 퀴즈

<그림 5-2> 평가 자료를 얻기 위한 질문: 수업자료

몇가지 고려 사항이 산출물 평가에 의하여 얻어진 정보의 질을 향상시킨다. 그 중의 하나가 특정 기술의 강점과 약점에 대한 오류 분석을 사용하는 것이다(Choate et al., 1995; Olson & Platt, 1996; Cegelka & Berdine, 1995). 오류분석을 실시하는 단계는 〈그림 5-4〉에 제시하였다. 이 단계에 따르는 것이 교사가 문제아동의 가능한 행동을 이해하도록 하고, 교사가 진단초기 정보의 정확성을 파악하여 프로그램을 설계하도록 도와준다.

1. 가장 우수한 학생의 숙제에 특별한 형태가 있는가?
2. 그 학생에게 어떤 종류의 과제가 가장 커다란 문제가 되었는가?
3. 정해진 시간 안에 학생이 숙제를 완수할 수 있는가?
4. 어떤 학습집단 형태를 사용할 때 학생이 더 성공적이었던가?
5. 특정 답변 형식이 제시되었을 때 학생이 숙제에 더 뛰어난 능력을 발휘하는가?
6. 숙제를 완성하는데 학생이 지시사항을 잘 이해하고 있는가?
7. 과제를 완성하는데 필요한 학생의 읽기, 쓰기 등의 관련 능력이 있는 것처럼 보이는가?
8. 학생이 어떤 종류의 질문을(사실적 대 해석적, 재인 대 회상, 개념적 대 절차적) 다루는데 더 성공적인가?
9. 학생이 저지르는 전형적인 형태의 오류가 학생의 구체적인 약점을 암시해 주는가?
10. 완전히 습득된 기술을 나타내 주는 학생의 수행 형태는 무엇인가?

점검 대상 자료

각 그룹이 숙제를 다른 도움 없이 독자의 힘만으로 완성했는지의 여부
소그룹이나 파트너와 함께 그 과제를 완성했는지의 여부
제출된 숙제
치러진 시험 성적이나 퀴즈
창조적인 프로젝트의 보기

<그림 5-3> 평가 자료를 얻기 위한 질문: 학생

1. 샘플에 나와 있는 오류를 분리하라.
2. 공통 유형에 따라 오류를 하나로 묶어라.
3. 오류의 원인에 따라 예비적인 가설을 마련해라.
4. 가설을 확인하는데 도움이 되도록 오류가 없는 보기를 찾아라.
5. 의심나는 부분을 좀 더 명확히 하기 위해 필요한 철저한 조사를 하라.
6. 문제를 해결하기 위해 계획을 세우고 중재를 하라.
7. 중재의 결과를 바탕으로 필요한 가설을 재점검하라.

<그림 5-4> 오류 분석 단계

산출물 평가의 두 번째 중요한 전략은 문항분석이다. 이 방법에서, 작업 표본이나 교사자작검사의 문항은 학생이 알고 있는 기술이 무엇인지를 결정하기위해 중요하게 평가된다. 특정 산출물에 의하여 나타난 기술에 대한 분명한 이해는, 학생의 특정기술 숙달 여부를 판단하기 위한 틀을 제공한다. 오류분석과 문항분석은 표준화된 검사의 결과를 해석하는 지침으로 사용된다.

이 절에서 소개한 진단 정보 수집 방법은 장애아동이 일반학급에서 교육받을 수 있도록 교육 프로그램을 개발하는데 중요한 정보이다. 특별한 상황에서 활용할 도구를 결정하기 위하여 특수교사는 다음과 같은 여러 가지 상황을 고려해야 한다. 첫째, 어디에서 정보를 수집할 것인가를 결정하라. 즉, 문제행동부터 시작할 것인가? 아니면, 일차적으로 관심있는 영역부터 시작할 것인가? Heron과 Harris(1993)에 따르면, 교육문제를 탐구하는데 관련 있는 조사와 2가지 활동 수준이 포함된다. 조사 유형 활동(survey type activity)은 문제를 진단하는 초기 단계에 적합하다. 그러나 일단 문제의 매개변인이 타나나기 시작하면, 고도의 집중 사정을 통해 더 상세한 정보를 수집해야 한다. 다음에 교사가 결정해야 할 것은 얼마나 많은 시간이 남아 있느냐 하는 것이다. 이 절에서 설명한 몇 가지 방법은 다른 것들보다 정보를 수집하는데 많은 시간이 든다. 다시 한 번 정보를 수집하는 곳을 고려해라. 문제를 잘 인식하지 못하고 있다면, 시간이 너무 많이 소요되지 않는 방법을 사용하는 것이 현명할 것이다. 시간이 좀 더 많이 소요되는 방법은 예비적인 인상에 대해 철저히 파헤치는 데 사용될 수 있을 것이다. 그럼으로써 구체적인 관심사를 알아내기 위해 이러한 활동들에 좀 더 초점이 맞춰질 것이다.

마지막으로, 교사는 진단 자료를 모으는 한 가지 이상의 방법을 사용하는 것을 주저해서는 안된다. 조사 수준에서 문제를 다루었든지, 구체적인 자료를 가지고 예비적인 인상에 관해 조사했든지 간에 가장 정확한 것은 자료를 수집하는 도구를 결합하여 활용하는 것일 것이다. 예를 들어, 특수교사가 질문하기 전략으로 찾아낸 문제는 관련된 분야의 수업시간의 시험 성적이나, 간략한 수업행동 관찰을 통해서 확인해야 한다. 두 번째 관찰에 의하여 나온 자료가 담당교사와 인터뷰에서 나온 결과와 일치한다면, 특수교사는 좀 더 구체적으로 문제를 연구할 수 있는 다음 활동들을 계획해야 한다.

학습 맥락을 알아내기 위하여 진단자료를 모아서 어떻게 이러한 방법들이 사용될 수 있는지의 예는 이 장의 나머지 부분에서 다뤄질 것이다. 학생들의 부족한 학문적 · 행동적 사항이 무엇인지를 결정하는데 똑같은 방법들이 어떻게 사용될 수 있는지에 대한 보기가 제6장과 제8장에 제시하였다.

3. 수업 분석하기

이 장의 초반부에 지적한 것처럼, 수업 맥락은 교사, 교실 환경, 수업 평가과제 등과 관련된 다양한 변인들이 하루 종일 상호 작용하며 변화하게 된다. 수많은 방법들이 수업의 구성 요소들을 설명한다. 우리는 주제를 제시하는 방법과 관련된 요인을 고려하여 교수 방식과 수업전달 방식과 관련된 변인에 대하여 논의한다. 이어서 교육과정을 분석하는데 고려해야 할 요인을 논의한다. 마지막은 사용된 평가방법의 관점에서 수업을 분석하려고 한다.

1) 주제 제시하기

교사가 얼마나 효과적으로 수업하는지에 대한 연구 결과는, 독특한 수업 기술을 가지고 있는 교사가 그렇지 않은 교사보다 훨씬 더 학생들을 효율적으로 지도한다는 것이다. 이러한 연구 결과를 요약하여 종합적으로 제시한 연구(Wittrock, 1986)가 Wittrock의 Review of Research on Teaching이다. Mastropieri와 Scruggs(1994)의 연구결과에 따르면, 교사의 교수 효율성에 대한 연구는 장애학생을 지도하는데 몇 가지를 암시해 주고 있다. 구체적으로 다음과 같은 때 수업이 가장 효과적이다. (1) 수업시간에 학생들이 과제에 적극적으로 몰두할 때, (2) 정보를 정확하고 분명하게 제시할 때, (3) 학생이 학습 목표와 관련된 질문을 할 때, (4) 수업활동에 꾸준히 참여하면서 통합관계를 유지할 때, 마지막으로 (5) 학생의 학업 성취도가 꾸준히 점검되어야 한다고 한다.

교사가 주제를 제시하는 방법에 따라 이러한 특성들이 다루어지는 정도에 영향을 미치는 몇 가지 요인이 있다. 이 토론을 위해 위의 요인들을 두 가지 범주로 분류한다. 하나는 교사의 일반적인 교수 스타일에 대한 것이고, 다른 하나는 교사가 학생들에게 수업을 전달하는 방식과 관련된다. 이러한 고려가 효과적인 수업에 영향을 미치기 때문에 주제를 제시하는 방법을 분석하기 위한 맥락이 필요하다.

(1) 교사의 지도방식

교사는 주제나 활동에는 개의치 않고 학생들을 가르치는데 방해가 될 수도 있는 특정 행동이나 특성을 보이는 경향이 강하다. 예를 들어, 어떤 교사는 다른 교사들보다 좀 더 정열적이기도 하고, 또 어떤 교사들은 수업시간에 학생들의 움직임이나 활동에 대해 좀 더 관용을 보이기도 한다. 또 어떤 교사들은 수업을 원활하게 이끌어 가는 능력이나 뛰어난 유머감각을 소유하고 있는 교사도 있다. 이러한 각각의 특성들은 교사가 주제를 전달하는 방법에 있어서 드러날 가능성이 있다.

① 안내전략

학생들의 학습에 상당한 영향을 미치는 교수 스타일 중의 하나는 안내전략이다. 즉, 교사가 학생을 위해 다음에 있을 수업에 대해 준비하는 정도이다. 안내 전략은 수업 내용과 관련이 있는 핵심문제를 질문하기, 주제와 관련된 학생의 경험 나누기, 그리고 토론에 나올 핵심 용어 소개하기 등이다. 어떤 경우든지 목적은 학생들의 관심을 집중시키고 주의를 환기시켜, 주제에 대한 선행조직자를 구성하게 하는 것이다.

② 수업의 명료성

수업 효과에 영향을 미치는 교수 스타일의 두 번째 관점은 수업의 명료성이다. 교사가 사용하는 어휘가 핵심이다. 특히 수업시간에 교사가 어느 정도 명확한 단어를 사용하고, 어느 정도 복잡한 문장을 사용하느냐가 관건이다. Berliner(1987)에 따르면, 교사들은 개념이 애매한 단어를 사용하지 말고, 뜻이 명확한 단어를 골라 써야 한다는 것이다. 수업은 빠르지 않으면서 정확한 설명이 필수적이다. 여기서는 적절한 전치사, 접속사 등을 사용하여 원인, 결과, 방법, 목적들을 명확히 표현해 주는 것이 중요하고, 관계를 뚜렷하게 밝혀 주며, 전이를 밝혀줘야 한다. 간단히 말하면, 수업 시간에 교사가 사용하는 언어는 학생들로 하여금 정보를 어떻게 조직하고, 아이디어가 서로 어떻게 관련되는가를 알게 하는 체계적인 틀이 되어야 한다.

수업의 명료성은 구체적인 지원을 받아 교사가 효과적으로 설명하는 정도를 의미한다. 이것은 아동이 특별한 기술이나 과정이 어떻게 수행되는가를 정확하게 볼 수 있게 하는 시연이나 모델링 방법이나 하나의 규칙이 적용되는 것이나 새로운 정보가 선행지식과 어떻게 연관되는가를 구체적으로 예시하는 것을 말한다. 또 다른 구체적인 지원방법은 언어적 의미를 그림으로 설명하는 도식적 조직자(graphic organizer)로 이것은 학생이 정보가 어떻게 조직되고, 그 아이디어가 어떻게 연관되는지를 알 수 있도록 도와준다.

Sugai와 Tindal(1993)에 따르면, 도식적 조직자의 형태는 지도, 구조도, 위계도, 연대별 차트 등 여러 가지 형태가 있다고 한다. 이러한 자료는 학생들이 다양한 텍스트 구조를 이해하는데 도움을 줄 수 있도록 구성된 지도 형태도 포함한다(Grassen & Carnine, 1992).

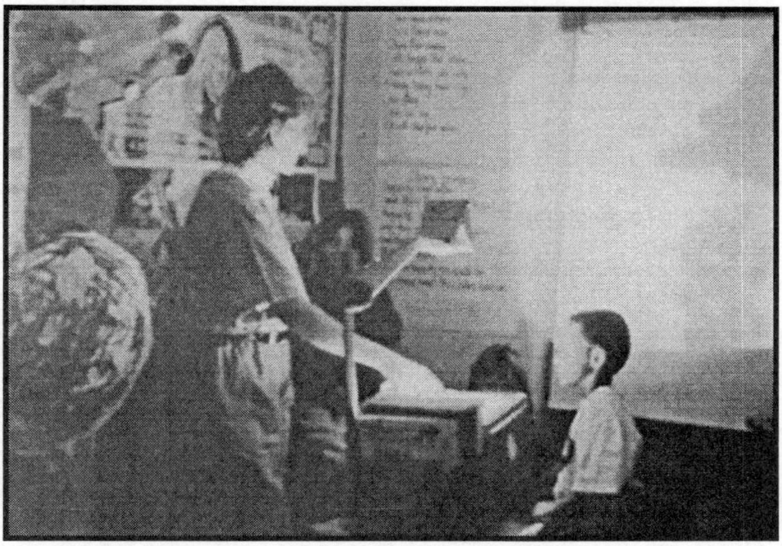

OHP 프로젝트를 활용한 수업: 도식, 그림자료, 구물체 등을 제시

인쇄 자료와 함께 사용될 목적으로 제작된 이러한 도식적 조직자는 언어로 수업하는 시간에 쉽게 사용될 수 있다. 교사의 구두 설명을 보충해 줄 수 있는 그래픽 자료의 예는 〈그림 5-6〉에 제시하였다. 명료한 수업을 도와 줄 수 있는 구체적인 예는 다음 제7장에서 다룬다.

이 절에서 제시하고 있는 구체적인 지원 형태는 일반학급에서 장애학생을 가르칠 때 유용할 것이다. 왜냐하면, 많은 아동들이 구어나 개념형성 또는 기억에 많은 문제를 가지고 있기 때문에, 구어를 이해하고 처리하는데 문제가 많다. 교사가 이들 학생에게 구체적인 근거자료와 적절한 구두설명을 제공함으로써 적절한 개념적 틀을 제시해 준다면, 학생들의 이해력이 증진되고 기억력도 향상될 것이다.

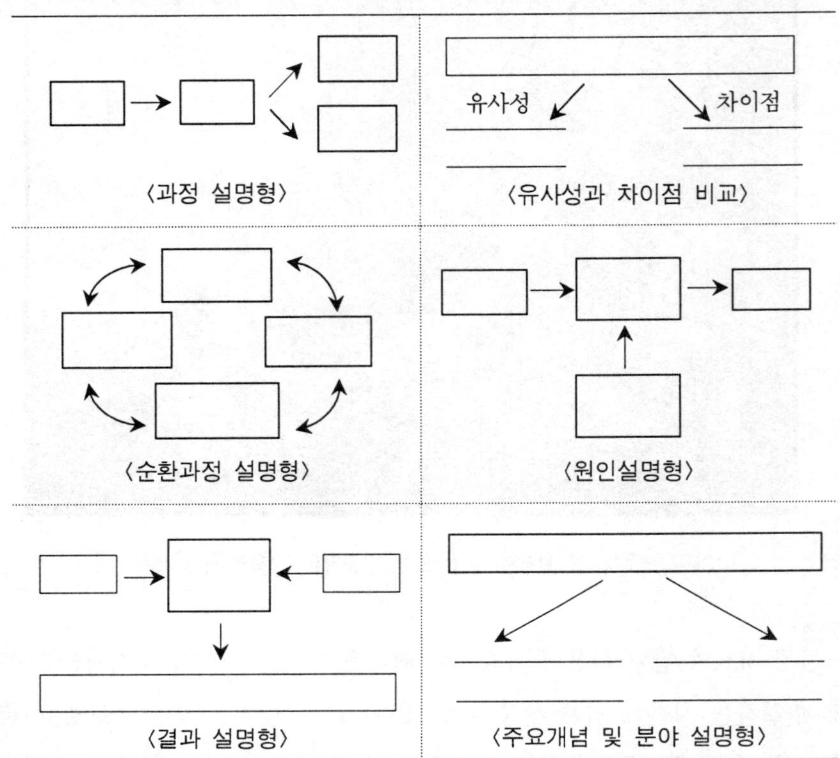

<그림 5-6> 그래픽 조직자의 예

③ 질문 전략

수업방식을 분석하는데 있어서 또 중요한 요소는 교사가 어떤 방법으로 질문하느냐 하는 것이다. 질문은 학생들이 강의 내용의 이해정도와 보충적인 설명이 필요한지를 알기 위한 것이다. 또 질문은 즉각적인 연습의 기회를 학생들에게 제공해 주는 것이다. 학생들이 정확하게 답하지 못한다면, 교사는 교수 방법을 변경해야겠다고 생각할 줄 알아야 한다.

질문의 중요성을 이해하려면 수업상황을 술래잡기 게임에 비유할 수도 있을 것이다. 교사가 공을 학생에게 반복해서 던져주면, 학생이 그 공을 정확하게 잡아 다시 던질 때까지는 학생은 게임을 바르게 하는 것이라고 볼 수 없다. 마찬가지로 교사가 학생이 모르고 있는 수업내용을 물으면, 학생들이 교사의 질문에 대해 알게 된 것을 성공적으로 설명하기 전까지는 학습이 이루어져야 한다.

교사의 질문 방식을 알아보려고 할 때 고려해야 할 사항이 있다. (1) 교사가 얼마나 자주 질문하는가? 일반적으로 교사는 수업계획에 의도된 방향으로 수업이 진행되고 있는지를 평가하기 위하여, 계속적인 피드백 자료를 얻기 위해서는 자주 학생들에게 질문해야 한다. (2) 교사는 얼마나 다양한 형태로 질문하는가? 얼마나 수업내용과 관련된 것을 질문하는가? Mastropieri와 Scruggs(1994)는 수업이 기본적인 기술 습득에 초점이 있을 때, 질문은 직접적이고 문자대로의 반응을 요구해야 한다(예, 연속된 문장 속에서 콤마의 사용 규칙은 무엇인가?). 그러나 수업의 목적이 평가 또는 적용하기 위한 것이거나 추론적인 능력을 향상시킬 목적으로 할 때의 질문은 고차원적인 인지적 능력을 요구하는 것으로 조정되어야 한다.

교사가 고려해야 할 요소 중의 하나는 모든 학생들을 상대로 질문을 던져야 할 것인지, 아니면 다른 학생의 응답이 정확한 것인지를 무작위로 물을 것인지를 결정해야 한다. 그렇지 않다면, 늘 하던 방식대로 손을 든 학생을 호명한다든가 또는 앉은 좌석의 열이나 행 방향으로 질문을 던질 것인가를 결정해야 한다. 그런데 이러한 질문 방식을 선택하면, 지적받을 가능성이 적다고 믿는 학생은 주의를 기울이지 않을 것이다.

질문 방식의 분석은 교사가 학생들의 대답에 대해서 어떻게 피드백할 것인가를 고려해야 한다. 피드백은 뚜렷하고, 즉각적이며, 직접적이고, 긍정적이어야 한다(Sugai & Tindal, 1993). 교사는 다양한 형태의 피드백을 제공할 수 있는데, 교사는 학생의 대답에 따라 피드백의 방식을 변경할 줄 알아야 한다. 〈표 5-2〉와 같이 Mastropieri와 Scruggs(1994)에 의해 제안된 전략은, 질문에 대해 정확하게 답을 할 수 없는 학생들에게는 어떤 전략을 사용해야 되는지를 나타내고 있다.

〈표 5-2〉 학생의 반응에 대한 피드백의 유형

반응	피드백
• 정확한 반응	• 명확하게 인정함("맞다") • 구체적인 설명하지 않음 • 빠른 속도로 연습함
• 부분적으로 맞는 반응	• 정확한 반응을 인정함 • 나머지 답을 일러주거나 질문함 • 수업 후 다시 질문함
• 부정확한 반응	• 부정확한 답을 간략히 설명함 • 부정확한 답을 학생의 책임으로 전가하지 않음 • 정확한 답을 알려주거나 다른 학생에게 질문함 • 수업 후 다시 질문함
• 반응 없음	• 반응이 없는 이유를 분석함 • 반응이 나타나면 위의 방법을 적용함

④ 문화와 언어적 차이에 대한 관심

수업 방식을 평가하는데 있어서 고려해야 할 네 번째 요인은 교사가 학생들의 문화와 언어적 차이를 어느 정도 수용하느냐이다. 이러한 다양성에 민감한 교사들은 문화적 · 언어적 차이가 학생들의 교육에 미치는 영향을 잘 알고 있으므로, 학생들을 교육할 때 그들의 수업 방식을 적절하게 조절하게 된다. 이러한 교사들은 모든 문화가 그 문화권의 구성원들에게 영향을 미치는 가치와 신념 체계가 있다는 것을 알고 있기 때문에, 다양한 문화적 관점을 수용해 낼 수 있는 효율적인 교수방법을 선택해야 한다는 것 또한 잘 알고 있다. 예를 들어, 구어와 문어가 지배적인 의사소통 양식인 문화권 출신의 학생과 달리, 미국에서 태어난 학생들은 그들의 행동을 통해서 의사를 표현하는데 훨씬 편안함을 보일 것이다. 이러한 문화적 차이는 질문 방식, 과제의 선택, 학습 기대치와 같은 것을 선택할 때 중요한 고려 요소이다. Lewis 와 Doolag(1999)은 미국 문화와 다른 문화의 다양성의 차이를 매우 잘 요약해 놓고 있다. 그들의 분석은 교사가 문화와 언어적 차이를 수용하는 정도를 평가하는 유용한 자료가 된다. Gersten과 Jimenez(1998)도 문화와 언어의 다양성을 가진 학생들에게 학습 효과를 증진시키는데 사용될 수 있는 전략들을 잘 제시하고 있다.

⑤ 동기유발

교사의 수업 방식을 분석하는데 마지막으로 고려해야 할 사항은 '교사가 어떤 방법으로 학생의 동기를 부여하느냐' 이다. 오늘날처럼 빠른 속도의 텔레비전과 쌍방향 비디오 게임이 판치는 시대의 학생들은 수업 시간이 매우 따분하고 흥미를 못 느낄 수 있다. 그래서 교사가 학생들을 동기 유발시키고 참여시킬 수 있는 다양한 전략을 사용하는 것이 중요하다.

언어적 칭찬이나 특권부여, 대용경제체제, 유형자산 등은 학생을 동기 유발시키는데 효과적이다(Cegelka & Berdine, 1995). 또 다른 효과적인 전략 중에 하나는 실적 그래프를 그리는 것, 자기점검 기법, 협동학습방법, 게임과 모의 학습, 컴퓨터 보조학습 등도 있다(Bos & Vaughn, 1998; Lewis & Doorlag, 1999 Mercer & Mercer, 1998). 학생을 동기 유발시키기 위하여 여기에 언급된 모든 방법을 쓸 필요는 없다 할지라도, 이러한 기술 중 몇 가지는 수업시간에 활용해야 한다.

이 장의 앞부분에서 논의하였던 진단자료 수집방법은 명확한 교사의 스타일을 찾는데 사용할 수 있다. 어떤 경우에는 상업적으로 유용한 자료가 활용될 수도 있고, 교사가 자작도구를 만들 수도 있다.

교사들이 제작한 자료 수집 도구의 예는 〈그림 5-7〉과 같다. 이것은 본장에서 설명한 교사 스타일의 많은 요소들을 간단한 평가척도로 변환시켜 보여준다. 평가 척도 상의 문항은 교사가 수업 중에 어떤 절차를 강조하는가를 결정하기 위해 해당 교사와 논의할 수 있다. 또 평가척도는 교사의 행동을 관찰한 결과에 의하여 구체화된 느낌을 평가하는 데에도 사용할 수 있다. 두 가지 접근 방법은 교사의 스타일에 대한 종합적인 안목을 제공한다. 이러한 자료는 장애학생에 대한 개입을 안내하는데도 사용된다.

교사 : 일시 :

교과 : 자료수집방법 :

	활용빈도				
	안함 ←		보통	→ 항상	
■ **전략안내하기**					
• 주제와 관련된 핵심 질문 소개하기	1	2	3	4	5
• 학생의 경험 알아보기	1	2	3	4	5
• 핵심 용어와 새로운 어휘 소개하기	1	2	3	4	5
• 선행 조직자 제공하기	1	2	3	4	5
■ **수업 명료화하기**					
• 구체적인 언어 사용하기	1	2	3	4	5
• 천천히 구체적으로 설명하기	1	2	3	4	5
• 구체적인 예를 제시하기	1	2	3	4	5
• 도식적 조직자 사용하기	1	2	3	4	5
• 개념 아이디어 간의 관계를 구체적으로 나타내기	1	2	3	4	5
■ **전략 질문하기**					
• 높은 수준의 질문하기	1	2	3	4	5
• 다양한 형태의 질문하기 방법 사용하기	1	2	3	4	5
• 피드백 촉구 제공하기	1	2	3	4	5
• 방응형태에 따른 다양한 피드백 제공하기	1	2	3	4	5

<그림 5-7> 교수 스타일 분석

형태	질문	시사점
강의	• 강의 경력은 어느 정도인가? • 계약조건은 무엇인가? • 강의를 잘하기 위한 자신만의 지식이나 기술은 무엇인가?	
암송	• 암송하기에 적절한 자료를 제공하는가? • 학생은 개별적으로나 집단적으로 암송하고 있는가? • 암송상태를 파악할 수 있는 방법은 무엇인가?	
시범	• 시범 모델을 잘 시연하고 있는가? • 시범보이는 동안 필요한 것을 잘 설명하고 있는가?	
토론	• 토론하기에 적절한 정보인가? • 학생에게 맞는 주제인가? • 토론내용은 조정되어 모든 사람이 참여하는 상호작용 구조인가? • 토론 주제는 어떻게 만들어지는가? • 정확한 결론에 도달하는가?	
질문 답변	• 문제는 자발적으로 만들어지고 있는가? • 질문에 포함된 지식의 형태는 무엇인가? • 질문의 답변에 대한 학생의 의견은 무엇인가? • 교사는 질문 후에 답변할 충분한 시간을 주고 있는가? • 학생의 정확한 반응을 이끌어내는 방법은 무엇인가? • 학생의 부정확한 반응은 어떻게 관리하는가?	
구어	• 구어시간과 침묵시간은 적절한가? • 반응시간은 어느 정도인가? • 학생들의 떠드는 수준은 어느 정도 인가?	
시청각 기자재	• 시청각 기자재를 활용하는 이유는 무엇인가? • 시청각 기자재는 어느 정도 교과학습에 적절한가? • 상호작용하면서 가르칠 수 있는 정보인가? • 교육과정은 어떠한가?	
게임/ 경연	• 수업활동에 거임을 어떻게 접목시키는가? • 어떤 형태의 학생반응이 필요한가? • 의사결정에 필요한 것은 무엇인가? • 어떤 규칙과 알고리즘이 학습되는가? • 학생이 학습에 참여한 결과는 무엇인가? • 학생은 어떻게 수업활동 속도를 맞추는가? • 피드백이 어떻게 제시되는가?	
프로젝트 컴 퓨 터	• 교과내용을 교과서나 교재와 어떻게 관련시키는가? • 학생들의 반응수준은 어떠한가? • 학생들이 나타내는 행동은 주로 어떤 행동인가? • 학생은 얼마나 오랫동안 참여하나? • 피드백에 제시하는 부수적인 행동은 무엇인가? • 실수하거나 정확한 반응에 사용하는 강화재는 무엇인가?	

<그림 5-8> 수업 전달체제의 점검표

2) 수업 전달

교사의 스타일과 관련된 변인 이외에도 주제의 제시방법은 수업이 어떻게 전달되는가와 관련된 몇 가지 관심 사항이 있다. 수업 전달의 관점은 수업 방식과 전달체제로 구분된다.

(1) 수업방식

수업의 가장 일반적인 방식은 강의 형태이지만, 가능한 다른 방법들이 적용될 수 있다. Anderson과 Burns(1989)는 10가지의 교육전달 체제를 (1) 강의, (2) 암송, (3) 논증, (4) 토론, (5) 질문/대답, (6) 구강연습/실행, (7) 교과서/학습 점검표, (8) 듣기-보기, (9) 게임/경연대회, (10) 프로젝트/컴퓨터로 정의하였다. 이러한 접근법은 다양한 교육목적과 연결되어 있기 때문에 교사들은 수업시간에 따라 다양한 전달체제를 결합하여 사용하여야 한다. 또 학생들은 여러 가지 수업 방법에 잘 반응할 수 있도록 해야 한다. 학생이 문제가 심할 때 학급에서 이루어지는 수업 전달체계를 미리 학습하는 것도 중요하다.

관 찰 자	________	일 자	________
지도교사	________	교 과	________
시작시간	________	끝시간	________

관찰행동(질문유형)	발생빈도	
개념적 수준	𝍸 𝍸 𝍸 𝍸	
추론적 수준	𝍸 ///	
평가적 수준	//	
질문 대상	**자발질문**	**지정질문**
남 학 생(M)	𝍸 ///	𝍸
여 학 생(F)	𝍸 𝍸	𝍸 //

<그림 5-9> 사건 중심 관찰 체제

한 가지 방법은 학급을 여러 번 직접 관찰하여 〈그림 5-9〉에 제시한 체크리스트를 완성하는 것이다. 여러 번 관찰한 결과를 비교하여 학급에 적용할 전달체제를 찾아낸다.

(2) 수업절차

교수 전달체제의 두 번째 중요한 차원을 수업이 어떻게 진행되는가에 관련된다. 이것은 교사가 수업(전시 학습 상기, 새로운 정보 제시, 안내 및 자율학습 자료 제공, 학생 이해력 평가)을 진행하는 전반적인 구조를 말한다. 또한 교사의 표정 또는 물리적인 움직임의 속도와 같이 수업의 독특한 상황을 말하는 것이다. 모든 학생들이 같은 속도로 움직이기를 기대하지만, 하나의 목표에서 다른 목표로 수업이 진행되는 것은 장애학생에게 영향을 미친다.

수업절차는 교사의 촉구, 단서, 모델링의 체계적인 활용을 포함한다. 수업 맥락을 분석하는 것은 이러한 특징들이 수업에 반영되도록 하고, 점차 지원 강도를 줄여서 교사가 다양한 아동에게 다양한 방법으로 도와줄 수 있도록 고려하는 것이 중요하다.

(3) 집단구성 형태

수업절차의 중요한 관점은 수업집단 형태를 분석하는 것이다. 제4장에 지적한 것처럼, 학생들은 보통 다음과 같은 형태의 학습 집단으로 구성된다. (1) 전체학급대집단, (2) 소집단, (3) 1:1, (4) 자율 학습 집단. 각각의 방법은 수업활동이나 전달체계에 따라 집단 구성 형태가 달라야 한다. 예를 들어, Lemlech(1988)에 따르면, 대집단 형태는 신기술이나 내용을 소개하기에 매우 효과적인 방법인데, 그 이유는 반복할 필요가 적기 때문이다. 대집단 수업은 강의, 암송, 설명, 시청각 기자재 활용 수업과 같은 수업 전달체제를 유지하는데 적절하며, 모든 학생의 수업내용이 유사할 때나 토론을 통해서 전체적인 의견을 개별적으로 주입할 때 적절하다. 한편,

대집단으로 구성된 학생들은 대답할 기회나 정확한 피드백을 받을 기회가 적다는 단점이 있다(Bos & Vaughn, 1998).

소집단 형태는 학생들의 참여가 비교적 왕성하다. 이 수업방법은 밀도있는 교사 주도형 수업이나 대집단 학생과 학습속도를 맞추어야 할 필요가 있을 때, 또는 독특한 기술 결함이 있을 때에 적합하다. 또 소집단 형태는 수업목적이 학생 주도적이거나 학습활동에 학습자의 참여가 특별히 요구될 때 효과적이다. 소집단학습의 한 형태가 협동학습인데, 이것은 제2장에 소개하였고, 제7장에서 논의한다.

Lemlech(1988)에 따르면, 효과적인 수업의 특징은 소집단 학습과 대집단 학습이 서로 결합된 형태라는 것이다. 그러나 장애학생은 1 대 1 수업이 시기적으로 더 필요하다. 1 대 1 수업은 소집단학습보다는 교사 주도적인 교수가 더 효과적인 학생, 학급에서 이미 학습한 기술을 학습할 필요가 있는 학생들에게 더 효과적이다. 1 대 1 수업은 교사에 의하여 전달될 수도 있고, 동료 학생에 의하여 전달될 수도 있다. 동료교수제는 제2장에 소개하였고, 제7장에서 논의될 것이다.

마지막으로 수업절차는 자율학습 활동 형태도 있는데, 이것은 학생이 최소한의 도움을 받아서 완성하는 형태를 말한다. Bos와 Vaughn(1998)에 따르면, 자율학습활동이 적절하게 통제가 된다면, 새로운 학습 기술을 배우는 것을 도와줄 수 있다. 예를 들면, 많은 기계적 프로그램들이 자기주도적인 수업을 위하여 활용될 수 있다. 상업적으로 판매되고 있는 교재나 학습용구는 물론이고 교사가 자작한 학습도구 등도 새로운 기능을 학습하기 위한 자율학습을 위하여 사용할 수 있다. 특정 학급의 집단형태의 특징을 파악하기 위한 정보수집은 여러 가지 측면에서 명심해야 할 것이 있다.

집단형태를 구성하는 시점과 변경하는 시점에 대한 고려가 필요하다. 또 집단의 형태가 수업목적에 어느 정도 합치되는가를 고려할 필요가 있다. 특정 집단 형태는 특별한 수업 목적과 조건에 더 적합하다는 점을 잘 알아야 한다. 마지막으로 교실의 물리적 조건이 어떠한가에 따라 적절한 수업형태가 다르다는 것을 명심해야 한다.

교사: ______________ 교과: ______________

관찰일: ______________ 면접일: ______________

수업절차	활용빈도	시사점
	거의 항상	
• 수업 형태		
• 전시학습 상기부터 시작	1 2 3 4 ⑤	수업형태는 전형적인 수업형태를 따르고 있음
• 안내된 연습 기회 제공	1 2 3 ④ 5	
• 독자적인 연습 기회 제공	1 2 ③ 4 5	
• 학생의 두드러진 활동 평가	1 2 ③ 4 5	
• 수업 설계		
• 특정 촉구방법 제시	1 2 ③ 4 5	
• 관련단서 제공	1 2 3 ④ 5	
• 모델링 단서 제공	1 2 3 4 ⑤	
• 특별한 예 제공	1 2 ③ 4 5	
• 학생의 요구에 따른 수업지원	① 2 3 4 5	
• 집단 형태		
• 대집단	1 2 3 4 ⑤	대부분 대집단활동을 지향하고 대집단활동과 독립적인 자율학습을 병행
• 소집단/교사 주도	1 ② 3 4 5	
• 소집단/학생 주도	1 ② 3 4 5	
• 1 대 1/교사 주도	1 ② 3 4 5	
• 1 대 1/학생 주도	① 2 3 4 5	
• 독자적 자율학습 형태	1 2 3 4 ⑤	

<그림 5-10> 수업절차 평정척도표

학생들이 집단으로 또는 자율적으로 활동할 수 있는 공간을 어느 정도 제공하고 있는가? 동시에 나타날 수 있는 수업형태는 어느 정도인가? 학생들이 사용할 수 있는 자료와 도구는 충분하며, 독자적으로 활용할 수 있는가? 제한된 물리적 공간 때문에 학급에서 집단 구성원의 선택이나 학생들이

독자적으로 수업자료에 접근하여 활용하는 기술이 적다는 점도 고려해야 한다. 학급의 집단 특성에 대한 정보는 교사 면접, 직접관찰, 수업계획평가, 이러한 방법의 종합에 의하여 쉽게 수집할 수 있다. 간단한 방법으로 집단 형태를 분석할 수 있는데, 이것은 〈그림 5-10〉에 제시하였다. 이것은 다양한 방법으로 활용할 수 있도록

척도로 제시하였다. 예의 자료처럼, 특수교사가 학급 관찰 결과를 요약하는 척도로 활용할 수도 있다. 이러한 관찰을 토대로 특수교사는 학급에서 강조되고 있는 수업절차에 대한 정보를 알게 된다. 대안적으로 척도의 각 항목은 교사를 면접하는 질문으로 바꿔 사용할 수도 있으며, 교수계획을 평가하는 항목으로 사용할 수 있다.

3) 교육과정의 특성

교실 수업의 분석은 교육과정에 대한 신중한 고려가 있어야만 한다. 여기서는 학습이 어떻게 구성되며 수업이 어떻게 이루어지는가를 분석하려는 것이다. 따라서 학생들이 학습해야 하는 것은 무엇이며, 그것이 학습될 수 있도록 어떻게 구성되는가를 밝힌다. 또 교육과정을 평가하기 위하여 고려해야 할 문제가 무엇인가를 기술한다.

(1) 범위와 계열

교육과정의 범위와 계열은 포함되는 정보의 양과 제공되는 정보의 순서를 가르키는 말이다. 교육과정 내에 얼마나 다양성이 내포되어 있는가를 고려하는 것이 중요하다. 예를 들면, 모든 학생이 같은 자료에 노출되어야 하는가? 교사가 역사교과서의 여러 장에 안내된 내용에 대하여 교수계획을 세운다고 할 때, 수 많은 보충자료와 비디오 자료 등을 학급에 있는 모든 학생에게 제시할 필요가 있는가? 대부분의 학생들은 역사 교과서의 특정 부분에 제시한 읽기자료를 통하여 학습할 수 있을 것이고, 몇몇 학생들은

보충학습 자료를 이용해 학습할 수 있을 것이다.

같은 의미로, 학생들이 학습하기를 기대하는 목표나 기술의 다양성에 대하여 고려하는 것도 중요하다. 역사 시간에 교사가 그 단원에 설정된 모든 교육내용을 모든 학생이 습득하기를 원하거나 혹은 소수의 학생은 몇 개의 핵심 목표만 도달하기를 원한다는 것을 알 필요가 있다.

이것은 교육과정의 계열성의 변화를 고려하는 것이 유익할 것이다. 즉, 모든 학생이 동일한 시간에 동일한 순서로 동일한 내용을 배워야 하는가? 이것은 기초기능을 학습하는 읽기, 쓰기, 수학적인 기초기술의 발달을 강조하는 교과에서 두드러지는 특징 중의 하나이다. 학생들의 배경지식 수준이 다르다는 것을 인정하는 교과의 학습은 계열성을 고려해야 한다. 이러한 관심은 장애학생이 일반학급에서 성공적으로 학습하는데 매우 중요한 요인이다. 불행하게도 경도 장애학생들의 요구를 충족시키기 위해 교육과정의 범위와 계열을 변화시키는 것은 어렵다.

(2) 학업 과제

교육과정을 분석할 때 고려해야 하는 결정 요인 중의 하나는 학생이 교육과정 목표를 달성하는데 도움을 제공하는 학업 과제이다. 이것은 여러 가지 관점에서 평가할 수 있다. 첫째는 학업 과제가 학습자에게 부여하는 인지적 요구를 관찰하라. 전통적인 학교에서 요구하는 학업 과제를 요약하여 제시한 것이 〈표 5-3〉이다. 이 과제는 학생이 참여할 인지과정에 따라 다르다. 예를 들면, 기억과제는 단순한 축어적 정보를 회상하는 것이지만, 과정 과제는 규칙을 적용하는 능력을 필요로 한다. 그리고 이해 과제는 개념적 구조를 이해한다는 측면에서 더 많은 것을 요구한다. 선택과제를 달성하려면 특정 관점을 설정하고, 그것을 지지할 이론적 근거를 마련해야 한다. 모든 과제가 동일한 수준이라면, 다른 인지적 기능을 가지고 있는 학생은 능력을 실현하기가 어려울 것이다.

〈표 5-3〉 학업 과제의 유형

유형	필요조건
기억 과제	학생은 정보를 재인하거나 재생해야 한다.
절차적 과제	학생은 문제를 해결하기 위하여 규칙, 공식, 알고리즘을 적용해야 한다.
이해 과제	학생은 변형되거나 유사정보를 알고 새로운 문제에 알려진 절차를 적용하거나 선행 경험한 정보에 의하여 추론한다.
선택 과제	학생이 좋아하거나 지지하는 이론적 근거를 진술해야만 한다.

학업 과제의 두 번째 중요한 차원은 활용되는 수업자료의 본질에 대한 것이다. 과제를 결정할 때 다른 언어와 문화적 관점을 수용할 수 있어야 한다. 학업 과제를 분석할 때 고려해야 하는 세 번째 요소는 교사가 활동에 접근하고 참여하는 방법이다. Wood(1998)에 따르면, 교사는 통제적 과제와 비통제적 과제라는 두 가지 형태로 접근한다고 한다. 통제적 과제는 교사가 어느 정도 참여하고 통제하는 범위의 활동을 의미한다. 이것은 학급 토론, 자습 과제, 집단 프로젝트 등이다. 학생이 통제된 과제를 수행할 때는 교사는 질문에 답하기, 지시 분명히 하기, 과제의 양 변경하기와 같이 어느 정도 수정을 할 수 있다. 통제된 과제는 교사가 학생과 함께 활동하면서 관찰함으로써 문제를 파악할 기회도 얻는다. 반대로, 비통제적 과제는 교사의 직접적인 감독 없이 완성하는 과제이다. 이와 같은 과제의 가장 대표적인 과제가 숙제이다. 숙제는 대부분의 장애학생에게 부담스런 과제이기 때문에 장애학생이 문제를 나타낼 때에는 조심스럽게 접근해야 한다.

4. 평가 분석하기

수업맥락을 구성하는 다른 중요한 요소는 학생들의 성취도를 평가하는 방법이다. Doyle(1983)에 따르면, 평가활동은 몇 가지 유형의 판단을 하기 위한 기본 책임 구조를 제공한다. 교사는 평가활동의 결과를 활용하여 학년을 배정하고, 필요한 수행수준에 도달했는지를 증명하며, 의사결정을 촉진할 목적으로 활용한다. 평가활동은 단지 수업이 원하는 결과를 가져왔으며, 수업계획을 수정하는데 사용할 수 있는지를 판단하는 자료로 활용되었다. 경우에 따라서는 평가활동의 결과로 만들어진 판단이 학생들, 특히 장애학생에게는 매우 중요한 의미를 제공하기도 한다. 앞으로 학급에서 평가를 분석하는데 고려해야 할 몇 가지 요인에 대하여 논의할 것이다.

1) 평가할 것을 결정하기

평가활동을 분석하는 첫 번째 단계가 평가할 것이 무엇인가를 결정하는 것이다. 이것은 평가과제에 반영된 지식형태와 학생에게 요구하는 지적 작용의 유형을 고려함으로써 이루어진다. Kameenui와 Simmons(1990)에 따르면, 교사가 가르칠 때, 항상 무엇인가를 가르치고 있다. 가르치는 것이 무엇인가는 언어, 읽기, 수학, 쓰기와 같은 학문적 영역과 교과에 포함된 내용이다. 이것은 교육과정에 기초하여 여러 가지 형태로 이루어진다. 예를 들면, 지식은 개념, 사실, 조작, 규칙, 절차 등으로 구성된다.

오랫동안 많은 모델이 다양한 지식형태를 분류하기 위하여 제시되었다. 이와 같은 지식 분류학은 지식이 어떻게 유형별로 집단화될 수 있는지를 보여주는 것이다. 지식의 분류체계는 복잡하지도 않으면서 종합적이기 때문에, 이것이 학급의 평가활동을 분석하는데 적절한지를 논의하게 된다. Kameenui와 Simmons(1990)는 Gagne(1985)의 초기 연구를 바탕으로 〈그림 5-11〉의 도표를 개발하였다.

〈그림 5-11〉에 제시한 분류학처럼 지식은 4가지 영역으로 분류된다. 이것은 가장 낮은 수준의 간단한 지식 형태부터 상위의 수준을 나타내는 복잡한 지식으로 위계적으로 정리된다. 그래서 언어연합은 덜 복잡한 지식의 한 형태인 반면 인지전략은 아주 복잡한 지식의 형태이다. 지식분류학을

평가활동을 분석하는 맥락에서 활용하려면, 각 유목수준이 의미하는 바가 무엇인지를 분명하게 이해해야 한다.

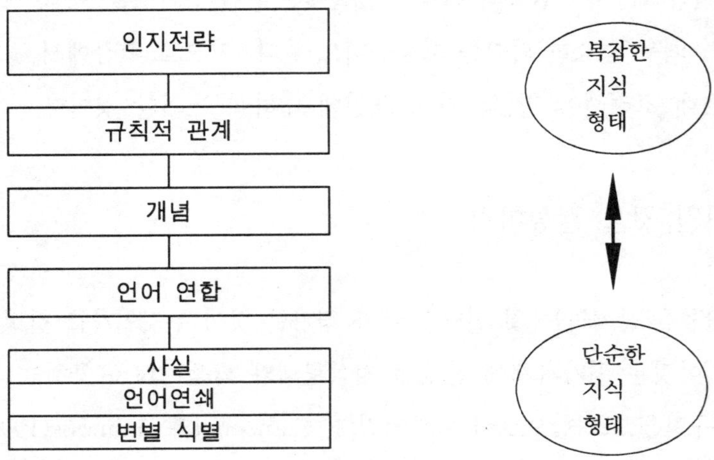

<그림 5-11> 지식형태의 분류학

언어연합은 특정 자극과 특정 반응을 연결하는 것이다. Kameenui와 Simmons(1990)에 따르면, 언어연합은 단순 사실, 언어연쇄, 변별과 같은 3가지 형태로 구성된다. 단순 사실은 이름, 사물, 사건, 장소와 같이 간단한 예가 연합된 것이다. 즉, 이것은 정확한 답은 오직 하나 뿐이다. 이러한 사례는 학생에게 특별한 색깔의 이름을 물었을 때나 특별한 일이 일어난 시기를 물었을 때의 대답처럼 단순한 것이다. 언어연쇄는 단순한 사실들이 연쇄적으로 이루어지는 계열성을 지니고 있는 것으로 일주일 이름의 순서나, 알파벳 이름의 순서를 아는 것 등이다. 변별은 두 개 이상 자극간의 차이를 아는 것으로, 학생에게 3개의 카드를 주고 "자동차"라고 쓰여진 카드를 지적하게 하는 것이다.

〈표 5-4〉 숙제 형태별 수정의 예

숙제형태	정의	예	수정된 형태
준비	다음시간에 배울 과제나 주제에 대하여 준비하도록 하는 것	교과서의 다음단원 읽기	• 교과서의 읽을 양을 줄여준다. • 읽지 않고 수업에 참여한 학생을 위하여 단원 내용을 학습하기 전에 정리해 준다. • 읽기자료의 요약물을 나눠준다. • 읽은 자료의 내용을 점검할 수 있는 표를 나눠준다.
실제	공부하는 동안 숙달시켜야 할 과제를 미리 준비하게 하는 것	수학문제 풀기/강의내용에 대한 질문에 답하기	• 학생이 과제를 이해하는지 확인할 것 • 과제의 지시사항을 확인할 것 • 해결된 과제의 모델제시 • 독자적인 문제해결 이전에 참고할 지침을 제시할 것 • 학생의 기능수준과 과제의 수준을 맞춰준다. • 다른 학생이 해결한 과제와는 전혀 다른 결과가 나오는 과제를 제시하라.
확장	배운 내용을 확장하거나 전이시키는 과제	컴퓨터 사용기능을 연습하기	• 해결된 과제의 모델제시 • 문제해결과정의 점검표 제시 • 문제를 우수학생과 함께 해결 하게 한다. • 학생이 완전하게 습득했는지를 확인한다.
종합	이미 배운 기능이나 개념을 종합하는 과제	프로젝트/팀 연구	• 프로젝트에 대한 해결과정을 제시하라. • 해결하기 못하는 학생에게 낮은 수준의 과제를 제시하라 • 학생 스스로 프로젝트를 수행 할 동료를 구하도록 한다.

다음 분류학에서 지적하는 것은 개념인데, 일반적 속성이나 특징으로부터 분류되는 사물, 사건, 행동, 상황 등을 정의하는 것이다, 개념은 동일한 것과 동일하지 않은 것의 차이를 설명하는 규칙이나 공식을 말한다. 예를 들면, 개념적 지식은 언어목록에서 적절한 명사를 선택하는 것, 학습장의 서수에 동그라미 치는 것, 4개의 공산주의 국가 이름을 제시하는 것, 그리고 5가지의 파충류 이름을 제시하는 것 등이다. 이 경우 학생들은 개념을 조직

하는 규칙을 이해해야만 한다. 명사, 서수, 공산주의자, 파충류 등으로 분류되는 것은 어떤 속성을 지니고 있는지를 알아야 한다.

규칙적 관계는 분류학의 세 번째 복잡한 수준을 구성한다. 이것은 일반적으로 개념과 사실간의 관계가 인과적 관계로 설명되는 원리가 있다고 생각하였다. 예를 들면, 학생들에게 불은 산소가 물체를 탈 수 있도록 도와줘야 한다고 가르칠 때 강조된다. 교사는 학생의 이해 정도를 컵으로 덮인 촛불이 어떻게 변하는가를 설명할 수 있는지 평가해야 한다.

지식분류학의 최종적이고 가장 복잡한 지식의 형태는 인지전략인데, 특정한 문제가 여러 단계의 연합과정과 절차에 의하여 설명된다. 인지전략은 절차적 지식과 관련된 반면, 다면적인 측면의 정보(사실, 개념, 규칙 등)를 조작할 수 있어야 하고, 문제를 해결하는 일련의 절차를 알고 있어야 한다. 예를 들면, 인지전략 또는 과정적 지식의 활용이 필요한 과제는 학생들에게 특정 주제에 대한 단락을 쓰게 하는 것이다. 이렇게 하려면, 학생들은 주제에 대한 것을 말할 수 있어야 하며, 이러한 내용을 계획에 맞춰 조직하는 것, 정확하게 표현하기 위하여 규칙을 적용하는 것, 쓰기 결과물의 간결성을 평가하는 것, 기술적 쓰기 오류가 없는지를 검토하기, 필요에 따라 쓰기를 수정하기 등의 능력이 요구된다. 여러 가지 기술과 일련의 정보가 하나의 과제를 완성하는데 필요하기 때문에 아주 복잡하다.

〈그림 5-11〉에 나타난 요소가 의미하는 바를 정확하게 이해한 사람은 특별한 교사의 평가활동에서 어떤 유형의 지식이 강조되고 있는 지를 찾아낼 수 있을 것이다. 이것은 이 책의 앞에서 제시한 묻기, 관찰하기, 평가하기와 같은 자료 수집 전략을 적용하여 효과적으로 자료를 수집할 수 있을 것이다. 우리는 교사가 평가과제로 다루는 지식의 형태는 무엇이며, 목표아동에게 특별히 문제가 되는 지식이 무엇인가를 알고 싶어한다. 이것을 분명하게 알려면 실제로 이루어지는 평가활동이 분석되어야 하며, 이러한 분석의 결과는 확인할 수 있는 형태로 요약되어야 한다. '평가되어야 할 내용'을 결정하는 것과 관련된 평가 과제의 분석 결과를 기록하기 위해 사용되었던 단순한 양식의 예가 〈그림 5-12〉에 제시되었다.

• 학생이름 : • 교과명 :

• 검사일자 : • 교사명 :

• 평가과제의 유형

• 퀴즈	______	• 제시	______
• 단원 평가	______	• 설명	______
• 중간 평가	______	• 구두연습	______
• 학기말평가	______	• 쓰기연습	______
• 숙제	______	• 기타	______

	강조점					
■ 지식의 형태						
• 언어연합	제한됨					확장됨
사실	0	1	2	3	4	⑤
언어연쇄	0	①	2	3	4	5
변별학습	◎	1	2	3	4	5
• 개념	0	1	2	③	4	5
• 규칙관계	0	1	2	③	4	5
• 인지전략	◎	1	2	3	4	5
■ 인지적 요구						
• 정보의 재인 및 재생	0	1	2	3	④	5
• 규칙, 공식, 알고리즘의 적용	◎	1	2	3	4	5
• 유사 정보의 재인	0	1	2	3	④	5
• 알려진 절차를 문제에 적용	◎	1	2	3	4	5
• 추론 이끌어내기	0	1	2	③	4	5
• 특정 관점 지지하기	0	1	②	3	4	5
• 기타						

<그림 5-12> 평가분석 유형: 내용분석

2) 평가과제의 본질 검사하기

학급평가 실제의 두 번째 구성 요소는 학생에게 부과되는 평가과제의 본질을 검사하는 것이다. 평가과제는 설계 의도나 목적에 따라 달라질 수 있다. 평가는 2가지 공통된 목적이 있다. 형성평가는 학생들의 진보에 따라 교사의 피드백을 제공하려는 것이다. 총괄평가는 교육적 성과를 결정하기 위한 평가이다. 예를 들면, 15가지의 새로운 과학 어휘 목록을 소개한 교사는 학생이 매일 일과가 끝난 후 그 어휘를 읽고, 쓰고, 정의하기를 요구한다. 매일 매일 학생의 성취도에 따라 교사는 수업이 효과적인지를 평가하고, 그 결과에 따라 수업계획의 수정이 이루어진다. 이것이 교사가 형성평가의 목적에 따라 평가 자료를 활용하는 것이다.

또 10일 후, 새로운 단어를 학생이 완전히 습득했는지를 검사하는 것은 총괄적 목적으로 평가를 사용한 예가 된다. 평가는 수업의 결과, 교사가 학생이 성취하기를 기대하는 최소한의 기준을 나타낸다. 총괄평가는 교사가 제작한 중간평가, 기말평가, 표준화 성취검사 등을 포함한다.

각각의 평가 유형이 평가가 이루어지는 시기와 밀접하게 관련되어 있다는 점을 분명히 해야만 한다. 형성평가를 통하여 학생의 진보를 계속적으로 검토해 가려면, 평가는 자주 수시로 해야 유용하게 활용할 수 있다. 그러나 총괄평가는 성취목표 달성에 초점을 두기 때문에 그렇게 자주할 필요는 없다. 장애학생이 교육받는 학급은 이들의 교육적 요구에 맞는지를 알아보기 위한 2가지 유형의 평가 활동이 필요하다. 전통적으로 일반교사는 총괄평가를 강조하는 경향이 있다. 이 평가는 범위가 포괄적이고, 교사가 학생의 진보를 파악하고 필요에 따라 수업을 수정할 수 있지만, 성취도 평가가 이루어지기 전에는 어느 정도 달성했는지를 알 수 없다. 제6장에서 일반교육 상황에서 지속적인 진보과정을 점검하는 전략을 논의할 것이다.

두 번째 평가과제의 본질을 검토하는 데 있어서 고려해야 할 요인은 평가양식(form)이다. 예를 들면, 교사가 학생에게 제시한 평가 과제의 형태와 실제 수업시간에 완성한 평가활동의 형태가 어느 정도 일치하는지를 알 필요가 있다. 이론적으로 2가지 형태가 완전하게 일치해야 하지만, 실제로는 항상 그런 것은 아니다. 실제 수업단계에서는 평가에 반영되지 않는 학문적 활동이 일어날 수 있다는 것이 일반적이다. 예를 들면, 새로운 철자 목록을 학습하는 학생에게 단어를 활용하여 문장을 쓰게 할 수도 있고,

사전에서 단어를 찾아보게 할 수도 있으며, 철자쓰기에 참여하는 활동 등이 요구될 수 있다. 단어의 습득정도를 평가하는 것은 받아쓰기를 한 단어의 철자를 정확하게 말하는 것일 것이다. 학생들은 습득한 단어를 활용한 기회를 아직 충분하게 갖지 못했다. 평가활동의 분석은 과제의 구조나 일반적인 디자인을 고려해야 한다. 수업이 이루어지는 동안에 학생에게 주어진 학업과제의 구조를 검토하게 하는 것도 하나의 방안이다. 학생을 평가할 때 투입과 산출의 요구를 검토하는 것도 중요하다. 그 과제를 학생이 읽을 수 있는가? 듣기 활동에 참여할 수 있는가? 쓰기 반응이 필요한가? 학생들은 구어적 반응이 있으며, 신체적 반응이 나타나는가? 여러 가지 대안이 평가과제에 활용될 수 있으며, 이러한 선택은 특정아동에게 어떤 것이 적절한가? 등은 관점에 따라 아주 다를 수 있다.

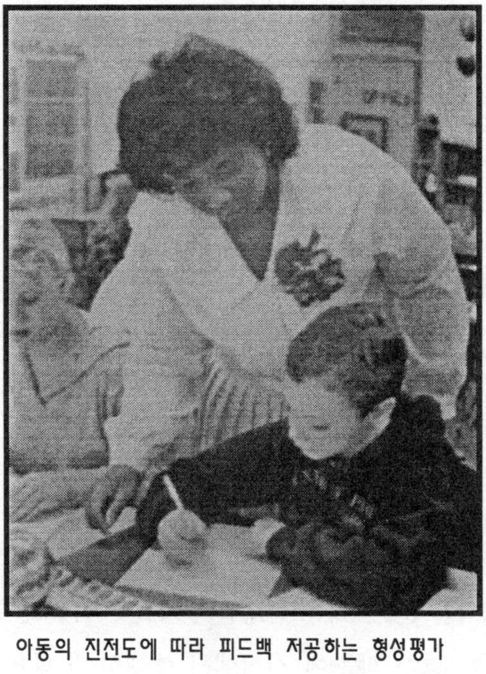

아동의 진전도에 따라 피드백 저공하는 형성평가

학업 과제 분석과 관련해서 언급했던 몇 가지 요인은, 평가과제의 구조를 점검하는 과정에서 언급되었다. 그러한 것은 지시의 명료성, 문화와 언어적 차이의 민감성, 시간적 제약성, 자료의 준비성 등이다. 또한 포함된 정보의 양을 분석하여 많은 정보를 제시해야 하며, 학생이 어느 정도 반응해야 하는 지를 강조해야 한다. 마지막으로, 평가 자료의 전반적인 질을 고려해야 한다. 보기가 좋지 않고, 응답할 공간이 부족하거나 인쇄의 질이 떨어지는 평가과제들이 흔하다. 〈그림 5-13〉은 평가과제의 질을 점검하는데 사용할 수 있는 양식이다.

3) 학급 평점 제도의 점검

학급의 평가활동을 점검하는 마지막 영역은 평점 제도(grading system)이다. 앞에서 언급했듯이, 평가활동은 여러 가지 형태를 판단할 책임이 있는 구조이다. 판단의 핵심은 평점을 배정하는 일이다. 이 결정은 학생의 성취도 검사에서 가장 강조되지만, 다른 요인들 또한 중요하다. 학급에서 평점에 영향을 미치는 모든 요소는 물론 각 요소의 상대적 비중을 결정하는 것이 중요하다. 성취도 검사가 중요한 고려 사항이지만, 평점은 숙제, 학급 토론, 특별과제와 실연, 노트 정리 등을 반영하여야 한다. 평점의 배정에 기초가 되는 요인은 학생의 IEP 목표 도달 정도, 외견상의 노력, 특수교사와 같은 전문가의 평가, 학생의 포트폴리오에 나타난 자기반성적 의지 등이다 (Choate et al., 1995).

다양한 평가요소간의 균형과 상대적인 비중에 따라 결정되는 평점 제도는 장애학생에게 더 적합하다. 이 학급에서는 학생들에게 자신이 학습한 것을 입증할 기회를 준다. 많은 학생들이 자료를 숙달하지 못해서가 아니라 검사를 구성하는 방식 때문에 시험에서 중대한 문제에 직면하게 된다는 것은 중요하다. 이 경우 학생의 성취는 매우 과소평가된다. 다양한 자료에

학생이름: 교 과 명:
학습일지: 지도교사:

평가과정 유형

퀴 즈: ____ 과 제 물: ____
단원평가: ____ 설명자료: ____
중간고사: ____ 외우기자료: ____
기말평가: ____ 반복쓰기: ____
숙 제: ____ 기 타: ____
seatwork: ____

평가목적

형성평가: ____ 총괄평가: ____

반복연습활동수준

부 족 함: ____ 보 통 임: ____

판단의 근거

과제의 양과 질: ____
평가계획에 따른 분석: ____
교사의 면접 결과: ____
학생의 면접 결과: ____
기 타 사 항: ____

일반적인 구조 및 설계 **특이사항**

투입 요구: ____
산출 요구: ____
지시 사항: ____
시간 계획: ____
학년 수준: ____
과제의 양: ____
과제의 질: ____

<그림 5-13> 평가분석 양식: 구조 분석

기초한 평점제도가 장애학생의 성취도를 판단하는데 더욱 적절한 방법이다.

Wood(1998)는 장애아동과 같이 특별한 아동에게 어떤 대안적 평점 절차가 필요한지에 대한 중요한 질문에 답하고 있다. 장애학생은 학급의 다른 학생에게 적용하는 방법으로 평점을 받을 수도 있고, 학습 환경, 평가내용의 형식, 교수기법, 평가절차 등을 적절하게 수정하여 평가할 수도 있다.

각각의 단계가 충분한 것은 아니지만, 대안적 평점제도는 필요하다.

구체적인 기준과 가중치를 둔 절차에 따라 학생의 IEP에 필요한 평점을 부여하는 원칙이 평점을 결정하는 하나의 기준으로 적용될 수도 있고, 평점을 배당하는 사람에게는 하나의 지침이 될 수 있다. 제7장에 대안적 평점제도를 개발하여 적용하는데 유용한 전략을 제시한다.

학급의 평점제도에 대한 문헌 정보는 묻기 전략을 활용하여 수집할 수 있다. 이것은 〈그림 5-14〉에 제시한 것처럼 관련 내용의 평정척도를 활용하여 제시할 수 있다. 특수교사와 일반교사가 함께 질문지를 만들 수도 있고, 일반교사가 자기 질문기법을 활용하여 만들 수도 있다.

지도교사: 단원명:
보 조 자: 일 시:
보고서의 수준을 결정하는데 다양한 요소를 고려해야 한다.
다음은 고려해야 할 요소의 중요도를 나타낸다.

요소	중요도						특이사항
	적다					많다	
퀴 즈	0	1	2	3	④	5	
단원평가	0	1	2	3	4	⑤	
중간평가	0	1	2	3	4	⑤	
기말평가	0	1	2	3	4	⑤	
좌석배치	0	①	2	3	4	5	
숙 제	0	①	2	3	4	5	
학급토론	0	1	②	3	4	5	
발 표	0	1	②	3	4	5	
설 명	⓪	1	2	3	4	5	
프로젝트	0	1	2	③	4	5	
포트폴리오	⓪	1	2	3	4	5	
IEP 목적 달성도	⓪	1	2	3	4	5	
노 력	0	①	2	3	4	5	
행동/태도	0	①	2	3	4	5	
기타							

<그림 5-14> 평가방법의 평정 척도

5. 종합적인 자료-수집 도구

수업 맥락을 평가하는 방법을 논의하면서 정보를 수집하는데 활용할 수 있는 여러 가지 전략을 제시하였다. 몇 가지 종합적인 도구는 우리가 논의하였던 것과 같은 것에 초점을 두고 상업적으로 활용되고 있다. 가장 대표적인 도구는 수업환경 척도(Instructional Environment Scale)로, 앞에서 제시한 3가지 방법으로 진단자료를 수집하는데 활용된다(Ysseldyke & Christenson 1993). 이 도구는 학생과 교사를 면접할 때, 구조화된 학급을 관찰할 때, 학생의 활동 결과물을 평가할 때도 활용된다. 이러한 활동의 성과는 교수적 수정이 필요한 영역을 확인하는 데에도 활용된다. 또 상업적으로 활용할 수 있는 도구가 Wood(1998)에 의하여 개발된 중재/전환교육 점검표(Intervention/Transition Checklist)이다. 이 점검표는 학급 환경은 물론이고 학급환경과 관련된 도서관, 시청각실, 휴게실 등의 중요한 특징을 상당히 구체적으로 제시하고 있다. 학생, 교사와 학부모의 면접, 직접 관찰, 학교기록의 검토와 같은 다양한 정보로부터 점검표를 완성하게 된다. 점검표의 고안은 분명하고 제한된 수업목적을 확인하게 해주며, 또한 학생의 진보를 쉽게 점검하도록 도와준다.

6. 요약

이 장에서는 학생들의 학습은 진공상태에서 이루어지는 것이 아니라 학급의 여러 가지 중요한 변인에 의하여 영향을 받는다는 것을 강조하였다. 특히 장애가 있는 학생을 효과적으로 가르치기 위해서는 이러한 상황적 요인이 조심스럽게 검토되어야 한다. 여러 가지 경우에 다양한 변인이 학생들의 학습문제를 설명할 수 있다. 여기서 수업맥락을 평가하여 정보를 수집하는데 활용할 수 있는 3가지 전략을 제시하였는데, 이것은 질문하기, 관찰하기, 평가하기였다. 이 장에서 논의한 학급 변인을 요약한 차트는 〈그림 5-16〉에 제시하였다. 이것은 학급의 중요한 관심사를 개관하고, 정보 수집의 틀을 제공해 줄 것이다. 수업 맥락을 평가하는 구체적인 정보를 제공해 주는 부가적인 자료를 제시하였다. 대부분 이것은 Wood(1998), Choate 등(1995), Sugal과 Tindal(1993)이 제시한 것이다.

7. 후속 활동

1. 숙제의 3가지 예를 얻어라. 자신의 수업에 초점을 두고, 지시를 분석하기 위하여 〈그림 5-2〉에 제시된 질문을 사용하라.
2. 어떤 교과영역 숙제의 예를 2가지 수집하라. 각각의 지시에 들어있는 특정의 기술을 결정하기 위하여 문항분석을 실시하라. 당신의 분석은 학생들이 과제를 완성하는데 필요한 기술 목록이 있어야 한다.
3. 〈그림 5-9〉를 제시한 사건 중심 관찰 체계를 이용하여 교과내용에 있는 관찰을 완성하라. 관찰은 교사의 질문 형태를 점검하는 것에 초점을 둔다. 당신이 발견한 것을 논의하라.
4. 교과 내용영역의 4가지 숙제의 예를 선택하라. 각각의 숙제의 쓰기 부담을 줄이기 위하여 재설계하는 방법을 설명하고, 문항 유형의 다양성을 높여라.

제 6 장

학업성취 평가

1. 학업성취 평가 이유
2. 학업성취 평가를 위한 자료 수집
3. 학업기술 프로파일 개발
4. 전략적 학습 행동의 사정
5. 학업 진보를 점검하기
6. 요 약
7. 후속 활동

제 6 장

학업성취 평가

핵심어

의뢰 과정	상업용검사
교수 계획하기	APPLY 모형
준거-참조검사	수행평가
교육과정-중심 사정	전략적 학습 행동

3주 전 캠프(Camp) 선생님은 자신의 학급으로 팀 캐넌(Tim Cannon)이라는 학생이 전학온다는 소식을 들었다. 학교장은 Tim의 이전 학교 교사들이 학업에서 약간의 도움이 필요하긴 해도 대체로 별 문제가 없는 것으로 기재되었다고 알려주었다. Tim의 이전 선생님들에 의하면, 그의 가족이 그 지역으로 이사갔을 때 Tim의 학습장애 여부를 평가받았었다고 했다. Camp선생님은 일단 팀이 새 학교로 배치되었을 때 평가를 시작함으로써 교육계획을 작성해야한다는 것을 알았다. 한편, 그녀는 자신의 5학년 학급 내에서 팀의 능력을 사정하기 위해 최선을 다하고 있었다. 그녀는 자신이 수집한 정보가 팀의 형식적인 평가를 완성하는데 유용할 것이라는 것을 알았다. 또한 이 정보가 Tim의 교수계획프로그램을 계획할 때 가장 중요한 정보라는 것도 알았다. Tim이 그녀의 학급으로 전학 온 후 3주 동안, Camp 선생님은 팀의 강점과 약점에 관한 많은 느낌을 가지게 되었다. 그녀는 Tim의 평가팀과의 모임을 준비하기 위해 관찰을 통한 일화기록을 수집하였다. 그녀의 관찰 노트에, 팀은 비록 행동 영역에서는 다행하게 나타나지 않지만 이전 학교의 경우와 같이 많은 영역에서 어려움을 나타낸다고 적었다.

Camp선생님의 일화 기록은 Tim이 구어표현(oral expression) 영역에서 문제점이 있다는 믿음을 암시한다. 이러한 믿음을 확인이라도 하듯, Tim의 행동이 분명하게 자기가 들은 것을 이해하지만 적절하게 말로 반응하는 것은 어렵다는 것을 의미하는 많은 사례를 기술하였다. 대신에 그의 반응은 매우 짧고 횡설수설했다.

Camp 선생님은 Tim의 읽기 수행에서 몇 가지 모순점을 발견했다. 그녀는 Tim이 사회와 과학 교과서에서 주어지는 읽기 숙제를 하는데 상당한 어려움이 있음을 보여주는 상황을 기술하였다. 그러나 스포츠의 전설이나 신비를 다룬 책을 읽는 데는 별 어려움이 없는 것으로 보이는 다른 예들도 기술하였다.

Camp선생님은 팀의 쓰기 수행에서도 유사한 모순을 발견했다. 그녀의 기록은 철자와 적절한 길이로 작문하는 데에는 심각한 문제점이 있으나, 구두점과 대문자 규칙 적용과 읽기 쉽게 쓰는 데에는 문제가 없는 것을 보여주는 많은 쓰기 숙제의 범례를 제시하였다.

Camp 선생님의 기록은 Tim의 수행이 불완전했던 많은 경우를 입증했다. 처음에 그녀는 이러한 결과가 과제가 너무 어려웠기 때문이라는 것을 의심했으나, Tim이 좋은 진전을 보일 것으로 예상되는 때가 여러 번 있었음에도 불구하고 그가 시간을 다 허비해 버렸다는 것을 알았다.

이 정보를 기초로 해서, Camp 선생님은 Tim의 학업성취 평가를 도와줄 몇 가지 부수적인 활동을 하기로 계획한다.

제5장에서 교실에서의 교수 실제를 분석하는데 사용할 수 있고, 통합(일반교육) 상황에서 장애학생을 위한 효과적인 프로그램을 개발하는 데 기여할 수 있는 사정(assessment)에 대한 접근 방법들에 대해 알아보았다. 이 장에서는 학생의 학업 요구를 검사하는데 이러한 접근방법을 적용한다.

1. 학업성취 평가 이유

학생의 성취는 많은 요인, 특히 앞장에서 논의했던 교수 요인에 의해 영향을 받는다. Ysseldyke와 Christenson(1987)은 교사는 학습문제를 가진 학생으로 범주화하거나 명명하기 전에 교수 요인의 역할을 언제나 체계적으로 평가해야만 한다고 주장하였다. 그러나 교수 요인이 학생의 특성과 호혜적으로 상호작용하기 때문에, 학생 요구의 사정은 교수 환경의 사정으로만 그쳐서는 안된다. 학생을 어떤 교수 환경에 배치할 것인가를 결정하기 위해서는 학생의 학업능력에 대한 전반적인 사정을 수행하는 것 역시 중요하다.

교수 환경과 학생의 능력, 이들 두 가지 평가는 효과적인 중재 계획을 개발하기 위한 필수적인 틀을 제공한다. 교수 환경에 대해 많이 안다고 하더라도 학습자에 대한 명확한 이해가 없으면 적절한 중재를 개발하기 어렵다. 교실에 들어오는 학생의 특성과 그 교실에서 행해지는 교수의 매개변인 간의 상호작용을 점검할 때, 효과적인 전략을 계획할 수 있게 된다.

2. 학업성취 평가를 위한 자료 수집

제5장에서 교수상황에서 진단자료를 수집하기 위해 사용할 수 있는 몇 가지 중요한 평가전략을 소개했다. 이 평가도구를 3가지 범주(질문하기, 관찰하기, 시험보기)로 묶었고, 각각의 도구를 사용할 때 필수적인 고려사항에 대해 논의했다. 이러한 평가도구가 학생능력에 관한 정보를 수집하는데도 사용될 수 있다는 것을 지적했다. 이 점을 이해하기 위해, 3가지 평가도구의 3가지 범주를 현미경의 3가지 유형의 렌즈와 같이 생각할 수 있다. 각 렌즈는 표본 슬라이드의 다른 영상을 제공하도록 디자인되었다. 우리의 두 가지 표본 슬라이드는 교수 상황(instructional contexts)과 학생 수행이며, 세 가지 평가도구는 이들 각각에 대한 다른 정보를 제공한다.

이 장은 학생의 학업수행에 관한 자료를 수집하는데 초점을 둔다. 앞에서 언급한 수집방법은 자료수집을 위한 전략으로 질문하기, 관찰하기, 시험보기 등에 의존한다. 제7장에서는 이와 같은 자료수집 전략이 어떻게 학생의 사회적 · 행동적 상태를 특징짓는데 사용되는가를 보여줄 것이다.

1) 특수교육에서 학업평가 유형

특수교육 요구 학생을 위한 학업평가의 역할을 명료화함으로써 우리의 논의를 시작한다. 〈그림 6-1〉과 같이 학업평가는 하나 또는 둘 이상의 목적을 위해 실시되어야 한다. 어떤 학업평가는 의뢰전 선별 노력과 함께 혹은 장애의 존재 여부를 확인하고, 특수교육 서비스를 받아야 하는지 여부를 결정하는 형식적인 과정인 특수교육 의뢰과정(referral process)의 일환으로 실시되는 경우도 있다. 다른 학업평가는 연간 개별화교육프로그램, 주간・월간 교육목표, 혹은 일일교수계획과 같은 교수프로그램을 계획하기 위한 기초를 제공하기 위해 실시된다. 특수교육에서 의뢰와 배치과정의 일부로서의 평가는 대부분 전통적인 표준화 검사에 의존한다. 이러한 검사의 결과는 보통 교수계획을 안내할 만한 충분한 기능적 정보를 제공하지 못한다. 이와 달리, 교수 계획을 위한 사정은 학생이 무엇을 학습하였는지를 알려주고, 교수적 결정으로 직접적으로 유도하는 사정활동에 접근하게 하는 대안적 또는 비형식적 방법에 크게 의존한다.

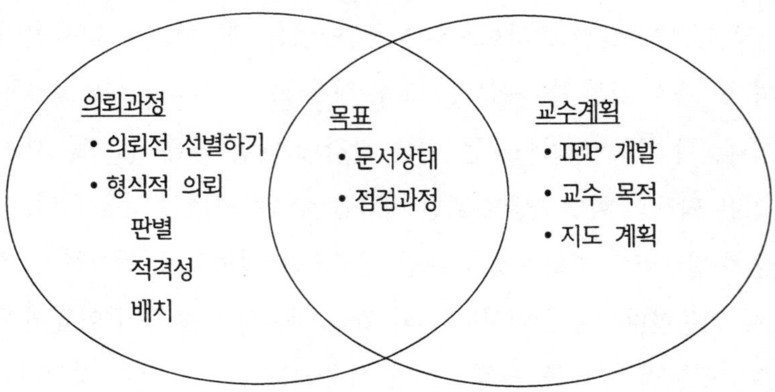

<그림 6-1> 특수교육에서 평가의 역할

본 장은 교수계획을 작성하기 위해 학생의 수행을 평가하는데 초점을 둔다. 이 장 전체에 걸쳐 평가 시에 특수교사와 일반교사 모두가 적극적으로, 그리고 직접적으로 참여한다는 것을 가정한다. 왜냐하면, 이들 두 전문가는 장애학생의 지도에 대한 책임을 공유하기 때문이다. 더욱이, 이들 두 교사는 사정에 대해 서로 다른 관점을 가지고 있기 때문에 각자가 특별한 기여를 할 수 있다.

상당히 많은 대안적 사정 전략들이 문헌에 소개되어 있으나 여기서는 일반교육 환경에서 특히 유용한 (1) 준거-참조검사, (2) 교육과정-중심 사정, (3) 수행-중심 사정 등의 3가지 전략에 초점을 둘 것이다. 이 방법들도 제5장에 소개된 바와 같이 질문하기, 관찰하기, 시험보기의 자료수집 절차를 채택하고 있음에 유의하라.

2) 준거-참조 검사

준거-참조 검사는 이미 설정된 준거에 기초하여, 특정 기술에 대한 학생의 숙달 정도를 측정하기 위한 것이다. 이러한 검사는 학생의 수행을 다른 학생의 수행과 비교하기(규준-참조 검사와 같이)보다는 예상했던 숙달 수준과 비교하는 것이다. 준거-참조 검사로 얻어진 결과는 어떤 기술이 숙달되었으며, 학생의 진보 속도, 여전히 중점을 둘 수 밖에 없는 목표에 대한 정보를 교사에게 제공한다. 준거-참조 검사는 직접적으로 교수결정과 연계된다. 검사 결과는 교수 구안과 교수 전달을 안내하는데 사용될 수 있고, 교육 프로그램의 효율성을 평가하는데 중요한 정보를 제공한다.

상업적으로 개발된 다양한 준거-참조 검사들이 학업과 직업영역에서 광범위하게 활용되고 있다. 이들 중 일부는 한 개 교과영역을 평가하기 위해 개발되었다. 예를 들면, 철자숙달 검사(Spellmaster Assessment and Teaching System; Greenbaum, 1987)는 학생이 철자하기에서 사용하는 전략과 학생이 익힌(또는 익히지 못한) 철자유형에 관한 정보를 제공하기 위한 일련의 받아쓰기 철자과제를 포함한다. 또 다른 준거-참조 검사는 여러 가지 학업 영역에서 기능을 측정하기 위한 하위검사를 포함하는 다중 기능 종합검사이다. 이 유형의 검사 중 유명한 것으로는 브리갱스 진단검사(Brigance Diagnostic Inventories, 1977, 1981, 1983)가 있는데, 브리갱스 진단검사는 읽기, 철자, 수학 영역의 하위검사를 포함하고 있다. 다른 상업용 준거-참조 검사는 나중에 여러 교과 영역과 관련된 장에서 소개될 것이다.

상업용 검사를 사용할 계획이면, 검사를 계획하고 있는 목표 교과 영역에 대한 교육과정의 범위와 계열을 조심스럽게 고려하여야 하고, 학년 수준 차이를 특별히 유의하여야 한다. 예를 들면, 만약 2학년 수준의 구두점과 대문자 사용 규칙을 평가하기 위한 검사도구를 찾고 있다면, 당신이 사용하는 교육과정에 소개된 것과 2학년에 포함된 규칙의 유형을 확인하는 것이 중요하다. 당신의 규칙 목록은 문장의 끝에 구두점을 찍어야 하고, 일련의 문장에서 단어를 분리하기 위해 쉼표를 찍어야 하고, 이름과 문장의 첫 글자를 대문자로 써야 한다는 것을 포함하여야 한다. 이 목록을 손에 들고, 이러한 항목을 포함하고 있는 검사도구를 찾아야 할 것이다. 비록 당신이 찾은 검사가 약어(abbreviation), 인용, 생략형(contraction)을 위해 올바른 구두점을 적용하는 것과 월, 공휴일, 제목, 그리고 인사말에서의 대문자 사용과 관련된 규칙과 같은 더 상위의 기술을 나타내는 항목을 포함한다고 해도, 이러한 부분의 검사를 실시할 필요는 없다. 결국, 당신이 선택한 준거-참조 검사와 실시를 위해 선택한 검사의 일부분은 당신의 학생들을 위한 교육과정 목표와 합치되어야만 한다.

상업용 검사를 선택할 때 명심해야 할 두 번째 요소는, 인쇄자가 제공한 지침이나 지시를 반드시 따를 필요가 없다는 것이다. 준거-참조 평가의 목표는 학생이 할 수 있는 것과 그러한 수행이 일어났던 조건에 대한 분명한 이미지를 얻는 것이다. 개인차를 고려하고, 학생의 진짜 능력에 대한 가장 정확한 평가를 제공하기 위해 검사절차가 수정될 수 있다. 예를 들면, 주의 집중에 어려움이 있는 아동을 위해 몇 개의 짧은 회기로 나누어서 검사할 수 있다. 또는 검사를 규칙적으로 중단하기 위해 답이 어떻게 나온 것인지 질문하거나 명백한 문제 영역에 대한 추수 조사를 실시할 수 있다. 또한 촉구, 단서, 예가 제공될 때 학생의 수행에 어떤 변화가 일어나는지 확인할 것을 결정할 수도 있다. 이러한 수정은 학생의 수행에 긍정적인 효과를 나타내고, 교사가 학생의 능력이나 요구에 관한 중요한 통찰을 제공할 수 있다.

상업적 검사를 선택함에 있어서 명심해야 할 마지막 요소는 학생이 숙달되어진 기술을 나타내어야만 하는 수준, 즉 숙달 준거를 설정하는 것이다. 100% 정확도 수준이 요구되거나 다소 낮은 수준도 허용되는가? Christenson, Ysseldyke와 Thurlow(1989)는 교수의 획득단계(acquisition stage)에서는 80%의 정확도 수준이 적합하다고 제안하였으나 독립연습 단계(stage of independence practice)에서는 90에서 100%사이의 정확도 수준이 요구될 수도 있다. 상업용 검사 제작사들은 숙달 결정을 위한 준거를 종종 제공하지만, 이 준거를 반드시 따를 필요는 없다. 당신이 채택한 숙달 준거는 당신의 상황에 적절해야만 하고, 전반적인 학습자의 요구를 고려하고, 특정 기술의 상대적 중요성을 반영하여야 한다. 따라서 우선 순위가 낮은 기술에 대해서는 낮은 숙달 준거를, 매우 중요한 기술에는 높은 준거를 설정해야 한다. 종종 학구(school districts)에서 최소한의 학생수행 기준을 설정하므로 당신이 숙달준거를 설정하는데 도움이 될 것이다. 상업적 검사의 사용 대신에 교사가 자기 제작 준거-참조 측정(criterion-referenced measures) 도구를 개발할 수 있다. Sugai와 Tindal(1993)에 의하면, 이 과정은 다음의 단계에 따라 진행된다. 첫째, 평가항목의 영역에 대한 범위(parameters)를 분명하게 정하는 것이다. 예를 들면, 재조직화(regrouping)

를 통한 3자리 수의 덧셈을 포함하는 수학계산, 짧은 문장에서 사실이나 항목을 있는 그대로 읽고 이해하는 것, 또는 과학과의 특정 단원에 들어있는 광합성(photosynthesis) 관련 개념에 초점을 둘 것인지를 상세하게 밝혀야 한다. 각각의 경우에 평가 영역을 위한 정확한 일련의 범위가 설정된 것이다.

일단 평가 영역이 확정되면, 그 영역을 표집할 전략을 개발해야 한다. 본질적으로, 표집계획은 다음과 같은 질문을 하게 한다. 유사한 항목에서 학생의 수행이 같을 것이라는 가정을 지원하기 위해 영역으로부터 얼마나 많은 항목을 표집해야 할 것인가? 각 하위 기술에 대해 적어도 3-5개 항목이 선택되어야 한다.

끝으로, 학생의 수행이 통과되든 되지 않든 간에 숙달 준거를 정해야 한다. Sugai와 Tindal(1993)은 (1) 완전 숙달, (2) 불확실한 숙달, (3) 분명한 미숙달 등의 3가지를 고려하라고 한다. 완전 숙달은 학생이 고도의 정확도를 나타내고, 그 증거는 학생이 그 기술 영역에서 능숙하다는 것이다. 분명한 미숙달은 일관성 없는 학생의 수행을 의미한다. 즉, 정확한 수행의 증거가 있는 반면에, 상당한 오류의 증거도 있다. Sugai와 Tindal에 의하면, 완전 숙달과 분명한 미숙달을 설정하는 것은 쉬우나 불확실한 숙달에서는 상당한 의견차이가 발견된다. 그러나 학생 수행을 요약하기 위해서는 세 가지를 모두 고려해야 한다.

3) 교육과정-중심 사정

교육과정 중심 사정(CBA)은 몇 가지 중요한 특징을 가지고 있는 평가에 대한 종합적인 접근이다. (1) 평가 항목이 교육과정으로부터 직접적으로 추출된다. (2) 학생의 수행이 시간에 관계없이 빈번하게 평가된다. (3) 평가 결과는 그래프로 기록된다. (4) 학생의 진보를 시각적으로 표현함으로써 교수 결정을 안내하는데 사용된다. 교육과정 중심 사정은 진보를 판단하기 위한 "개인" 참조 평가체제로서, 학생의 수행을 측정할 때마다 이것을 어떤 숙달 준거가 아닌 동일 과제에 대한 학생의 과거 수행 수준과 비교한다.

특수교육 문헌에 Deno, Fuchs, Mirkin, 그리고 동료들이 개발한 교육과정 중심 측정(curriculum-based measurement, CBM)을 포함하는 다수의 교육과정 중심 사정 모형이 소개되어 있다. 교육과정 중심 측정은 교육과정 중심 사정의 한 유형으로서 준거, 실시방법, 측정 표본의 점수표기 방법은 물론 진보의 점검을 위한 표준화된 기법을 가지고 있다. 교육과정 중심 측정 절차는 읽기, 철자, 작문과 수학 영역에 대해 개발되어 있다. CBM 모형에 대한 상세한 논의에 관심이 있는 사람은 Deno(1985), 그리고 Fuchs와 Fuchs(1986)를 참고하면 된다. 교실에서 CBM 모형을 사용하기 위한 절차의 좋은 사례는 Mercer와 Mercer(1998)에 의해 제공되고 있다. 앞으로의 논의는 넓은 의미로서의 교육과정 중심 사정 대신에, 교육과정 내에서 학생의 진보를 측정하기 위한 자료수집 전략과 교육적 의사결정을 안내하는데 초점을 둘 것이다.

교실에서 교육과정 중심 사정을 실행하기 위한 몇 가지 절차는 문헌에 소개되어 있다(Choate, Enright, Miller, Poteet & Rakes, 1995; Mastropieri & Scruggs, 1994; Sugai & Tindal, 1993). 많은 CBA 제안자들에 의해 소개된 절차 단계의 수와 유형에서 차이가 있어도, 제안된 방법은 대부분 중복된다. CBA를 사용하는 대부분의 접근이 교육과정에 주의를 함으로써 시작하고, 결과를 어떻게 활용하는가로 끝난다.

특별히 유용한 것으로 확인된 한 가지 절차 모형은 King-Sears(1994)에 의해 개발되었다. 이 모형은 교육과정 중심 사정을 개발하고 활용하는데 포함된 단계들을 종합하기 위해 APPLY를 사용한다. APPLY 모형의 요소는 〈그림 6-2〉에 제시되어 있고, 이 절의 나머지 부분에서 논의된다.

1. 교육과정 분석한다(Analyze).
2. 교육과정 목표에 일치하는 항목을 준비한다(Prepare).
3. 자주 평가한다(Probe).
4. 그래프 형식을 사용하여 자료를 탑재한다(Load).
5. 수정과 의사결정에 의해 결과를 산출한다(Yield).

<그림 6-2> 교육과정 중심 사정을 개발하고 사용하기 위한 Apply 모형의 요소들

APPLY 모형의 첫 번째 단계는 교육과정에 대한 면밀한 검토를 포함한다. 효과적인 학업 평가는 학업교과의 범위와 계열, 그리고 이것이 개별 학생의 요구와 어떻게 관련되어 있는가에 대한 이해를 요구한다. 결국, 평가자는 지도한 어떤 기술이나 일련의 기술, 그 기술들이 전형적으로 제시되어진 순서 또는 위계, 특별한 상황을 위해 계획했던 그 순서에 대한 수정 등을 알 필요가 있다.

교육과정을 길잡이로 활용하여, 교사는 학생진보를 점검하기 위한 규준으로 단기 혹은 장기 목표를 선정함으로써 평가 과정을 시작한다. 비록 교육과정이 많은 목표를 포함할지라도, 교육과정 중심 사정체제에서 모든 목표가 반드시 평가되어야 하는 것은 아니다. 교사 각자는 광대한 교육과정의 목표들 중 어느 것이 특정 학생을 위한 중요한 규준이 될 것인가를 결정할 필요가 있다. 이 결정은 학생의 치료적(remedial) 요구와 일반학교 교육과정으로의 성공적인 통합과 학교 졸업 후의 전환계획 관점에서 학생을 위한 교수 우선순위를 고려하도록 요구할 것이다.

APPLY 모형의 두 번째 단계는 평가자가 특정 학생에 대한 교육과정 목표(예를 들면, 단기, 장기-목표)에 일치하는 평가 항목 또는 평가지(probe)를 준비할 것을 요구한다. 평가지는 다양한 형태로 개발될 수 있고, 교육과정 목표 유형에 따라 달라질 수 있다. 학생의 기술을 면밀하게 평가하기 위해 사용하는 자료와 절차는 아래와 같은 항목을 포함해야 한다.

- 읽혀질 단어의 목록
- 완성되어질 단계에 대한 검목표(checklists)
- 해결해야 할 문제점들
- 응답해야 할 질문이 들어있는 문장
- 글쓰기나 이야기하기에서 학생의 반응을 촉진하기 위한 교사의 지시
- 상황적/사회적으로 적절한 학생 행동의 검목표(King-Sears, 1994)

평가지를 개발할 때에는 몇 가지 요인을 고려하여야 한다. 첫째, 교육과정 중심 사정(CBA)은 자주 측정하는 것이 특징이다. 따라서 평가지는 간단해야 하고, 실시가 용이하여야 하며, 채점하기가 쉬어야 정기적으로 실시하는데 번거롭지 않게 된다. 예를 들면, CVCC 유형을 포함하는 문장 읽기 능력을 향상시키는 것이 최종 목표라면, 교사는 1분 동안 정확하게 읽은 단어 수를 점수로 표시하고, 주 3회 실시하는 기초 읽기자료(basal reader)에서 추출한 단어 목록에 관한 1분 검사로 구성된 평가지를 개발할 수 있다. 이것이 바로 빠르게 쉽게 실시하고 평가할 수 있는 교육과정 중심 사정이다.

둘째, 모든 사정 대상(assessment targets)은 직접적으로 측정 가능해야 하고, 평가항목은 최종 목표와 정확하게 일치하여야 한다. 정확한 행동, 그 행동이 일어날 수 있는 조건, 교수목표에 상술된 수행 준거 등은 평가지에 반영되어야만 한다. 다시 말하면, 만약 목표가 특정의 유창성이나 숙달 수준에서 산출 행동을 기술하고 있다면, 평가 항목은 이것을 언급하도록 고안되어야만 한다. 유사하게, 만약 목표가 어떤 기술의 적용이나 특정 교육과정 자료를 사용하는 기술을 나타내는 능력을 요구한다면, 이들 요소가 평가지에 언급되어야 한다. 평가 결과의 높은 신뢰도를 확보하기 위해서는 적합한 평가문항 은행(pool)에서 무선적으로 문항을 선정하도록 고려해야 한다.

APPLY 모형의 세 번째 단계는 두 번째 단계에서 개발된 평가지를 사용하여 학생의 진보를 정기적으로 평가하는 것이다. 교사가 얼마나 자주 평가지

를 선택하고, 각 평가지가 얼마나 시간이 걸리는지는 상당히 다를 수 있다. 그러나 평가를 위한 전략을 개발하는 데 있어, 교사는 학생의 수행과 진보는 통상적인 평가 회수보다 더 자주 측정되어질 것이나 각 평가활동에 소요되는 시간은 짧다는 교육과정 중심 사정의 기본 가정을 명심하여야 한다. 일반적인 접근방법은 교사가 매일 또는 적어도 1주일에 여러 번 완수할 수 있는 1분에서 3분 정도 소요되는 간단한 평가를 실시하기 위한 계획을 개발하는 것이다. 이 전략은 평가에 소요되는 시간이 제한되어 있으나 주말, 단원 말, 각 장의 끝에 검사하는 통상적인 방법보다는 더 많은 정보를 얻게 되므로 매우 효과적일 수 있다. 빈번한 평가활동은 학생의 진보를 점검하고, 필요할 때 교수 수정을 할 수 있어서 유용하다.

APPLY 모형의 4단계는 평가지로부터 습득된 자료를 표시하는 활동이다. 이 자료 표시는 평가 책이나 일지에 전통적으로 자료를 보관하는 것 이상이다. 평가지의 표시는 결과의 해석을 촉진하기 위해 그래프 형태로 나타내는 것을 의미한다.

그래프용지에 수직선은 수행 점수를, 수평선은 측정 날짜를 보여주는 두 축을 표시함으로써 쉽게 만들 수 있다. 각각의 축은 무엇을 의미하는지 명칭을 붙여야 하고, 그래프 위에는 질문의 목표, 즉 제목을 기록하여야 한다. 〈그림 6-3〉은 CVCC 형태를 포함하는 15단어 중 15개를 정확하게 철자하는 교육과정 목표에 대한 학생의 진보를 나타내기 위해 만든 교사-제작 그래프의 예이다. 이 그래프에서 수직 축은 토드(Todd)가 1번부터 15번까지 철자를 정확하게 한 단어의 수를 나타낸다. 만약 3분 동안 학생이 정확하게 읽은 단어의 수를 측정하기 위한 질문과 같이 많은 반응을 포함한다면, 수직 축은 더 큰 단위(예를 들면, 5, 10, 15, 20 등)로 표기할 수 있다. 〈그림 6-3〉 그래프의 수평 축은 평가(질문)를 한 날짜를 나타낸다. 이상적으로, 이 축은 최종 검사까지 경과된 날짜의 수로 구분할 수 있으나 검사 회기가 반드시 동일한 간격이 아니어도 된다. 질문의 결과는 그래프에 표시된다. 자료의 점들은 학생 진보의 경향을 묘사하기 위해 연결된다.

APPLY 모형의 마지막 단계는 교사가 "결과를 받아들일 것을(yield to results)" 요구한다. 이것은 교사가 그래프에 나타난 자료를 비판적으로 평가하고, 교수 수정을 할 것인지의 여부를 결정하는 것을 의미한다. 자료가 학생이 향상되고 있는 것을 나타낸다면, 현재의 교수 접근법이 효과적이라는 것을 가정할 수 있다. 자료가 만약 충분한 향상을 보이지 않는다면, 교사가 교수 프로그램을 수정해야 한다고 제안할 것이다. 이러한 결과는 교사가 학생을 위해 선정했던 교육과정 목표의 적합성을 재고하게 하거나, 질문으로 사용했던 자료가 정확하게 교수목표를 반영했는지를 재점검하게 한다. 교육과정 중심 사정 자료를 해석하기 위한 많은 지침이나 결정규칙이 문헌들에 소개되어 왔다(Deno, 1985; Fuchs & Fuchs, 1986; Olson & Platt, 1996; 그리고 Sugai & Tindal, 1993에 제시된 지침을 참고하라).

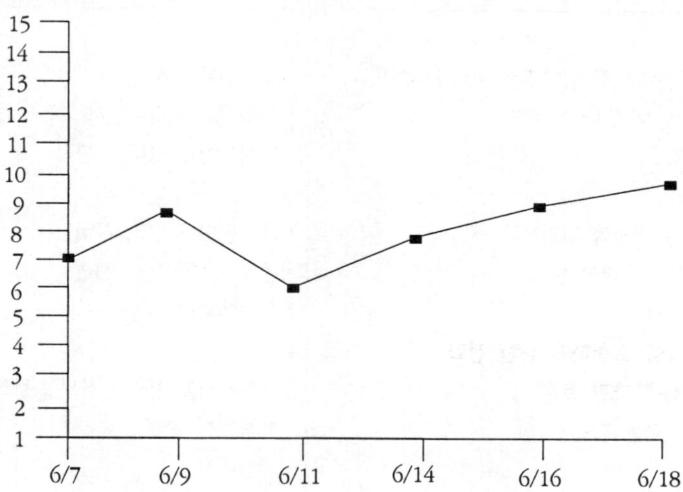

<그림 6-3> CVCC 유형을 포함하는 단어에 대한 Todd의 철자 수행

4) 수행 평가

많은 인기를 얻고 있는 평가의 또 다른 접근방법은 수행평가이다. 이 방법은 교육과정 목표 또는 바람직한 결과를 나타내는 과제에 대한 학생의 수행을 직접 평가할 것을 요구한다. 수행평가는 교수와 직접적으로 연계가 되기 때문에, 학습지(in-seat written assignments), 소리내어 읽기, 학급토론 참여, 숙제, 그리고 공책과 같은 작업표본의 분석을 포함한다. 수행(performance)은 학생이 제공해야 하는 반응의 형태를 의미하고(Meyer, 1992), 수행평가에 사용했던 과제는 학생이 산출하고, 나타내고, 적용하고, 해결하고, 계획하고, 설명하기를 요구한다. 교육과정 목표를 평가함에 있어, 수행평가가 실생활 상황이나 필요에 적용하는 것을 요구할 때 진정한(authentic) 수행평가라고 한다. 〈그림 6-4〉는 몇 가지 교과영역에서 진정한 수행평가 과제의 예를 보여준다.

읽기 • 또래에게 책 읽어주는 비디오테이프 • 읽은 책에 대한 비판 • 서평 **과학** • 처음 조사와 결과보고 • 달과 별 관찰 일지 구두 표현 • 정보를 요청하기 위한 전화 • 쟁점에 대한 토론 • 설득하는 말 사회 • 학교 또는 지역사회의 지도 • 정치후보를 위한 선전 캠페인	쓰기 • 학교신문 기사 • 이력서와 취업지원서 • 편집자에게 보내는 편지 예술 • 게시판의 도안과 꾸미기 • 콘테스트에 작품 제출 • 연극에서의 수행 수학 • 수학지식을 이용한 실생활 문제풀이 • 예금계정 확인 • 개인예산 일반 • 학습과정에 대한 반성일기 • 또래에게 공부계획하고 가르치기

<그림 6-4> 진정한 평가 과제의 예

수행평가 과제는 교육과정과 밀접하게 관련된 준거에 맞고, 어떤 형태의 "산출" 반응을 요구하는 한 많은 형식을 취할 수 있다. 수행평가는 학생 반응의 내용과 그 반응에 도달하기 위해 사용한 사고 과정 모두에 통찰을 제공하기 위해 고안되었을 때, 특히 유용하다.

점차 인기를 얻고 있는 수행평가 방식은 평가 포트폴리오(portfolios)의 사용을 포함한다. 이것은 지속적으로, 다양한 조건에서 수행 증거의 체계적인 수집품이고, 이들 모두는 특정교과 영역에 대한 교육과정 목표와 관련이 있다(Poteet, Choate & Stewart, 1996). 항상 그렇지는 않지만, 평가 포트폴리오는 종종 진짜 과제의 실연(demonstration)을 포함하고, 학생이 자신의 공부 산출물에 대한 자기-평가를 하도록 요구한다. 많은 사람들은 평가 포트폴리오가 학생 능력의 깊이, 넓이, 발달을 계속해서 보여주기 때문에 특히 가치가 있다고 한다. 그러나 포트폴리오 목록을 구성하고 평가하는 분명한 지침이 설정되었을 때만 가치가 있다. 교사가 평가 포트폴리오를 사용하기 위한 절차를 개발하는데 유용한 많은 우수한 자료들이 있다(예를 들면, Arter & Spandel(1991), Wolf(1991)가 제안한 지침을 참고하라).

3. 학업기술 프로파일 개발

아래의 논의는 준거-참조 평가, 교육과정 중심 사정, 그리고 수행평가가 학생에게 필요한 학업기술과 교수 우순순위를 결정하는데 어떻게 사용될 수 있는가를 보여준다. 이 절을 구성함에 있어, 두 가지 가정을 세웠다. 첫 번째 가정은, 학교에서 성공하기 위해서는 학생이 특정의 기초 또는 "도구" 기술을 개발할 필요가 있다는 것이다. 이것은 말하기, 읽기, 쓰기, 그리고 수학 영역의 기술을 포함한다. 학년을 통해 학생이 향상되면, 이들 각 영역에서의 초점은 바뀐다. 초등 학년에서는 학생이 이들 각 영역에서의 기능적 기초기술을 개발하도록 돕는데 강조점을 둔다. 나중에, 학생은 다양한 교과 내용의 정보를 다루기 위해 이 기능적 기초기술을 사용함으로써 그들의 능력을 확장하도록 기대된다. 두 번째 가정은 학업적 성공은 또한 많은 전략적 학습행동의 개발을 필요로 한다는 것이다. 이것은 학습전략과 공부 기술을 포함하고, 이들 중 약간은 학교에서 분명하게 지도하여야 하는 반면에, 대부분은 그렇지 않다.

기초 기술과 전략적 학습행동은 학교 성공에 매우 중요한 역할을 담당하게 되었고, 그 결과 이들이 학업기술 프로파일을 개발하기 위해 탐색해야 할 중요한 영역이 되었다.

1) 구어 수행의 평가

구어가 학교 학습에 중요한 역할을 하는 것은 분명하다. 구어는 교수과정에서 일어나는 것을 이해할 수 있게 하는데 중요하며, 학생이 타인과 의사소통하고, 지식을 공유하는데 중요한 수단 중의 하나이다. 학생은 새로운 정보를 장기기억으로 조직하고, 그래서 나중에 인출하고 사용하는데 도움을 받기 위해 언어를 사용한다. 게다가, 구어는 문자언어의 기초가 되고, 구어 장애가 있는 학생은 읽기와 쓰기에서도 곤란을 겪기 쉽다.

구어 능력의 분석을 실시하기 위해, 구어 영역을 구성하는 기술들의 범위를 이해하는 것이 중요하다. 이 이해는 진단적 정보를 수집하기 위한 필수적인 맥락 또는 "로드맵(road map)"을 제공한다.

언어라는 말은 관념(ideas)을 의사소통하기 위해 사용했던 자의적 신호의 부호 또는 체계를 말한다. 구어의 경우, 체계는 청자에게 관념이나 생각을 의사소통하기 위한 화자의 음성신호 사용을 포함한다. 부호를 사용해서 메시지를 보내는 청자의 능력은 표현언어 또는 산출이라고 하고, 부호를 정확하게 이해하는 청자의 능력은 수용언어 또는 이해라고 한다. 이들 두 용어는 구어 영역의 주요한 측면이다. 이들 각각은 차례로 많은 요소 기술 영역으로 구분될 수 있다(〈그림 6-5〉, Bloom & Lahey, 1978; Bos & Vaughn, 1998; Lewis & Doorlag, 1999를 참조하라).

언어의 형식은 언어의 구조와 소리를 의미하고, 음운론, 형태론, 구문론으로 이루어진다. 음운론은 구어 체계의 소리와 소리의 결합을 좌우하는 규칙 체계이다. 단어를 형성하기 위해 다른 소리들과 결합될 수 있는 소리의 단위는 음소(phonemes)이다. 음소는 차이를 표시하기 위한 소리의 가장 작은 단위이다. stop에서 spot로 변하는 경우와 같이, 음소가 단어 내에서 상호 교환될 때 단어의 의미가 변한다. 영어에는 약 45개의 음소 또는 말소리가 있다. 학생들은 이들 소리를 확인할 수 있어야 하고, 이들을 결합하고 유형화하는 규칙을 이해해야만 한다. 학생들은 이들 소리와 글자(written letters)간의 관계를 이해해야만 한다. 음소 인식(phonemic awareness)은 구어 발달의 필수적인 부분일 뿐만 아니라 읽기와 철자 학습에 중요한 역할을 한다. 예를 들면, 최근의 많은 연구 결과들은 학습장애아가 겪는 심각한 읽기와 철자 장애는 음소 인식 곤란과 관계가 있다고 한다(Lerner, 1997).

언어 형식의 두 번째 측면은 형태론이다. 형태소(morpheme)는 의미를 전달하는 가장 작은 단위이다. 영어에는 어근(root words)과 접사(affixes)라는 두 가지 유형의 형태소가 있다. 어근은 자체로 의미를 가지지만 접사는 의미가 없다. 접두사 또는 접미사 형태의 접사가 어근에 붙을 때, 단어의 의미가 변한다. 학생들은 단어 의미를 알기 위해 단어 형성의 규칙을 이해해야 한다.

언어 형식의 마지막 측면은 구문론으로, 문장에서 단어의 순서를 결정하는 규칙체계이다. Owens(1992)에 의하면, 구문 규칙은 단어순서, 문장 조직, 그리고 단어와 단어종류 또는 유형과 다른 문장 구성요소간의 관계를 명확하게 규정한다. 이들 규칙은 언어에 따라 매우 다르다. 즉, 특정 언어에서 어떤 단어 조합들이 가능한가를 자세하게 알려준다. 다시 말하면, 구문론은 언어를 지배하는 문법규칙을 말한다.

〈그림 6-5〉에 제시한 다른 주요 요소는 언어 내용 또는 개별 단어와 단어들의 결합에 의해 전달된 의미이다. 언어의 이 측면을 보통 의미론이라고 하고, 대상(벨, 모자, 교사), 활동(달리기, 높이뛰기, 생각하기), 대상(빌과 그의 개)과 사상(농담을 듣는 것과 웃는 것 간의 관계) 간의 관계 등 3가지 범주로 구분될 수 있다. 의미론적 능력의 발달은 아동이 첫 단어를 획득함으로써 시작되어 청소년기까지 계속되는 느리고 복잡한 과정이다. 이 과정을 통해, 아동들은 어휘가 증가하고, 추상적 개념에 대한 이해와 이야기 하는 능력이 확장된다. 아동들은 많은 단어를 학습함은 물론 추상적 특징에 따라 단어를 묶는 능력과 단어의 많은 의미를 이해하고, 숙어, 은유, 그리고 미소와 같은 언어의 비유적인 사용을 이해하게 된다(Bos & Vaughn, 1998).

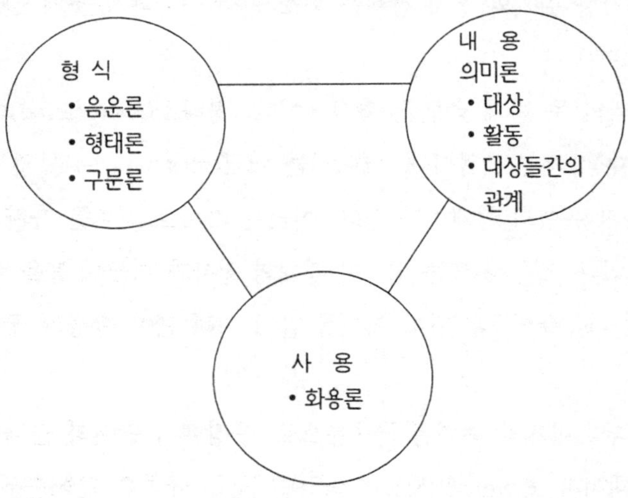

<그림 6-5> 구어의 요소

〈그림 6-5〉에 제시한 마지막 요소는 언어 사용 또는 언어의 화용론적

측면이다(Owens, 1992). 화용론은 타인의 행동에 영향을 미치거나 개인의 의도를 실행하는 수단과 같이, 언어의 기능적 사용을 의미한다(Bruner, 1975). 아동에게 화용 능력이 발달하게 되면, 사회적 상황을 포함하는 다양한 맥락에서 언어가 어떻게 사용되는가를 규정하는 규칙을 이해하게 되고, 비웃음과 농담에 대한 판단능력이 발달하게 되거나 다양한 관점을 평가하는 능력을 가지게 된다(Schultz, 1974).

만약 어떤 학생이 구어에서 문제가 나타나면, 구어 평가가 필요하다. 이러한 평가가 넓은 범위의 기술에 초점을 둘 수 있기 때문에 문제의 범위를 결정함으로써 평가를 시작하는 것이 좋다. 관련이 있다고 생각되는 구어의 특정 측면을 확인하기 위해 조사를 실시하는 것이 도움이 된다. 또한, 만약 평가가 영어가 모국어가 아닌 학생을 대상으로 한다면, 조사활동은 실제 결함을 보이는 언어 유형(language pattern)과 문화적 혹은 언어적 차이로 인한 언어 유형을 교사가 구분하는데 도움이 될 것이다. 조사는 일상적인 교실 활동 동안 학생의 구어수행의 관찰을 기술하기 위해 담임교사를 면담함으로써 좀 더 신속하게 진행할 수 있다. 면담을 하는 동안 〈그림 6-6〉의 검목표를 활용함으로써 상당한 도움을 받을 수 있다. 검목표는 면담에서 논의된 구어의 모든 중요한 요소를 확인하게 한다. 검목표는 〈그림 6-5〉에 제시된 범주를 활용하여 개발되었고, 학생이 특별히 곤란을 겪는 영역을 확인하도록 돕는다. 검목표의 항목들이 특정한, 종종 독특한 교과 내용영역의 언어 요구를 다루는 항목을 포함할 수 있도록 주의하여야 한다.

최초의 조사 결과는 학생이 가진 구어 결함의 정도에 대한 개략적인 정보를 제공한다. 만약 문제가 있는 것이 확인되면, 앞에서 언급한 대안적인 평가 방법(준거-참조 검사, 교육과정 중심 평가, 수행평가) 중 하나를 사용해서 더 광범위한 조사가 실시될 수 있다. 예를 들면, Julian의 8학년 담임교사를 면담했을 때, 그녀의 반응에서 Julian이 구어의 내용과 활용 모두를

학생 ______________________ 날짜 ______________
교사 ______________________ 학급 ______________

교사가 면접 동안 언급하는 영역이 아래에 제시되었다. 목표 학생의 능력에 대한 교사의 생각을 나타내는 칸에 표시하라.

A. 형식

학생이 다음을 할 수 있다.	예	아니오	의견
1. 단어로 들은 소리를 확인한다.	___	___	
2. 단어를 소리 단위로 분절한다.	___	___	
3. 운율(rhyming) 단어를 확인한다.	___	___	
4. 단어의 소리를 대치한다.	___	___	
5. 어근과 접사를 확인한다.	___	___	
6. 내용 영역 어휘에서 어근과 접사를 확인한다.	___	___	
7. 적절한 단어 형태와 문장 구조를 사용한다. (적합한 구어 문법 구사)	___	___	

B. 내용

학생이 다음을 할 수 있다.			
1. 공동 목적과 행위를 기술하기 위해 적절한 어휘를 사용한다.	___	___	
2. 학교 교과와 관련된 특수 어휘를 정확하게 사용한다.	___	___	
3. 목적, 사건, 생각 간의 관계를 기술한다.	___	___	
4. 추상적인 개념을 논의한다.	___	___	
5. 내용영역 교과에 속한 관념이나 개념들의 관계를 기술한다.	___	___	
6. 단어의 여러 가지 의미를 이해한다.	___	___	
7. 언어의 비유적인 사용을 이해한다. (은유, 미소, 숙어)	___	___	

C. 사용

학생이 다음을 할 수 있다.			
1. 교실 상황에 적절한 언어를 사용한다.	___	___	
2. 요구를 안다.	___	___	
3. 효과적으로 도움을 요청하거나 질문을 한다.	___	___	
4. 관점을 말한다.	___	___	
5. 비꼬는 말이나 농담을 이해한다.	___	___	

<그림 6-6> 구어 기술 검목표

포함하는 구두 표현에 문제가 있는 것으로 나타났다. 이 문제점을 더 상세하게 알기 위해, Julian의 특수교사와 일반교사가 그에게 몇 가지 진정한 수행평가 과제를 해보도록 결정했다. Julian이 잘 알고 있는 3가지 사상, 1)8학년 영어 수업 후에 하는 일반적인 일상활동, 2)중학교 과학 박람회에 그의 학급이 방문한 것, 3)작년 생일 기념 방법 등을 가능하면 상세하게 말하도록 하기 위해, 서로 다른 3가지 경우에 대한 질문을 했다. 교사는 Julian이 무엇인가를 말하기 위해 생각을 조직하고, 그의 요구를 자제하도록 돕기 위해 친숙한 상황 또는 사상을 선택했다.

특수교사는 Julian의 진술을 녹음한 다음 제5장에서 언급한 오류분석 기법을 사용해 분석했다. Julian의 수행에 관한 판정은 〈그림 6-7〉과 같이 요약되었다. 몇 가지 문제점이 눈에 띄었고, Julian의 구두 표현에 결함이 있으며, 집중적인 교수 프로그램이나 다른 조절이 고려되어야 한다는 교사의 의심을 확인시켜 주었다. 구어 문제점은 꽤 복잡하기 때문에, Julian의 선생님은 수집된 정보를 학교 말/언어 치료사와 문제점을 논의하는데 사용하기로 마음먹었다. 선생님은 평가를 계속하기 위해 필요한 특별한 경험을 가지고 있고, 언제 다른 학문 분야의 전문가가 합류해야 하는지를 알고 있다. Julian의 선생님은 언어치료사가 Julian의 요구를 기술하기 위한 교수 계획을 개발하기에 가장 좋은 위치에 있다는 것을 안다. 만약 관심 영역이 읽기 또는 수학이면 특수교육교사와 담임교사가 자의로 계획을 수립하는 반면에, 구어 결함이 포함되었을 때는 언어치료사를 찾아서 치료사의 지시를 따르는 것이 좋다. 언어치료사는 Julian의 선생님이 자신이 경험하지 못한 특별한 교수기법을 어떻게 사용하는지를 볼 필요가 있다.

학생: *Julian* 일시: *9-25-98*
사정 영역: *구어 표현*

목표 기술: *내 용*
어휘는 상당히 구체적인 경향이 있고, 색깔 단어(형용사/부사)의 사용에 제한이 있다. 또한, 교실이나 학교 상황에 관련된, 특히 과학박람회 경험과 관련해서 "특수한" 어휘의 사용에 다소 제한이 있다(예를 들면, 학급시간표를 "우리에게 무엇을 할지 말해주는 것"으로, 시험관을 "물건을 섞는 것", 계산기와 수직선을 "수학 도우미", 과학 경험을 "게임"으로 말한다). 교사의 촉구가 효과가 없다.

목표 기술: *사용/ 화용론*
평가 과제의 요구(예를 들면, 학교 숙제)에 맞는, 특히 어휘의 선택과 관련해서 자신의 언어 사용을 수정하려고 하지 않는다.

목표 기술: ____________

<그림 6-7> Julian에 대한 사정 결과 요약

2) 읽기 수행의 평가

일반학교 학생의 약 10~15%는 읽기에서 약간의 어려움을 나타낸다(Harris & Sipay, 1990). 실제, 많은 학생들이 다른 학업영역에서의 곤란보다는 읽기에서의 문제점으로 특수교육 서비스로 의뢰된다(Bos & Vaughn, 1998). 읽기가 모든 학문 교과에 접근하는 기본 도구이기 때문에, 읽기에 문제가 있는 학생은 심각한 어려움에 놓이게 된다. 읽기에서의 실패가 종종 학교 실패와 중도 퇴학을 초래하기도 한다(Carnine, Silbert & Kameenul, 1997; Lerner, 1997).

읽기 학습이 많은 학생들에게 상당한 도전이 된다는 것은 놀랄 일이 아니다. 읽기는 매우 복잡한 기술이다. 읽기를 효과적으로 평가하고, 지도하기 위해서는 읽기영역의 복잡성을 이해하는 것이 중요하다. 이 절에서는 읽기 과정의 요소를 언급하고, 읽기 과정에서의 초언어적, 그리고 초인지적 기술의 역할을 탐색해 본다. 읽기를 요소들로 구분하고, 각각을 독립된 실체로 기술하는 것은 물론 자의적이다. 읽기는 실제로 많은 관련 요소 또는 기술의 동시 사용을 요구하는 하나의 통합 과정이다.

우리는 단어 재인(word recognition), 읽기 유창성(reading fluency), 읽기이해(reading comprehension) 등 읽기 기술의 3가지 일반적인 범주를 언급함으로써 읽기 영역의 논의에 접근한다. 단어 재인은 음소-문자소(phoneme-grapheme) 관계(예를 들면, 소리와 상징의 결합)를 이해하는 과정이고, 인쇄된 단어를 대등한 구어로 변형하는 과정이다. 읽기 유창성은 개인이 인쇄된 글자를 말하기의 형태와 리듬과 같도록 쉽게 옮길 수 있는 것이다. 읽기 이해는 개별 또는 문맥 속에 있는 인쇄된 단어의 의미를 이해하는 것을 말한다.

〈그림 6-8〉은 읽기 기술의 범주들이 어떻게 요소 기술로 더 세분될 수 있는가를 보여준다. 예를 들면, 단어 재인은 모르는 단어를 분석하고 공략하기 위해 다양한 전략을 사용하는 능력을 포함한다. 통상적인 단어 재인 전략은 음성 분석(phonetic analysis)인데, 이것은 인쇄물의 단위와 소리 단위 사이를 결합하기 위해 독자가 알파벳 원리를 적용하여 모르는 단어를 분석하는 것이다(Stanovich, 1992). 다른 전략은, 모르는 단어를 이해하기 위해 어근, 접두사, 접미사, 복수, 복합어를 확인하는 구조적 단서를 사용하는 것을 포함한다. 맥락 단서를 사용하는 능력은 또 다른 단어분석 전략이다. 맥락 분석은 친숙하지 않은 단어를 확인하기 위해 본문 의미, 문법적 단서, 그리고 그림의 사용을 포함한다.

단어재인은 또한 일견 어휘(sight vocabulary)를 포함한다. Cooper, Warncke, 그리고 Shipman(1990)은 계속적인 노출의 결과로 인해 독자가 즉각적으로 인식할 수 있는 것과 읽기 교수에서 전체 단어(whole words)로 의도적으로 소개되었기 때문에 인식할 수 있게 되는 두 가지 형태의 일견 단어를 소개했다. 초기 읽기 교수는 보통 매우 빈번하게 나타나기 쉬운 단어(종종 높은 빈도의 단어로 불리움)에 초점을 두고, 초보 독자가 유창하도록 돕기 위한 한 가지 방법은 인쇄물에 자주 등장하는 단어를 자동적으로 인식하게 지도하는 것이라는 이론이 있다. 예측 가능한 음성 규칙을 따르지 않는 불규칙한 철자형태의 단어 역시 일견 단어와 같이 지도한다. 개인의 일견 어휘의 부분이 된 단어의 수와 유형은 인쇄물에 대한 접촉이 증가할수록 계속 증가되고, 일견 어휘는 다양한 학교 교과와 연합되어 있는 더 많은 "특정" 어휘를 포함하도록 점차적으로 확장된다.

〈그림 6-8〉에 제시된 읽기 기술의 두 번째 범주는 읽기 유창성 또는 "빨리, 그리고 힘들이지 않고 읽는 능력"(Rivera & Smith, 1997)이다. 유창하게 읽기 위해, 학생은 읽기를 멈추거나 모르는 단어를 알기 위해 노력함이 없이(즉, 유창성은 충분한 일견 어휘를 요구한다) 대부분의 단어를 자동적으로 인식할 수 있어야만 한다.

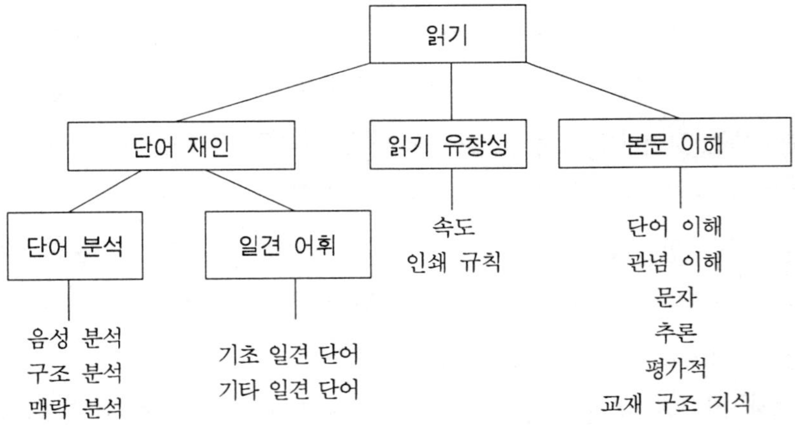

<그림 6-8> 읽기 영역의 조직도

유창성은 인쇄 규칙(print convention)의 이해를 요구하고, 그 결과 독자는 적절한 위치에서 쉬고, 정확한 억양을 사용하게 될 것이다. 유창성은 또한 저자의 의도, 화제와의 친숙성, 읽고 있는 교재의 목적에 대한 이해를 포함하는 다른 요인에 의해서도 영향을 받는다. 읽기 유창성 개발의 실패는 읽기 장애의 가장 흔한 형태 중의 하나이고, 읽은 내용을 이해하는 개인의 능력에 직접적인 영향을 미치는 것이다(Lyon, 1995).

〈그림 6-8〉에 제시된 읽기 기술의 마지막 범주는 교재 이해로 읽기의 궁극적인 목적이다. 충분한 단어 인식과 읽기 유창성이 교재 이해를 위한 필수적인 선행조건이나, 저자가 전달하고자 하는 메시지를 독자가 파악하기 위해서는 개별 단어와 단어 군 속에 내포되어 있는 의미를 이해할 수 있어야만 한다.

〈그림 6-8〉에서, 이해를 3가지 요소 영역으로 더 구분하였다. 첫째는 단어 의미에 대한 학생의 지식이다. Heilman, Blair, 그리고 Rupley(1998)에 따르면, 학생의 읽기 이해는 그들의 어휘 지식, 즉 개인이 정확하게 정의하고 적절하게 사용할 수 있는 전체 단어가 어느 정도인가에 의해 매우 촉진되거나 방해되어질 것이다. 어휘 지식은 일견 어휘와 같지 않고, 그 단어의 의미를 정확하게 알지 못하면서도 특정 단어를 인식하고 정확하게 발음하는 것이 가능한 것이다. 개인의 언어적 배경과 경험이 어휘 지식에 실질적인 영향을 미칠 수 있는 반면에, 단어의 이해는 교실 수업을 통해 개발되거나 확장되어질 수 있다.

읽기 이해의 두 번째 요소는 관념(ideas)을 이해하는 능력이다. 이 요소에는 (1) 문자 이해(literal comprehension). 즉, 주요 내용, 사실, 세부 항목, 사상의 계열과 같은 언급된 정보를 정확하게 인식하고 회상하는 능력이다. (2) 추론 이해. 종이에 인쇄된 것 이상의 의미를 알고, 가설을 설정하기 위해 언급된 정보를 사용하고, 인과 관계를 이해하며, 결과를 예상하며, 결론을 도출하는 능력이다. (3) 평가적 이해. 개인적 경험, 지식, 가치에 기초하여 교재 내용에 관한 의견이나 판단을 형성하는 능력 또는 관념의 타당성에 관하여 평가하고, 사실과 의견간의 차이를 판단하고, 도덕적 판단을 내리며, 저자의 의도를 분석하는 능력이다(Mercer & Mercer, 1998).

〈그림 6-8〉에 제시한 읽기 이해의 마지막 요소는 교재 구조 지식(text structure knowledge) 또는 교재를 구성하고, 조직하기 위해 통상적으로 사용했던 장치를 독자가 인식하는 정도이다. 설명식 교재에서, 이들 장치는 독자가 정보의 중요성을 깨닫게 하고, 관념들이 어떻게 연계되는가를 보여주는 변환어 또는 구(transition words and phrases)를 의미한다. 이야기식 교재에서는 시간 구조, 상황, 등장인물과 그들의 반응, 해결되어야 할 갈등, 일화적 사건, 그리고 해결책 등과 같은 주요 요소들을 포함한다. 경험에 의하면, 유능한 독자는 그들이 읽은 교재에서 이들 장치 또는 요소를 예상하고, 교재에서 관계성을 이해하고 읽은 내용을 회상하는데 도움을 주기 위해 그들의 교재 구조 지식을 사용한다. 학생이 교재 구조 단서에 대한 이해가 부족할 경우, 교재를 이해하는 능력은 심각하게 손상될 수 있다(Englert & Thomas, 1987; Idol, 1987; Laughlon & Morris, 1989; Vallecorsa & deBettencourt, 1997).

〈그림 6-8〉에 표시된 읽기영역의 요소 외에, 초언어(meta-linguistic) 능력과 초인지(meta-cognition) 능력 또한 읽기의 평가와 교수 모두에서 중요하게 다루어야만 한다. 초언어는 언어 구조에 대한 개인의 이해와 구조의 사용과 관계가 있다. 구어에 대한 논의에서 지적한 바와 같이, 관념은 단어로 표현되고, 단어는 소리와 개별 음소(음소 인식)로 분절될 수 있다는 것을 학습자가 이해하는 것은, 읽기에 포함된 소리-상징 관계를 학습하는데 특별히 관련이 있다. 초언어 영역의 연구는, 읽기 기술의 성공적인 획득은 단어를 음절과 음소들로 분절하는 능력은 물론 단어를 만들기 위해 소리들을 서로 결합하는 능력을 요구한다고 지적한다(Ball & Blachman, 1991; Cornwall, 1992; Stanovich, 1991; Tangel & Blackman, 1992).

초인지는 자신의 사고 과정에 대한 인식, 그리고 성공적인 학습과 과제 완수를 위해 사고과정을 점검하는 능력을 말한다. Lerner(1997)는 초인지를 "사고에 관한 사고", 또는 사고 과정을 조정하는 것을 돕기 위한 방법으로 자신의 정신 활동을 조직하고, 감독할 수 있는 능력이라고 한다. 읽기의 경우, 초인지는 주어진 상황에서 어떤 단어분석방법을 사용할 것인가, 어떤 기억 전략이 단어 회상에 도움이 될 것인가, 또는 어떤 전략 행동이 이해, 파지, 후속 회상을 위해 교재 내용을 조직하는데 도움이 될 것인가를 결정하는 것을 포함하여야 한다. 우수한 독자는 다양한 초인지적 방법을 채택하는 반면에 읽기 장애학생은 초인지 전략 사용에서 결함을 나타낸다(Mann, 1991; Torgesen, 1985; Wong, 1987; Zabrucky & Ratner, 1992).

읽기에 포함된 기술과 이 기술들이 어떻게 서로 상호작용하는가를 이해하는 것은 읽기 수행의 사정에 매우 중요하다. 이러한 지식을 가짐으로써 교사들은 앞에서 추천한 것과 같은 사정의 일반적인 접근을 따를 수 있다. 읽기 기술의 어떤 측면에서 학생에게 문제가 있는지를 판별하기 위해 고안된 선별과 조사 활동으로 사정을 시작할 수 있다. 만약 다른 문화나 언어적 배경을 가진 학생이 사정에 포함되면 특별히 주의하여야 한다. 사정 자료를 선택하고 개발하는 데는 물론 결과 분석에서 이러한 차이를 고려하는 것은 중요하며, 배경에서의 차이가 교정이 필요한 결함으로 오해되어서는 안된다. 일단 문제 영역이 확인되면, 앞에서 제시했던 하나 또는 그 이상의 사정 전략의 사용을 통해 학생의 강점과 약점에 대한 더 상세한 윤곽을 얻는데 사정의 초점을 두어야 한다.

몇 가지 표준화 진단 검사가 초기 선별과 기술 조사에 사용될 수 있고, 단어인식, 유창성, 그리고 이해 영역에서 학생의 읽기 수행에 대한 개략적인 윤곽을 그릴 수 있게 한다. 이러한 검사는 Diagnostic Reading Scales(Spache, 1981), Durrell Analysis of Reading Difficulty(Durrell & Catterson, 1980), Doren Diagnostic Reading Test of Word Recognition

Skills(Doren, 1973), Gates-McKillop-Horowitz Reading Diagnostic Test(Gates, McKillop & Horowitz, 1981), Brigance Diagnostic Inventory of Basic Skills(Brigance, 1977) 등이 있다. 이들 검사 중 몇 가지는 음소인식 능력에 관한 유용한 정보를 제공하는 청력 분석과 변별 하위검사를 포함한다. 사정의 목적이 지도할 필요가 있는 내용을 더 정확하게 결정하는 방향으로 변화하기 때문에, 교사들은 이 장의 처음에 소개했던 준거-참조 검사 또는 교육과정 중심 평가를 구성하기 위한 절차를 따르려고 할 것이다. 이러한 전략들은 학생의 교수적 요구를 정확하게 나타내고, 학생의 진보를 점검하기 위한 수준점(benchmarks)을 제공하게 될 것이다. 이 방법은 단어 인식과 유창성의 읽기 사정에 특히 유용하다.

많은 수행평가 활동 역시 매우 효과적이고, 실시가 용이하다. 예를 들면, 교사는 간단하게 학생에게 수준별 문장을 큰 소리로 읽게 함으로써 단어인식 능력, 읽기 유창성, 그리고 초인지 기술에 관한 풍부한 정보를 얻을 수 있다. 이들 문장은 학생의 읽기 능력 범위 내의 수준에서 시작할 수 있고, 그리고 나서 학생에게 도전감이 생기도록 난이도를 증가시킨다. 후자는 교사가 학생에게 무엇이 문제점이 되고, 곤란할(stuck) 때 학생이 어떤 전략을 채택하는가를 확인할 때 매우 중요하다. 만약 학생의 수행이 읽히는 자료의 형태에 따라 변화하는지를 알아보기 위해서는 기초 읽기자료, 내용영역 교재, 높은 흥미의 자료와 같은 다양한 출처로부터 문장을 선택하는데 주의해야 한다. 자료의 선택은 다문화와 언어적 차이에 대한 고려를 반영하여야 한다. 만약 소리내어 읽기(oral reading)를 사용하게 되면, 학생의 수행을 녹음하는 것이 도움이 된다. 그러면 교사는 학생이 읽을 동안 오류 표시에 집중하지 않아도 된다. 녹음은 교사가 학생의 모든 읽기 행동을 관찰하는 데 초점을 두도록 허용한다. 학생이 읽는 것을 관찰하는 동안 검목표의 활용을 고려하는 것도 좋은 생각이다. 이러한 검목표의 예가 〈그림 6-9〉에 제시되어 있다.

학생: 일시:

행동의 검목표	항상	가끔	거의 안함
감정을 표현하며 읽는다.			
분명하게 좋은 발음으로 읽는다.			
단어를 하나씩 읽는다.			
구두점을 관찰한다.			
의미를 찾아 읽는다(자료의 뜻을 이해하려고 한다).			
익숙하지 못한 단어는 빠뜨리든지 읽지 않는다.			
언어학적으로 적절한 단어를 대체한다.			
참고 과제를 수행한다.			
쉽게 좌절한다.			
자음을 안다.			
단모음을 안다.			
장모음을 안다.			
모음/자음 쌍을 안다.			
가장 기본적인 일견 단어를 안다.			
단어를 추정해본다.			
다양한 단어 공략 방법을 사용한다.			
읽는 위치를 자주 놓친다.			

<그림 6-9> 소리내어 읽기 행동 검목표

검목표는 관찰에 초점을 두도록 하고, 추수 질문이나 면접에서 탐색해야 하는 영역을 확인하는 것을 돕는다. 그리고 나서 교사는 테이프를 다시 들을 수 있고, 제5장에서 제시한 일반 오류분석 지침을 사용하여 학생의 오류 유형을 분석할 수도 있다. 〈표 6-1〉에 제시한 오류 유형은 낭독의 결과를 해석하고, 추수 면접을 위한 영역을 제안하는데 사용될 수 있다.

오류분석과 추수 면접을 함께 사용함으로써 교사는 학생이 읽기에 접근하는 방법과 필요한 특정 기술에 관한 분명한 정보를 얻을 수 있게 된다. 예를 들면, 모르는 단어로 인해 고생하는 학생에게는 추수 면접에서 "곤란한 단어(tough words)"를 이해하기 위해 사용했던 전략을 말하도록 질문을 할 수 있다. 추수 질문과 면접활동은 읽기과제를 수행하는 동안 학생의 사고 과정에 대한 직접적인 정보를 제공하기 때문에 초인지 능력을 평가하는데 특별히 유용한 방법이다.

읽기기술에 초점을 둔 수행평가는 더 쉽게 구성할 수 있다. 예를 들면, 교사가 학생에게 구절을 읽게 하고, 읽은 내용에 대한 질문에 답하게 하는 것이다. 그러나 만약 이 접근방법을 사용하려면, 4가지 중요한 요인을 명심해야 한다. 첫째, 학생이 특정 양식 또는 다른 양식을 사용할 때 의미에 더 쉽게 집중할 수 있다는 것을 발견할 수 있기 때문에, 학생에게 구절을 조용하게 또는 큰 소리로 읽을 선택권을 주어야 한다.

둘째, 사정의 주요 목적이 학생이 읽은 내용을 얼마나 잘 이해하는가를 알아보는 것이 때문에 학생이 별다른 어려움 없이 교재를 읽었는지를 확인하여야 한다. 구절은 학생의 일반적인 읽기 능력 내에 있는 것을 선택하는 것이 좋다. 고도의 읽기능력 수준을 요하는 구절은 학생이 더 복잡한 자료를 이해할 수 있는지를 평가하기 위한 듣기 이해 과제로 나중에 실시할 수 있다. 셋째, 〈그림 6-8〉에 제시한 것과 같이 단어, 관념, 그리고 구조의 이해를 포함하는 이해 기술의 전체를 다루는 질문을 개발한다.

끝으로, 학생이 가지고 있을 수 있는 어떤 쓰기 문제의 영향을 최소화하기 위해 말이나 글로 대답하도록 허용한다. 구두 답변은 반응에 대한 부가적인 통찰을 얻기 위해 교사가 학생을 면접할 기회를 제공한다.

이해 사정에 대한 또 다른 인기있는 수행-중심 접근방법은 "다시 말하기" 혹은 "생각하여 말하기(think aloud)"를 포함한다(Wade, 1990). 교사가 학생에게 발췌된 문장을 조용하게 또는 큰 소리로 읽게 하고, 가능하면 자세하게 다시 말하게 하고, 되도록이면 나중 분석을 돕기 위해 테이프에 녹음

〈표 6-1〉 소리내어 읽기 오류 유형 안내

오류 범주	관찰된 형태
소리/상징 연합에 대한 지식부족	• 특정 소리/상징 결합을 포함하는 단어를 계속 놓침 • 특정 소리/상징 결합을 포함하는 단어에서 실수
빈약한 단어공략 기술	• 단어를 임의로 추정 • 소리를 함께 결합하는 문제점 • 첫 소리에 기초하여 추정 • 소리 내기의 제한된 시도 • 반복 • 빈번한 교사의 지원 요청
다음절 단어에서 부족한 단어 공략	• 위와 같은 형태 • 단어 중간에서 "길을 잃기" • 음절 생략하기
부족한 구조분석 기술	• 접사 놓치기 • 복합어 놓치기 • 음절구분의 오작용
시각적 처리문제	• 많은 비음성어 혹은 단어 부분 놓치기 • 일반적으로 빈약한 일견 어휘 • 빈번한 단어의 생략
맥락에 대한 주의 제한	• 부적절한 단어 대체 • 임의의 추정
속도 및 유창성 문제	• 한 단어씩 읽기 • 일반적으로 빈약한 일견 어휘 • 잘 모르는 단어에 대한 빈번한 공략 포기
읽기 실수	• 구두점에 대한 제한된 주의 • 실수로 단어 삽입 • 실수로 단어 대체

한다. 발췌문과 학생이 다시 말한 것을 비교해봄으로써 교사는 학생의 강점과 약점에 대해 많은 것을 알 수 있게 된다. 예를 들면, 발췌문이 이야기를 포함할 때, 다시 말하기에서 학생이 이야기 형식의 어떤 요소를 포함했고, 어떤 요소를 생략하였는지를 결정할 수 있다. 학생은 정확한 계열, 사실, 세부항목, 그리고 중요한 사건에 대해 회상하게 될 것이다. 다시 말하는 동안이나 말한 후에, 교사는 학생이 읽었던 것에 대해 면접을 해 봄으로써

부가적인 정보를 얻을 수 있다.

학생 *Jonathan Kraft*
일시 *10/13/98*
과제 4-5학년에 걸쳐있는 3 등급을 매긴 절을 읽기; 하나는 사회과 교과서로부터 선택했다.

	강 점	약 점
• 단어 분석 • 일견 단어	• 대부분의 단어를 시도 • 단음절어에 약간의 문제점	• 다음절어가 계속적으로 어려움 • 항상 첫음절은 바르게 하나, 그 후에 단어나 예상되는 형태에서는 실패
• 읽기 유창성	• 일반적으로 충분함	• 고유명사에서 약간의 문제점 나타남
• 이 해	• 저학년 수준의 문장에서는 실제적 문제없음 • 저학년 수준의 문장에서는 모든 유형의 질문에 정확하게 응답	• 읽기 수준이 높아지면 평가가 유의하게 떨어짐 • 고학년 수준의 문장에 대한 추론적 질문에 곤란을 보임

추가 탐색 영역 : 다음절어를 위한 단어공략 전략에 대한 지식. 학생이 학년별 단어 목록을 시도할 때, 모르는 단어를 이해하기 위해 사용하는 전략이 무엇인지를 면접한다.

<그림 6-10> 학년별 문장의 소리내어 읽기 결과의 요약

어떤 사정 전략이 사용되었던 관계없이, 교사가 모든 결과를 요약 · 기록하는 것은 중요하다. 〈그림 6-10〉과 같이, 알게 된 것과 관찰한 것의 목록 정도를 포함할 수 있다. 또는 〈그림 6-11〉과 같은 검목표일 수도 있는데, 이것은 중요 기술을 확인하고, 교사가 계속적으로 여러 면에서 발견한 것을 요약할 수 있게 한다. 그것은 또한 이야기식 보고서일 수도 있다. 각각의 경우, 요약문은 사정과제에 관한 학생의 수행에 관련된 판단이나 평가의 기록을 제공한다.

읽기 진단표(Reading Diagnosis Sheet)

학생 이름 ________________ 교사 이름 ________________

학 년 ________________ 학교 이름 ________________

1				한 단어씩 읽기	소리내어 읽기
2				부정확한 표현	
3				빈약한 발음	
4				생략	
5				수용	
6				어순 전환 또는 반전	
7				삽입	
8				대체	
9				모르는 기초 일견 단어	
10				학년 수준에 못 미치는 일견 어휘	
11				단어로 추측	
12				모르는 자음 소리	
13				모르는 모음 소리	
14				모르는 모음쌍/또는 자음군 (digraphs, diphthongs, blends)	
15				바람직한 구조적 분석의 부족(형태론)	
16				불가능한 맥락 단서 사용	
17				모르는 축약	
18				불충분한 이해	침묵
19				불충분한 어휘	
20				도움을 받지 않은 회상 부족	공부 기술
21				반응이 빈약하게 조직화	
22				정보를 찾아낼 수 없음	
23				대충 읽기 불능	
24				자료의 난이도에 맞추지 못함	
25				느린 속도	
26				높은 정확성의 손실	
27				소리내는-입술 운동	기타 능력
28				알파벳 지식의 부족	
29				철자 능력에 의해 제한된 쓰기 회상	
30				사전찾기 기술의 미발달	
	1차 점검	2차 점검	3차 점검		

<그림 6-11> 수행결과의 요약

3) 작문 기술의 평가

작문 또한 가장 중요하고, 복잡한 언어기술 중의 하나이다. Lerner(1997)에 의하면, 작문을 잘하기 위해서는 영어에 대한 탄탄한 기초, 충분한 읽기 기술, 철자 기술, 잘 알아 볼 수 있게 글씨를 쓰는데 필수적인 복잡한 눈-손 운동을 수행하기 위한 충분한 시각과 운동기억, 사용 규칙과 관습에 대한 지식, 문장을 조직하고 계획하기 위한 인지적 전략 등을 포함하는 많은 관련 능력을 필요로 한다. 작문의 복잡성은 이들 요소기술 각각들이 그 자체로 매우 복잡하게 얽혀있다는 사실로 뒷받침되고, 이 모든 요소들이 쓰기를 할 때 동시에 수행되어야만 한다. 이러한 복잡성으로 인해, 쓰기 곤란이 학습 문제를 가장 학생들에게 특히 공통적으로 나타난다는 사실은 놀랍지 않다. 이러한 학생들은 또래에 비해 철자, 손으로 쓰기, 대문자 사용, 구두점 사용에서 더 많은 오류를 나타내는 것을 볼 수 있다(Deno, Marston & Mirkin, 1982; Gerber, 1984; Gerber & Hall, 1987; Graham, Boyer-Schick & Tippets, 1989). 그들은 또한 생각을 조직하고, 작문에서 주제를 개발하는데 어려움을 가지게 된다(Englert, Raphael, Fear & Anderson, 1988; Harrell & vallecorsa, 1987; Nodine, Barenbaum & Newcomer, 1985; Vallecorsa & Garriss, 1990). 이러한 문제점들은 오랫동안 지속적으로 나타나거나 종종 성인기까지 계속된다(Gerber & Reif, 1994; Harris & Graham, 1992).

다른 학업기술 영역과 같이, 철저한 진단적 평가를 실시하기 위한 첫 번째 단계는 작문 영역을 구성하는 기술을 분명하게 이해하는 것이다. 작문의 요소는 문헌에서 많은 방법으로 기술되어 왔다. 우리는 〈그림 6-12〉와 같이 작문을 크게 3가지 요소로 기술하였고, 이들 3가지 요소는 포함된 주요 하위기술로 더 자세하게 구분된다.

관념화	기교	작문 과정
유창성	문법	사전 작문
성숙	철자	조직
단어 선택	대문자 사용	초고쓰기
양식	구두점	평가/교정

<그림 6-12> 쓰기 표현 영역의 요소

〈그림 6-12〉와 같이 첫 번째 요소는 관념화(ideation)이다. 관념화는 작가의 목적과 의도의 기저에 있는 생각(idea), 그리고 이들 생각을 단어로 표현하는 작가의 능력과 관련이 있다(Choate 등, 1995). 생각을 얼마나 잘 전달하는가에 영향을 미치는 몇 가지 요인이 있다. 작가는 유창하여야 하고, 작가의 의도를 흐리게 하는 단어들을 포함하지 않으며, 생각을 분명하게 표현하기 위해 충분한 수의 단어를 선택할 수 있어야 한다. 작가는 또한 생각을 표현할 때 연령에 적합한 성숙 수준을 나타낼 수 있어야만 한다. 작문의 미성숙한 형태는 명명하기, 기술하기로 특징지워지는 반면에 좀 더 성숙된 작문은 줄거리(plot)를 개발하거나 화제나 관점에 대한 논의로 특징지을 수 있다(Nondine 등 1985; Vallecorsa & Garriss, 1990; Harrell & Vallecorsa, 1987). 생각을 효과적으로 전달하기 위한 작가의 능력에 영향을 미치는 또 다른 요인은 단어 선택이다. 단어의 신중한 선택은 의미를 분명하게 함은 물론 흥분과 기대를 일으키는데 도움이 된다. 결국, 작가의 일반적인 스타일이 생각을 얼마나 잘 전달하는가에 영향을 미친다.

〈그림 6-12〉의 두 번째 요소는 쓰기 표현의 기교(mechanics)와 관계가 있다. 이것은 언어의 기본 문법규칙에 대한 지식은 물론 언어의 쓰기 형식에만 적용할 수 있는 관습에 대한 지식(철자, 대문자 사용, 구두점 규칙 등)을 포함한다. 이들 영역 중 특정 부분에서의 불충분한 기술은 작가가 생각을 효과적으로 전달하는데 상당한 손상을 입히게 된다.

마지막 요소는 작문 과정(composition process)으로, 생각을 작문으로 변화시키는데 필요한 일련의 인지적 기술을 포함한다. 다시 말하면, 작문 과정은 효과적으로 "모든 것을 협력하게(pull it all together)" 하기 위해 작가가 해야만 하는 일과 관계가 있다. 그림에 나타난 바와 같이, 작문 과정은 전형적으로 작가가 목적과 독자를 설정하고, 주제에 대한 선행 지식을 탐색하고, 참고 자료를 수집하고, 생각을 토론하는 등등의 사전 작문 활동으로 시작한다. 다음 단계는 어떻게 생각을 조직하고, 전개할 것인가를 위한 계획을 포함한다. 그리고 나서 이 계획은 작가가 생각을 종이에 옮길 때 첫 번째 통로인 초고로 정교화된다. 끝으로 작가는 초고를 평가하고, 교정해야 할 부분이 있는가를 확인하는데 주의를 돌린다. 작업을 마친 작품에 대해 작가가 만족할 때까지 교정과 평가 과정은 계속된다.

쓰기 사정을 위한 첫 번째 단계는 교사가 학생의 쓰기 능력에 대한 첫인상을 가지는 것이다. 쓰기 기술에 대한 좋은 개관을 제공하고, 2학년부터 12학년까지 학생에게 사용할 수 있는 상업용 검사는 쓰기 검사(*Test of Written language*; Hammill & Larsen, 1996)이다. 관념화와 쓰기 기법에 관련된 기술을 다루는 다양한 인위적이고, 자발적인 쓰기 과제를 학생에게 완성하도록 한다. 비록 이 검사가 작문 과정에 관한 능력을 사정하도록 고안되지 않았을지라도, 교사는 학생이 이야기 쓰기 하위검사를 수행할 때 학생을 관찰함으로써 통찰을 얻을 수 있다. 다양한 쓰기 기술에 대한 준거-참조 측정을 제공하는 또 다른 상업용 검사는 브리갱스 진단검사(*Brigance Diagnostic Inventory of Essential Skills,* 1981)이다.

상업용 검사를 사용하는 대신, 학습결과물 자체를 평가함으로써 사정을 시작할 수도 있다. 이것은 숙제와 자력 연구과제와 같은 일상적인 쓰기 과제는 물론 검사나 특별 연구과제와 같은 쓰기 과제를 포함할 수 있다.

1. 관념화와 관련된 오류
   - 너무 적거나 많이 쓰기
   - 나이에 비해 부족한 어휘
   - 제한된 문장 구조 변화
   - 제한된 색깔 단어의 사용
2. 결속성(cohesion)과 관련된 오류
   - 빈약하게 조직된 아이디어
   - 아이디어들간의 관계가 불분명
   - 전환 장치/본문 단서의 빈약한 사용
3. 문법과 관련된 오류
   - 빈번한 단어사용 오류
   - 대명사의 오용
   - 빈약한 주어/동사 일치
   - 정확한 시제를 포함하는 문제들
4. 대문자 사용과 구두점과 관련된 오류
   - 필요없는 곳에 대문자 사용
   - 필요한 곳에 대문자 생략
   - 필요없는 곳에 구두점 사용
   - 필요한 곳에 구두점 생략
   - 대문자 사용과 구두점 사용 규칙의 일관되지 못한 사용
5. 철자의 빈약한 음향적 측면과 관련된 오류
   - 음절과 소리를 놓치기
   - 이어서 쓴 단어
   - 떨어뜨려 쓴 단어
   - 의도한 단어와 관계없는 소리
   - 필요없는 소리 추가
6. 철자의 시각적 측면과 관련된 오류
   - 제한된 소리/상징 변형의 사용
   - 잘못된 소리/상징 변형 선택하기
   - 음성에 과도한 의존
   - 듣지 못한 부분 생략하기
   - 순서 오류
7. 철자에 대한 형태론적 규칙
   - 접두사 혹은 접미사를 포함하는 오류
   - 어근의 변화를 포함하는 오류
8. 글자 모양 기억하기
   - 거꾸로 보기
   - 대문자/소문자의 혼용
   - 인쇄체/필기체의 혼용
9. 운동 계획을 기억하기
   - 많은 지운 자국
   - 깊은 자국
   - 겹치는 선
   - 부족한 간격두기
   - 불규칙한 크기와 모양
   - 계속적인 악화
   - 쓸 때마다 글자 다르게 쓰기

<그림 6-13> 쓰기 표현의 오류유형 안내

이들 항목을 선정함에 있어 학생의 수행이 주제와 쓰기 과제의 본질에 따라 달라질 수 있기 때문에, 산출물이 교과 영역의 전체 범위로부터 포함

될 수 있도록 주의해야 한다. 학생의 공부 결과물을 평가하는 것은 제 5장에서 기술한 오류분석 기법을 활용할 수 있다. 〈그림 6-13〉은 오류유형에 대한 요약으로, 이것 역시 오류 분석하는데 도움이 될 것이다. 이 그림은 쓰기 표현의 특정 영역에 문제를 가진 학생들이 흔히 나타내는 오류유형을 보여준다. 그러나 그림에 나타난 쓰기표현 유형은 서구(즉, 미국) 문화에 특유한 것이다.

그림에서 보여 준 쓰기의 다양한 요소들과 서구가 아닌 다른 문화가 어떻게 관련되는가는 매우 다를 수 있다. 〈그림 6-14〉는 사정 결과를 요약하는데 사용하기 위해 오류유형 지침을 교사가 어떻게 수정하는지를 보여준다.

사정 결과를 확인하기 위한 학생 면담을 통해 학생의 쓰기 결과물 검사가 향상될 수 있다. 이것은 아이디어화 또는 작문 과정에 관련된 문제점을 탐색할 때 특히 그렇다. 예를 들면, Juan의 쓰기 결과물 재검토는 그의 필체가 읽기 어렵고, 그의 보고서는 비록 철자 오류는 없어도 매우 짧다는 것을 보여주었다. 그에 대한 후속 면담에서, Juan은 글씨 쓰기가 너무 지루하고, 쓰기에서 철자 실수하는 것을 싫어하기 때문에 그는 쓰기 공부를 증오한다고 보고했다. 그 결과, 그는 철자를 분명하게 알고 있는 단어 하나만을 선택해서 가능하면 짧게 썼다. 면담을 통해, 생각을 표현하는데 문제점으로 여겼던 것이 실제로 쓰기 기술에서 더 많은 문제점이 된다는 것을 알게 되었다.

교육적 요구(instructional needs)를 정확하게 판단하기 위해 다양한 후속 검사를 실시할 수 있다. 이 장의 처음에 개관했던 절차를 사용하여 준거-참조 검사와 수행과제를 쉽게 구성할 수 있다. King-Sears(1994) 역시 쓰기영역의 교육과정 중심 사정을 수행하기 위해 APPLY 모형을 어떻게 사용하는가를 설명하는 일련의 사례를 제시하였었다. 문자 구조(letter formation), 철자, 문장 쓰기, 문단 쓰기 영역에 대한 예가 제공되었다.

학생 이름 ______________	일시 ______________
과　　제 ______________	
오류의 범주	**수행 요약**
관념화	
작문 기술	
철자의 음향적 측면	
철자의 시각적 측면	
철자의 형태론적 규칙	
문자 모양 기억하기	
운동계획 기억하기	

<그림 6-14> 쓰기 수행의 요약

〈그림 6-15〉에 제시된 과제의 위계는, 다양한 기술 수준에서 수행하는 학생을 위한 교사-제작 쓰기 평가의 구성을 안내하는데 사용될 수 있다. 교사는 목표 학생이 수행할 수 있는 최고 수준을 확인함으로써 평가를 시작한다. 이것은 교실의 쓰기 과제에서 학생의 전형적인 수행을 고려함으로써 평가할 수 있다. 학생이 일련의 주제로 연결된 문단을 산출할 수 있는 충분한 기술을 가졌는가(즉, 특별하게 잘 표기되지 않아도 학생이 이야기나 작문을 생성할 수 있는가)? 만약 그렇지 않다면, 학생이 일련의 주제로 연결된 문장을 산출할 수 있는가(즉, 학생이 문단을 쓸 수 있는가)? 문단 쓰기가 너무 어렵다고 가정한다면, 학생이 적어도 일련의 개별 문장은 쓸 수 있는가? 혹은, 학생이 쓰기의 요소 기술 각각을 별도로 수행하는데 평가의 초점을 두어야 할 것인가?

교사가 학생을 연속적인 본문 수준 또는 단일 문장 수준에서 사정하기로 결정한 다음, 학생을 위한 과제를 구성하는데 어느 정도의 도움이 필요한가도 결정해야만 한다. 즉, 도움이 필요하다면 어떤 종류의 자극 단서가 제공되어져야 할 것인가? 〈그림 6-15〉에 제시된 위계는 고려해야 할 많은 대안들을 제안한다.

3. 연속되는 본문 쓰기
- A. 이야기 만들기(일련의 문단들)
  1. 교사의 지시없이
  2. 화제로부터
  3. 이야기의 부분으로 부터
  4. 그림으로부터
  5. 그림의 순서로부터
- B. 문단 만들기
  1. 교사의 지시없이
  2. 화제로부터
  3. 화제 문장으로부터
  4. 그림으로부터

2. 단문 쓰기
- A. 문장 만들기
  1. 화제로부터
  2. 단어로부터
  3. 그림으로부터

1. 쓰기 표현의 요소 기술을 나타내기
- A. 생각을 말로 나타내기
- B. 손으로 쓰기
- C. 철자하기
- D. 인쇄 규칙 알기

<그림 6-15> 쓰기 표현 과제 위계

이와 유사하게, 만약 교사가 학생이 쓰기 표현의 요소 기술을 나타내는 것에 사정의 초점을 두어야 한다고 결정한다면, 〈그림 6-16〉에 있는 과제가 적절할 것이다.

쓰기 포트폴리오(portfolios) 또한 쓰기의 수행 평가를 가능하게 하는데, 특히 체계적으로 면담 자료와 교사 협의회 결과물을 수집한 것을 포함할 때 가능하다. 포트폴리오 쓰기 사정에 대해 더 많은 공부를 원하는 사람은, 이 접근을 사용하는 것과 관련된 많은 절차적 관심을 언급하였고, 처음 평가를 하려는 사람에게 좋은 모형을 제공하는 Graves와 Sunstein(1992)을 참조하여야 한다.

아이디어 만들기
- 이야기하기
- 그림이나 일련의 그림에 대해 이야기하기
- 친숙한 사상이나 경험을 기술하기

철자
- 문장을 받아쓰기
- 예측할 수 있는, 그리고 예측할 수 없는 형태를 표현하는 낱개 단어 쓰기
- 소리를 표현하기 위한 문자 쓰기

손으로 쓰기
- 이름과 알고 있는 철자의 단어를 받아쓰기
- 일련의 문장과 낱개 단어를 복사하기
- 인쇄체와 필기체로 알파벳 쓰기
- 문자 받아쓰기
- 예측할 수 있는, 그리고 예측할 수 없는 형태를 표현하는 낱개 단어를 쓰기
- 소리를 표현하기 위한 문자 쓰기

인쇄 규칙
- 예문의 대문자 사용과 구두점 오류를 교정하기
- 예문의 오류 교정하기

<그림 6-16> 요소 기술을 사정하기 위한 예제

4) 기초 수학기술의 사정

학습과 행동문제를 가진 학생 대부분이 언어 기술에서 어려움을 가질지라도, 이러한 학생들은 수학에서도 자주 문제점을 나타낸다. 불행하게도, 수학장애는 읽기와 쓰기에 관한 문제점보다는 상대적으로 적은 주의를 받아왔다(Camine 1991; Carpenter, 1985; Fleishner, 1994; Vaughn & Wilson, 1994). 이러한 현상은 아마도 읽기와 쓰기 기술이 학교의 모든 교과 영역의 성공을 위해 필수적이기 때문일 것이다. 수학적 능력과 학교 성공과의 관계는 종종 분명하지 못하다. 그럼에도 불구하고, 많은 교과에서 문제해결, 추론하기, 그리고 논리적 사고를 요구하고, 이 모든 기술이 수학 교육과정에서 개발되었다. 다른 교과영역 역시 도표와 그래프를 이해하고, 평가할 수 있는 능력과 같은 더 많은 기초 수학 기술을 포함한다. 수학 기술이 학교 성공을 위한 중요한 요소라는 것에 덧붙여, 수학 기술은 점점 더 직장에서 성공을 위한 필수요소가 되고 있다.

Rivera와 Smith(1997)에 의하면, 대부분의 특수교육 요구 학생은 수학 교육과정의 고급 요소들을 접하지 못한다고 한다. 따라서 수학 사정을 실시하는데 대한 아래의 논의는 기초 수학기술 영역에 한한다.

문헌에는 많은 다른 분류들로 구분하고 있지만, 여기서는 기초수학 기술을 〈표 6-2〉와 같이 3개의 광범위한 기술 범주로 요약하기로 했다. 계산(computation)은 계산기로 했을 때와 같은 예상 응답에 도달하기 위해 규칙에 따라 수를 조작하는 것을 포함한다. 계산을 다시 3가지 하위기술 영역으로 구분하였다. 첫째, 아동이 숫자를 계산이나 문제해결에 사용하기 전에 많은 준비 기술(readiness skills)을 숙달하여야만 한다. 아동은 하나의 사물이나 상징을 다른 것과 일치시킬(1:1 대응) 수 있어야만 하고, 하나 또는 그 이상의 공통 속성에 따라 사물을 분류할 수 있는 능력(분류)을 가져야만 한다. 아동들은 길이나 높이(서열)와 같은 사물이 지니는 특별한 성격의 정도에 따라 사물을 서열화할 수 있어야 한다. 끝으로, 아동은 수와 수 체계(계산과 자리값)에 대한 기본적 이해를 습득해야할 필요가 있다.

〈표 6-2〉 기초 수학의 요소들

계산하기	측정	문제 해결
• 준비성 1:1 대응 분류 서열화 세기 자리값 • 기초 수 사실 • 연산 덧셈 뺄셈 곱셈 나눗셈	• 길이 • 양 • 시간	• 필요로 하는 것 결정하기 • 정보 조직하기 • 해결을 위한 활동전략 개발하기 • 정확한 수 계산법 적용하기 • 결과 평가하기

계산 기술의 두 번째 범주는 기초 사실에 관한 지식을 포함한다. 기초 사실은 읽기에서 기초 일견 단어가 암기되는 것과 매우 흡사한 방법으로 "작은 문제점"으로 기억된다. 이들 둘 다 유창성과 정확성을 증가시키는 효과를 가진다.

끝으로, 계산하기는 정답에 이르기 위해 지켜야 할 어떤 연산법(algorithms)이나 계산 규칙의 숙달을 포함한다. 연산법은 정수의 덧셈, 뺄셈, 곱셈, 나눗셈의 계산을 수행하기 위하여 숙달해야만 한다. 학생들은 또한 분수와 소수를 이용한 4칙 연산을 하기 위해서도 연산법을 배워야만 한다.

〈표 6-2〉에 나타난 두 번째 범주는 3가지 유형의 측정 기술(길이, 양, 시간)을 포함한다. 학생들은 각 유형의 측정에 관한 다양한 개념, 용어, 측정 도구에 익숙해져야 한다. 학생들은 측정을 포함하는 계산도 할 수

있어야만 한다.

〈표 6-2〉에 나타난 마지막 범주는 문제해결인데, 이것은 모든 계산과 측정 수학 교수의 목표로 인식되고 있다. 문제해결은 "모르는 것"을 이해하기 위해 다양한 수학적 기술과 지식을 새롭거나 다른 상황에 적용하는 것이다. 우리는 문제해결을 Choate 등(1995)이 제안했던 일련의 하위 기술로 구분했었다. 이들 하위기술들은 문제를 해결하기 위해 전형적으로 거쳐가야만 하는 절차의 구조를 반영한다. 우리는 이 구조가 자체의 진단적 가치 면에서 유용하다고 믿는다. 즉, 이것은 학생의 문제해결 곤란의 근원을 분리해 내는데 도움이 된다. 시중에서 판매되고 있는 많은 준거-참조 검사가 모든 학년에 걸쳐 수학 곤란을 진단하는데 매우 도움이 될 수 있다. 예를 들면, *Brigance Diagnostic Comprehensive Inventory of Basic Skills*(Brigance, 1983)은 〈표 6-2〉에 제시된 각각의 기술 영역을 모두 포함하는 수학 하위검사를 가지고 있고, 유치원부터 9학년까지 사용할 수 있다. 이 검사와 짝을 이루는 *Brigance Diagnostic Inventory of Essential Skills*(Brigance, 1981)는 기능적이고, 응용 수학기술을 강조하며, 4학년에서 12학년까지 사용 가능하다.

Enright Diagnostic Inventory of Basic Arithmetic Skills(Enright, 1983)는 4학년부터 성인까지 적용 가능하다. 이 검사의 초점이 다소 좁다고 해도(전적으로 계산하기 측면만 다루고 있음), 교수 목표와 직접적으로 연결되는 상세한 오류 분석 절차를 제공한다. 또 다른 것으로 *Hudson Education Skills Inventory-Mathematics*(Hudson & Colson, 1989)이 있는데, 모든 학년의 학생을 대상으로 광범위한 수학 기술을 사정하는데 사용할 수 있다. 이 검사의 컴퓨터 판(version) 또한 유용한데, 학생 수행의 컴퓨터 분석에 기초하여 교수 목적과 목표를 제공해 준다.

시중에 판매되고 있는 검사들이 중요한 사정 정보를 제공할 수 있는 반면에, 교사 제작 준거-참조 검사는 특정 교육과정에 직접적으로 연계되는 부수적인 이점을 가지고 있다. 교사들은 자신의 학급에서 교수의 초점인 교육목적과 목표를 반영하는 검사항목을 구성할 수 있다. 특정 기술에 어느 정도의 강조점을 두는가와 언제 기술을 소개하는가에 따라 수학 교육과정 자료들이 상당하게 다를 수 있기 때문에, 교사 제작 검사는 특히 유용하다.

이 점을 평가하기 위해, Brightwood 중학교 수학 교사인 Mrs. Harkins를 생각해보자. 그녀의 기초 수학 1학기 학급 학생들은 기능적 수학 기술에 초점을 둔 교육과정으로 공부를 하고 있고, 기초 계산 기술을 개발하는데 상당한 초점을 두고 있다. 특히 예산세우기, 돈 관리하기, 세금 계산하기, 측정하기와 같은 소비자 관련 기술에 초점을 두고 있다. 대조적으로, 2학기 수학 학급을 위한 교육과정은 더 고급 계산 기술(분수, 소수, 퍼센트의 계산 완성하기), 1원 1차 방정식, 다단계 문제해결 등에 초점을 두고 있다. 만약 그녀가 이들 두 학급을 위한 준거-참조 검사를 개발한다면, 두 검사의 내용은 상당하게 다를 필요가 있다. 그러나 그녀가 두 가지 검사를 개발하기 위해 거쳐야 하는 단계는 동일하다. 그녀는 사정을 위한 매개변수(parameter)를 설정함으로써 시작할 것이다. 즉, 그녀는 각 사정에서 언급되어질 특정 기술을 분리할 것이다. 그리고 나서 학생 능력을 공정하게 평가하기 위한 검사 항목의 수를 결정하고, 수용할 수 있든 없든 간에 수행을 판단하기 위한 준거 또는 "수준점"을 설정할 것이다. 〈그림 6-17〉은 Harkins 선생님이 이러한 절차를 사용하여 그녀의 2학기 학급을 위해 개발한 준거-참조검사의 예이다.

준거-참조 검사 대신, Harkins 선생님은 학생의 학업 산출물을 체계적으로 평가함으로써 정보를 수집할 수도 있다. 이들 산출물은 일상적인 교실 과제, 숙제는 물론 주간 시험, 단원 시험 또는 학기말 시험을 포함할 수 있다.

수학시험

수업 : 수학 일시 : 5-4-98
교사 : Harkins

A. 초점 : 다시 무리짓기, 동일한 분모를 가진 혼합된 수의 합 덧셈하기

$8\frac{3}{5} + 2\frac{4}{5}$ $6\frac{4}{7} + 3\frac{6}{7}$ $4\frac{2}{3} + 9\frac{2}{3}$

$3\frac{1}{5} + 11\frac{4}{5}$ $9\frac{2}{3} + 2\frac{2}{3}$ $5\frac{5}{8} + 12\frac{7}{8}$

B. 초점 : 다시 무리짓기 없고, 다른 분모를 가진 혼합된 수의 합 덧셈하기

$5\frac{1}{3} + 3\frac{1}{2}$ $6\frac{1}{4} + 3\frac{1}{3}$ $9\frac{1}{5} + 7\frac{2}{3}$

$6\frac{1}{4} + 8\frac{3}{8}$ $11\frac{6}{10} + 9\frac{3}{8}$ $14\frac{3}{5} + 16\frac{3}{4}$

수행 준거 :
숙달(Mastery) = 적어도 5개 문제가 정확
미숙달(Non-mastery) = 4문제 미만이 정확
불확실한 숙달(Uncertain mastery) = 4문제가 정확

<그림 6-17> 준거-참조 수학검사의 예

Harkins 선생님이 선택한 사정 방법에 관계없이, 수행 결과를 분석하기 위해 앞에서 제시했던 오류분석을 위한 일반 지침과 함께 많은 전략을 사용할 것이다. 그리고 그녀는 학생이 수학 사정 과제를 완성하는 동안이나 후속 활동 중에 구두 진단 면담을 실시함으로써 학생의 수학 문제점의

원인에 대해 많은 것을 알 수 있다. 학생에게 문제를 어떻게 해결하였는가, 혹은 특정 해답을 한 이유를 질문함으로써 학생의 사고과정에 대한 통찰을 얻을 수 있다. 이 과정은 어떤 기술을 지도해야 하고, 어떻게 지도해야 하는가를 정확하게 판단하는데 도움이 된다. 다른 전략은 계산 오류를 오류의 원인에 따른 범주로 묶는 것이다. 〈그림 6-18〉은 일반적인 계산 오류 유형의 요약을 나타내고, 각 유형별 예를 제공한다. 더 많은 일반적인 계산 오류 유형의 목록을 원하면 Ashlock(1998)을 참조하라.

오류 유형	예		
잘못된 계산	47 - 63 110	82 - 19 101	
계산 오류	64 + 12 77	^{8}91 - 36 56	/ 28 × 9 104
결점이 있는 연산법	16 + 9 115	34 - 18 24	78 × 12 716
마구잡이 반응	34 + 12 93	71 + 23 36	50 - 28 94
부주의	6984 + 3047 10941	746 - 331 15	46 × 3 128
개념 이해 없음	3.2 + .17 49	$7\frac{5}{6}$ $-3\frac{1}{3}$ $4\frac{4}{3}$	

<그림 6-18> 계산에서 오류 유형의 예

4. 전략적 학습 행동의 사정

1) 가정

우리가 논의했던 바와 같이, 학교에서의 성공이 기초기술 영역의 충분한 능력에 좌우되는 반면에, 학생들은 또한 자주적인 학습(independent learning)을 위해 필요한 많은 관련 기술을 가져야만 한다. 자주적인 학습자는 지식을 효과적으로 습득하고, 조직하고, 표현할 수 있어야 한다. 그들은 시간과 자원을 조정할 수 있고, 수업과 토론에서 정보를 얻고, 자신의 진보를 점검하고 평가하며, 언제 도움을 청해야 할지를 알 수 있다. 자주적인 학습자는 교재로부터 의미를 찾기 위해 다양한 읽기 이해 기법을 적용하고, 정보를 종합하고, 기억하고 인출하기 위해 체계적인 전략을 사용한다. 결국, 자주적인 학습자는 학교에서 가르치는 정보를 얻고, 사용하기 위해 "전략적 학업 행동"을 채택한다.

일반 교육과정은 학생들이 전략적 학습 행동을 개발하는 것을 돕는데 관심이 적다. 이러한 사실은 일반교육 환경에서 요구하는 많은 학업지원기술이 부족한 학습 및 행동문제를 가진 학생들에게는 불행한 일이고(Hallahan, Kauffman & Lloyd, 1999; Lerner, 1997; Mercer, 1997), 이러한 행동들은 분명하게 배우지 않으면 그것을 학습할 수 없다는 것이다.

아래의 논의에서 우리는 중요한 전략적 학습 행동을 두 가지 큰 범주로 구분했다. 학습전략과 공부 기술. 비록 이들 두 용어가 문헌에서 다양하게 정의되었을지라도, 우리는 Wade, Trathen, 그리고 Schraw(1990)가 사용했던 정의를 선호한다. 넓은 범위의 "… 특정 학습 과제를 완수하기 위한 목적으로 함께 사용했던 전술들(tactics)."

2) 학습 전략

학습 전략은 개인이 학습하고, 기억하고, 문제를 해결하고, 그리고 이해하기 위해 거쳐야 하는 절차로 생각할 수 있다. 학습 전략은 개인이 학습과제에 접근하고, 그들의 수행을 계획 · 실행 · 평가하는 것을 생각하는 수단이다. 결국, 학습전략은 개인이 자신의 학습에 참여하기 위해 사용하는 행동들이다. 효과적인 학습자는 자신의 학습을 지시하고, 통제하기 위해 다양한 학습전략을 채택한다. 학습전략의 예와 각 전략이 어떻게 작용하는지가 〈표 6-3〉에 제시되어 있다. 예를 들면, 개인이 자기-대화, 자기-질문, 그리고 정교화와 같은 기법을 채택할 때 "적극적 처리"전략이 사용된다. 적극적 처리는 개인이 진행형으로 학습한 자료와 상호작용할 것을 요구한다. 이와 유사하게, 학습자가 정보를 다루는데 있어 기억술(mnemonics), 시각적 이미지, 색깔 단서와 같은 장치를 채택할 때, 그들은 기억을 자극하고, 인출을 돕기 위해 이끌어 낼 수 있는 기억 단서를 스스로 제공하고 있는 것이다.

〈표 6-3〉 중요한 학습 전략

전략	예
적극적 처리	자기-대화 자기-질문 협력하기
기억 단서들	기억술 시각적 영상 색깔 단서
언어적 시연과 복습	암송하기 풀이하기
조직화	무리짓기 군집화 그래프 조직자/도표
평가	예상하기 자기-점검 반성

3) 공부 기술

효과적인 학습자는 교과서, 수업, 그리고 학급 토의로부터 의미를 얻는데 도움이 됨은 물론 자기 자신과 각 교과 영역에서 직면했던 정보의 가치를 조정하는 것을 돕기 위한 다양한 공부기술을 채택한다. 〈그림 6-19〉는 학생이 사용하는 다양한 전략에 관한 정보를 수집하는데 사용될 수 있는 목록(inventory)이다.

작성자: __________ 학생: ___________ 일시: ____________

각 공부 기술의 하위 기술 옆의 ㅁ에 적절한 수(1, 2, 3)를 쓰시오(1= 숙달된—규칙적으로 적절하게 기술을 사용: 2=부분적으로 숙달된—약간의 향상이 필요한: 3=미숙달—기술을 자주 사용하지 못함).

1. 읽기 속도
- 대강 훑어보기
- 빨리 읽기
- 보통 속도
- 공부 혹은 정독
- 읽기 속도의 중요성 이해

2. 듣기
- 듣기 활동에 참여한다.
- 음성 메시지에 의미를 적용한다.
- 청각적 혼동을 제거한다.
- 음성 메시지를 이해한다.
- 듣기 기술의 중요성을 안다.

3. 공책 필기/요약 쓰기
- 제목/부제목을 적절하게 사용한다.
- 간단하고 깨끗하게 공책 필기한다.
- 필수적인 정보를 기록한다.
- 쓰기 활동 중 기술을 적용한다.
- 수업 중 기술을 사용한다.
- 조직화된 개요 개발한다.
- 일관된 공책 필기 형식을 따른다.
- 노트 필기의 중요성을 안다.
- 개요 작성하기의 중요성을 안다.

6. 그래픽 지원
- 시각적 자료의 관련 요소에 주의한다.
- 발표에서 시각을 적절하게 사용한다.
- 자신만의 그래픽 자료를 개발한다.
- 발표시 시각적 자료에 의해 혼동되지 않는다.
- 시각 자료의 중요성을 안다.

7. 시험 보기
- 조직화된 방법으로 시험 공부한다.
- 시험에 포함된 다른 화제를 공부하기 위해 적절한 만큼의 시간을 소비한다.
- 시험을 위해 당일치기를 피한다.
- 주관식 반응을 적절하게 조직한다.
- 질문에 답하기 전에 지시를 읽고 이해한다.
- 반응을 교정하고, 오류를 점검한다.
- 질문에서 단서 단어를 확인하고 사용한다.
- 대답을 적절하게 기록한다.
- 어려운 문항은 뒤로 남겨둔다
- 분명한 오답을 제거한다.
- 시험 보기 혹은 시험-공부 오류를 결정하기 위해 완성된 시험을 체계적으로 검토한다.
- 과거의 시험-보기 오류를 교정한다.
- 시험-보기 기술의 중요성을 이해한다.
- 과제를 계산하기 위해 자료를 적절하게 사용한다.

4. 보고서 쓰기
- 쓰기에서 생각을 조직한다.
- 개요로부터 문자 보고서를 완성한다.
- 필요한 정보만 포함한다.
- 적절한 문장 구조를 사용한다.
- 구두점을 바르게 사용한다.
- 쓰기 과제를 교정한다.
- 분명한 서론을 쓴다.
- 분명한 결론을 포함한다.
- 보고서 쓰기의 중요성을 안다.

5. 구두 발표
- 구두 발표에 자유롭게 참여한다.
- 구두 발표 잘-조직화한다.
- 몸짓을 적절하게 사용한다.
- 분명하게 말한다.
- 구두로 보고할 때 적절한 언어를 사용한다.
- 구두 보고의 중요성을 안다.

- 다른 유형의 참고자료와 근거를 확인할 수 있다.
- 참고자료의 중요성을 안다.

8. 도서관 이용
- 목록시스템(카드나 컴퓨터화)을 효과적으로 활용한다.
- 도서관 자료를 제 자리에 놓을 수 있다.
- 도서관의 조직 배치도를 이해한다.
- 매체 전문가의 서비스를 알고 이용한다.
- 도서관의 모든 기능과 목적을 이해한다.
- 도서관-이용 기술의 중요성을 이해한다

9. 참고 자료
- 다른 참고자료의 요소들을 확인할 수 있다.
- 안내어를 적절하게 사용한다.
- 필요할 때 참고 자료에 대해 상담한다.

10. 자기-관리
- 자신의 행동을 점검한다.
- 필요하면 자신의 행동을 바꾼다.
- 행동하기 전에 생각한다.
- 자신의 행동에 책임을 진다.
- 자신의 학습을 방해하는 행동을 확인한다.
- 자기-관리의 중요성을 안다.

공부 기술 숙달의 요약

아래 표에서 공부기술의 하위기술에 대해 숙달(1), 부분적으로 숙달(2), 미숙달(3)의 수를 요약한다. 각 공부기술 옆에 적힌 수는 각 영역의 하위기술의 전체 수를 의미한다.

공부 기술	숙달	부분 숙달	미숙달	공부기술	숙달	부분 숙달	미숙달
읽기 속도-6				시험 보기-13			
듣기-5				도서관 이용-6			
공책 필기/요약하기-9				참고 자료-6			
보고서 쓰기-10				시간 관리-9			
구두 발표-6				자기-관리-6			
그래픽 지원-5							

요약 의견:

<그림 6-19> 공부 기술 검사의 견본

학생의 학습전략과 공부기술 사용에 대한 사정은 교사-개발 과제나 활동을 통해 보다 쉽게 달성될 수 있다. 예를 들면, 교사는 학생에게 특정 유형의 학습 과제에 어떻게 접근하고, 수행했는가를 말하도록 질문함으로써 학습 전략에 대한 포괄적인 사정 정보를 얻을 수 있다. 〈그림 6-20〉에 제시한 것과 같은 면접 질문은, 교사가 어디에서 교수가 필요할 것인가를 결정하는 데 도움이 될 수 있다. 이와 유사하게, 체계적 관찰은 학생이 다른 과제들을 어떻게 공부하는가, 어떤 과제가 학생에게 가장 크게 혹은 가장 적게 문제가 되는가, 곤란을 당했을 때 학생은 무엇을 해야 하는가를 밝혀줄 수 있다. 학생의 학습 결과물에 대한 검사는 특정 공부기술의 결함 형태를 밝힐 수 있다. 아마도 학생의 오류가 학급 토의에서 다루었던 항목을 포함하는 경향이 있다면, 듣기와 주의와 관련된 문제점일 것으로 가정한다. 혹은 혼자 읽기 숙제로부터 취한 항목에 전반적으로 오류가 나타난다면, 학생에게 본문 자료를 이해하고, 조직하기 위한 전략을 지도할 필요가 있다고 가정한다. 이러한 가능성 외에, 학습전략은 제3장에서 소개했던 전략 중재 모형(Strategies Intervention Model; SIM)에 있는 절차를 사용하여 사정할 수 있다.

1. 수업에서 읽기 과제를 받았을 때, 어떻게 합니까? 당신이 읽은 것을 이해하고, 기억하는데 도움이 되기 위해 어떤 단계를 취합니까?
2. 어떻게 당신의 과제를 잊지 않습니까?
3. 몇 가지 숙제를 받았을 때 어떤 단계를 따릅니까?
4. 수업내용을 공책 필기해야 할 때 어떤 전략을 사용합니까?
5. 많은 과제를 해야만 할 때 시간을 어떻게 계획하십니까?
6. 시험을 어떻게 준비합니까? 시험 준비를 돕기 위해 특별한 단계를 취하십니까?
7. 수업에서 문제가 있을 때, 도움을 받기 위해 어떤 단계를 취하십니까?
8. 수업에서 진보를 어떻게 아십니까?

<그림 6-20> 공부 기술 면접의 견본

5. 학업 진보를 점검하기

이 장 전체를 통해, 중재 효과를 안내하고, 학생의 진보를 점검하기 위한 맥락을 제공하기 위한 문서 계획을 개발하는 수단으로서 사정 활동 결과 요약의 중요성을 강조해왔다. 이 절에서는 사정 요약으로부터 쉽게 도출할 수 있는 진보를 점검하기 위한 몇 가지 접근방법에 대해 논의한다. 앞에서 이미 그래프 기법 사용 절차를 언급했었기 때문에, 이 절에는 포함시키지 않았다. 학생 수행을 점검하는 가장 쉬운 방법은 성공적으로 도달했었던 교육목표의 문서기록을 보관하는 것이다. 이를 위해, 교사는 학생에 대한 현재 교수 우선순위나 단기 목표가 되어질 사정 요약의 많은 목표들을 강조해야 한다. 또는 〈표 6-4〉와 같이, 교사가 학생을 위한 현재 교수 우선순위의 목록을 자유 서술식으로 작성할 수도 있다. 두 가지 경우에, 언제 교수를 시작하고, 언제 숙달될 것인가의 날짜를 표시하는데 주의해야 한다. 나타내야 할 숙달 수준을 제시하는 것과 가능하다면 수행을 보여주기 위해 학생의 학업 산출물을 첨부하는 것도 좋은 생각이다. 이 접근법은 학급에서 아무도 학습하고 있지 않은 독특한 교정(remedial) 기술에 초점을 두어야만 할 때, 학생의 진보를 추적하는데 특히 유용하다. 수행 요약으로부터 얻은 정보는 IEP 문서에 기재된 단기, 혹은 장기 목표의 달성과 관련하여 학생의 IEP를 주기적으로 개선하는데 사용되어질 수 있다.

또한, 이 방법은 특정 교육과정을 거친 학생의 진보를 추적하는 데에도 사용할 수 있다. 예를 들면, 〈그림 6-21〉은 8학년 소비자 수학 학급에서 다루었던 목표의 목록이다. 교사는 교사용 지도서에 포함되었던 정보의 범위와 계열로부터 이들 목표를 추출했다. 목표 학생이 교육과정을 이수해 나갈 때, 교사는 지속적으로 수행을 기록한다. 교사는 학생을 위한 후속 계획을 안내하기 위해 이 양식을 사용한다는 것을 주목하라. 그래서 Kammie가 물건을 사고 세금 계산에 곤란을 가지는 것이 분명했을 때, 그녀의 선생님은 그녀를 돕기 위해 두 가지 교수 중재의 목록을 작성했다.

〈표 6-4〉 현재 교수우선순위를 요약하기 위한 개방형 양식

기술 영역	교수 개시	숙달 일시	숙달 준거
1. 0을 포함한 다시 무리짓기에 의한 뺄셈	9/24/98		100 %
2. 15개의 새로운 일견 단어 읽기	9/21/98	9/30/98	100 %
3. 적절한 이름에 대문자 사용하기	9/18/98	10/5/98	100 %
4. 인과관계 확인하기	9/15/98		95 %
5.			
6.			
7.			
8.			
9.			
10.			

〈그림 6-22〉는 한 번에 여러 명의 학생에 대해 교육과정 이수를 통한 진보를 추적하는데 사용할 수 있는 진보 점검 양식이다. 이렇게 가장 단순한 양식에서 제공하는 정보의 범위에 주의하라. 이것은 Aprille 과 Amy라는 두 학생이 교육과정을 통해 상당히 진보를 하였고, 새로운 자료나 심화 수업으로 이동할 준비가 되어있음을 보여준다. 다른 3명의 학생은 몇 개의 목표에 대해 더 공부할 필요가 있음을 보여주고, 이 수업을 위해 어떻게 집단을 구성할 수 있는가를 보여준다. 더욱이, 교수가 일어날 시기, 숙달 준거, 수행을 평가하기 위해 사용된 방법 등에 대한 기록도 제공한다.

학생: Kammie
다룬 단원: 3-5 소비자 수학

목적	소개 일시	숙달 일시	준거	기타 의견
1. 판매세금 계산하기	10/16/98			계속해서 소수점을 잘못 찍음. 절차를 점검하고, 단서 카드를 사용토록 함
2. 단가에 기초해서 최상의 구매 확인하기	10/26/98	11/5/98	95 %	
3. 계산하기 위해 수표 작성하기	11/6/98	11/16/98	100 %	
4. 수표책을 골고루 사용하기				
5. 할인율에 따른 판매가격 계산하기				
6. 인터넷 요금 계산하기				

<그림 6-21> 수학 교육과정을 통한 진보의 요약

최근 점차 인기를 더해가는 다른 진보점검 방법은 학생의 포트폴리오의 사용을 포함한다. McRobbie(1992)에 의하면, 포트폴리오는 교수 과정 동안 생성되었던 학생의 산출물에 대한 유목적적, 협력적, 그리고 자기-반성적 수집이다. 학생들은 포트폴리오에 포함되어질 자신들의 최고 작업의 샘플로 생각되는 자료를 선택한다. 이것은 교사에게 각각 다른 시점에서 학생의 수행을 반영하는 일련의 산출물로 제공한다.

Aprille	Amy	Josh	Turell	Juan	기술/도입한 날짜	숙달 수준
M/O	M/O	M/O	M/O	M/O	5씩 세기 (9/14)	100 %
M/O	M/O	RT/O	M/O	RT/O	10까지의 기초 덧셈사실 (9/16)	95 %
M/C	M/C	M/C	M/C	M/C	동전 이름알기 (9/16)	95 %
M/WS	M/WS	M/WS	M/WS	M/WS	다시 무리짓기 없는 2자리 수 덧셈(9/16)	100 %
M/WS	M/WS	RT/WS	RT/WS	RT/WS	다시 무리짓기에 의한 2자리 수 덧셈(9/25)	100 %

상 태
M = 숙달
RT = 재교육

평가절차(EVALUATION PROCEDURE)
WS = 학습지
T = 지필검사
O = 구두검사
C = 플래시 카드 연습

<그림 6-22> 교육과정을 통한 집단 진보의 요약

6. 요약

경도장애학생을 위한 효과적인 교수는 교사가 학생의 요구를 얼마나 정확하게 파악할 수 있는가와 밀접한 관계가 있다. 이 장에서는 중요한 기초 기술 영역에서 학생의 수행을 평가하는데 사용할 수 있는 일련의 전략들을 소개하였다. 특히, 준거-참조 평가, 교육과정 중심 측정, 진정한 수행평가를 포함하는 몇 가지 비표준화된 대안적 사정에 대해 강조를 하였다. 이 접근법들은 교사가 학생이 배울 필요가 있는 것을 정확하게 결정하는 것을 도울 뿐만 아니라, 일단 교사가 교수를 시작하면 학생의 진보를 점검하는데도 도움이 된다. 이 장에 논의되었던 전략을 사용하는데 익숙한 교사들은 각 학생에 대한 교수 계획(instructional agenda)에 대한 분명한 의식을 가지게 하고, 이 계획이 얼마나 잘 전달될 것인가를 판단하는 맥락을 제공할 것이다.

7. 후속 활동

1. 4학년 학생 집단의 쓰기 표현 기술을 평가하는데 사용될 수 있는 진정한 사정 과제의 목록을 개발하라.
2. 읽기 장애를 가지고 있는 학생의 소리내어 읽기 견본을 테이프에 녹음하라. 학생의 수행을 분석하기 위해 〈그림 6-9〉와 〈표 6-1〉에 제시했던 정보를 이용하라. 결과의 요약을 준비하라.
3. 목표 학생으로부터 몇 가지 쓰기 표본을 수집한다. 학생의 수행을 분석하기 위해 〈그림 6-13〉에 제시했던 오류 유형 안내를 사용하라. 결과의 요약을 준비하라.
4. 계산 학습지에서 학생의 수행 표본을 몇 개 얻어라. 학생의 오류 유형을 분석하기 위해 〈그림 6-18〉에 제시했던 안내를 활용하라. 결과의 요약을 준비하라.
5. 내용의 숙달을 촉진하기 위해 학생이 사용한 학습전략과 관련하여 학생을 면접하라. 학생의 접근방법을 〈표 6-3〉에 제시했던 범주에 따라 분석하라. 학생의 접근방법을 확장시키기 위해 당신은 어떤 권고를 할 수 있습니까?
6. 학생의 진보를 어떻게 점검하는지를 배우기 위해 일반교사와 특수교사

를 면접하라. 특히, 이들 교사들이 개별화교육프로그램의 목표 달성과 관련해서 학생의 진보를 어떻게 추적하는지를 알아내라. 그들의 접근에서 어떤 강점과 약점을 보았는가?

제 7 장

교육과정 조절

1. 효과적인 조절을 위한 단계
2. 조절을 위해 고려할 요소
3. 조절을 실행할 때의 형태
4. 조절을 평가하기
5. 조절을 위한 제안
6. 요약
7. 후속 활동

제 7 장

교육과정 조절(Academic Accommodations)

핵심어

Curriculum Adaption Quick Screen	선행 조직자
PIRATES	초점 질문
SCORER	공부 안내
T-note 전략	공부 기술
KWL	

4학년 담당 교사인 Mrs. Wannemaker는 사회과 과제에서 23명의 학생들과 수업하고 있다. 학생들은 각각 독자적으로 공부하고 있고, 각 학생은 North Carolina 주의 지역간 유사점과 차이점을 조사하고 있다. 23명의 학생 중 4명은 읽기 곤란(poor reader)이고, 2명은 학습장애로 판별된 학생이었다. 학습장애학생인 Justin과 Megan은 읽기 문제점은 물론 문어에서도 곤란을 가지고 있다. 학급의 다른 두 명의 학생은 주의력 결핍 과잉행동장애(Attention Deficit Hyperactivity Disorders; ADHD) 아동이다. 두 명의 주의력 결핍 과잉행동장애학생은 밖에서 진행되는 체육수업 시간에는 그렇지 않지만 교실 수업에서는 계속적으로 과제에 집중하라고 상기시키지 않으면 혼자 공부를 할 수 없다. Wannemaker 선생님은 항상 North Carolina 지역 단원을 좋아했으나 올해는 상당한 조절을 할 필요가 있고, 자신이 힘들다고 느낀다.

Wannemaker 선생님은 그녀가 과제를 시작할 때 어떤 조절을 해야 하는지를 전혀 결정할 수가 없었다. 예를 들면, 선생님은 과제의 각 절에 대한 완료일 목록으로 구성된 학생 안내가 모든 학생들에게 도움이 될 것으로 생각했고, 과제에 오랫동안 집중하지 못하는 ADHD 아동에게 특히 도움이 될 것으로 생각했다. 더욱이, 만약 학생들을 소규모 협력학습 집단으로 나누면 특별한 읽기 요구를 가진 학생들에게 도움이 될 것이라고 생각했지만, 협력학습 과제를 위해 개인별 연구과제를 바꾸는 것은 그녀의 전체 성적평가

체제를 바꿀 것을 요구하였다. Wannemaker 선생님은 협력학습 집단을 구성하기로 결정하였다. 각 집단에 읽기장애, 학습장애, 또는 ADHD 학생 중 한 명을 배치하고, 각 집단의 다른 3명의 구성원들은 성적 우수자와 성적 부진아가 균형을 이루도록 배치한다. 이렇게 함으로써, 그녀는 협력학습 집단의 구성원들이 서로서로를 도울 수 있으며, 모두에게 이익이 될 것이라고 믿었다.

Wannemaker 선생님에게 연구과제 평가는 항상 어렵지만, 그녀의 평가체제는 개별 보고서 읽기와 보고서의 내용, 철자, 표현(필적과 깔끔함)을 평가하는 것이었다. 올해는 더 혼란스럽다. 그녀는 각 협력학습 집단의 4명 학생에게 어떻게 평점을 부여할 것인지를 계산하여야만 할 뿐 아니라 Justin과 Megan(두 학생은 쓰기장애)이 속한 집단에게 구두 보고를 선택할 수 있도록 해야 한다는 것을 알고 있다. 모든 학생에 대해, 그녀는 학생들의 협력과 노력에 대한 평가도 계산에 포함시킬 필요가 있다.

Wannemaker 선생님은 수업을 시작하고, 연구과제를 소개한다. 그녀의 학생들은 매우 열심이다. 학생들을 집단에 배치하고, 자신들의 맡은 부분에 대한 불평을 들은 후에 연구과제를 실행시켰다. 그녀는 공부 안내를 나누어주고, 완료일을 기억하도록 표시된 달력을 확인시킨다. 그녀가 작업을 시작했을 때, 어떤 집단은 잘 맞는 반면에 그렇지 않은 집단이 있다는 것을 알았다. 집단 중 하나는 4명 학생이 각각 따로 공부하고 있었다. Wannemaker 선생님은 이 집단구성 조절이 잘 운영될 것인지와 그녀가 사용한 적이 있던 다른 조절이 필요할까 생각했다.

이 장의 목적은 교사가 일반학교에 통합되어 교육받고 있는 초등 및 중등 장애학생을 위한 학교 교육과정을 조절하고, 실천하는 것을 도울 수 있는 전략과 절차를 기술하는 것이다. 학습과 행동문제를 가진 학생을 위한 교육과정 조절을 위한 실제적이고 효과적인 전략들이 논의되었고, 교수와 학습 전략들이 교실에 쉽게 적용될 수 있는 형태로 제시되었다. 최대한 적절하게 장애학생을 포함한 모든 학생들이 위임된 학구 교육과정 내에서 학습할 기회를 제공한다는 연방정부의 요구가 교육자들에게 점점 더 강하게 요구되고 있다. 일반교육과 특수교사들이 일반교육 교육과정에 대한 적합한 조절을 개발하기 위해 노력하고 있다는 것을 최근 알게 되었다. 과도하게 시간 소모적이거나 강제로 지속함이 없는 효과적인 교육과정 조절을 발견한다는 것이 중요한 도전과제가 되었다. "통합운동의 영향이 교육과정과 교육과정 실행, 그리고 조절 영역보다 더 명백하게 나타나는 곳은 없다 (Hoover & Patton, 1997)."

교육자들은 종종 장애학생들을 위해 과제를 줄이고, 검사나 시험 시간을 늘리고, 평가 기준을 하향 조절할 것인가에 대해 질문을 하고 있는 자신을 발견한다. 이들 3가지 조절은 일반학교 교실에서 교육받고 있는 경도 장애학생들에게 가장 흔히 제공되는 것이지만, 그렇다고 가장 효과적인 것은 아니다. 예를 들면, 만약 학생이 검사지를 읽지 못한다면, 검사를 완수하기 위한 추가 시간을 제공하는 것이 특별히 도움이 될 것 같지는 않다. 어떤 경우에, 선의(well-meaning)의 조절이 실제로 학생의 학업 진보를 방해할 수도 있다.

장애학생들에게 적합한 조절을 제공하는 것은 여러 가지 교과를 위해 제안된 조절 목록으로부터 단순하게 선택하는 것 이상이다. 그것은 계획하기, 학생의 능력과 기술의 사정, 자원에 대한 고려 등을 요구한다. 그것은 또한 장애학생과 관련된 모든 교육자들간의 협력을 포함한다. 아래의 절에서는 (1) 효과적인 조절을 위한 단계, (2) 조절을 위해 고려할 요인, (3) 조절을 할 때 사용하는 형식, (4) 조절을 평가하기 위한 방법, (5) 조절을 위한 제안 등에 대해 논의한다. 그리고 공부기술 전략과 함께 특정 내용영역의 조절도 제안한다.

1. 효과적인 조절을 위한 단계

교육자들이 조절을 교육과정의 통합된 부분으로 구안할 때 가장 효과적이다. 아래의 단계를 따르는 교사들은 그들의 교육과정에 조절을 통합하는 것이 쉽다는 것을 알게 될 것이다.

- 학생들과 그들이 공부하는 방법을 알아라(예를 들면, 학습 방식, 강점과 약점, 장애)
- 무엇을 가르칠지, 당신의 학생이 배우기를 원하는 것이 무엇인지, 그리고 그것이 가능한지를 결정하라(예를 들면, 장기 목적 및 목표, 단기 목적 및 목표).
- 어떻게 가르칠 것인지를 결정하라(예를 들면, 교수적 결정)(Council for Exceptional Children, 1997).

예를 들면, 4학년 일반교사를 생각해 보자. 대부분의 학생들이 평균 또는 그 이상의 지능을 가지고 있으나 몇몇 학생이 학구 절차(school district's procedures)를 통해 읽기와 문어 영역에서 특정 학습장애를 가진 것으로 판별되었다. 대부분의 학생들은 시각 양식을 사용하여 가장 잘 학습하는 것으로 나타났다. 이번 주에 교사는 비행(항공)의 역사, 그리고 특별하게 Orville과 Wilbur Wright 형제를 처음 비행으로 이끌었던 사건에 대해 가르칠 계획을 세웠다. 선생님은 이 단원을 매년 지도했으나-그녀가 가장 좋아하는 단원 중의 하나이다-올 해는 학급에 학업 문제를 가진 몇몇 학생이 있으므로 그녀는 약간의 변화가 필요하다는 것을 알았다. 특수교사와의 상담을 통해, 그녀는 최종 과제를 바꾸기로 결정하였다. 과거에 이 과제는 개별 연구 보고서였으나 올해는 팀 과제(team project)로 결정하였다. 전체 학급이 두 명씩 짝을 이루도록 나누어질 것이고, 장애학생은 비장애학생과 짝을 이루게 될 것이다. 각 파트너는 할당된 과제를 받게 될 것이다. 한 명은 팀 과제를 지원하기 위한 사진자료와 연구물을 확보할 책임을 지게 될 것이다(선생님은 이 일을 각 쌍의 문어장애학생에게 주었다). 다른 팀 구성원은 컴퓨터로 보고서를 작성하는 책임을 질 것이다(선생님은 이 과제를 각 쌍의 문어장애가 없는 학생에게 할당하였다). 선생님은 이 방법 사용의 이점은, 학급의 모든 학생들이 짝을 짓고, 각 쌍에서 한 학생이 쓰기 과제를 하기 때문에 장애학생에게만 초점을 두지 않는다는 것이라고 믿는다.

이 교사는 학업 곤란 학생에게 맞추기 위해 학급 조직을 변화시켰다. 〈그림 7-1〉에 목록으로 제시하였고, 학급의 다른 차원은 특수교육 요구

학생을 위한 조절에 초점을 두었다. 조절은 개별 학생의 요구에 따라 학급 조직, 학급경영, 제시방법, 연습방법 또는 시험방법 등을 변화시켰다.

학급조직	학급경영	제시방법	연습방법	시험방법
집단 배열 변화 • 대집단 교수 • 소집단 교수 • 개별 교수 • 또래 지도 • 독자적 자기-교수 활동 • 학습센터 교수방법 변화 • 교사-중심 • 학생-중심	평가체계 변화 • 숙제 • 검사 • 학급 토의 • 특별 과제 강화체계 변화 • 칭찬 • 집으로 메모 보내기 • 등급 • 자유시간 • 특별 활동 • 실물 • 진보 표 규칙 변화 • 어떤 학생을 위한 차별 • 명시적/암시적	내용 변화 • 학습할 양 • 새정보를 학습할 시간 • 개념 수준 일반구조 변화 • 선행 조직자 • 예비 질문 • 단서들, 기억 장치 • 즉각적 피드백 제공 • 학생을 적극적으로 참여 유형 변화 • 언어-수업, 토론 • 쓰기-시험, 학습지 • 시연 • 시청각 • 녹음기 • 슬라이드용 필름 • 영화 • 불투명 투시경 • 투명도	일반구조 변화 • 연습할 양 • 연습할 시간 • 집단/개별 • 교사 중심/독자적 • 쉬운것부터 어려운것까지 범위의 항목 반응 수준 변화 • 흉내내기 • 재인 • 단서를 통한 회상 • 단서 없는 회상 자료 형태 변화 • 학습지 • 교재 • 시청각장치	형태 변화 • 언어적 • 문자 • 시연 일반 구조 변화 • 집단/개별 • 검사할 양 • 마치는 시간 반응 수준 변화 • 재인 • 단서를 통한 회상 • 단서 없는 회상

<그림 7-1> 통합교사를 위한 교수적 대안

Hoover와 Patton(1997)은 조절이 개발될 수 있는 내용 요구, 교수 전략적 요구, 교수 환경적 요구, 학생 행동 요구를 확인하기 위해 Curriculum Adaptation Quick Screen 〈그림 7-2〉을 사용할 것을 제안한다. 이 선별 도구는 특정 학생과 관련 있는 교사가 여러 학급에서 필요하다고 생각되는 수정(modification or adaptation)을 확인함으로써 완성될 수 있다.

교사 : ______________ 학생 : ____________ 교과 : ______________

전략 : ____

학급 상황 : ____

교실에서 확인된 교과, 전략, 상황과 관련해서 학생이 활동하기 위해 소유해야 하는 각각의 능력 옆에 표시하라.

내용 요구

- 충분한 읽기 수준
- 필요한 선행기술
- 필요한 경험
- 충분한 언어 능력
- 충분한 추상적 사고 능력
- 교과 영역 자료의 흥미
- 기타

교수 전략 요구

- 전략 사용에 의해 동기유발된다.
- 전략이 적극적인 학생 참여를 가져온다.
- 전략을 통해 정보를 획득한다.
- 전략 사용을 이해한다.
- 전략이 학생의 주의를 과제에 잡아둔다.
- 기타

교수 상황 요구

- 사용된 상황의 유형 내에서 과제에 참여할 수 있다.
- 필요할 때 독자적으로 공부할 수 있다.
- 사용했던 상황의 유형을 위한 적절한 또래 상호작용 기술을 가진다.
- 사용했던 상황을 통해 쉽게 정보를 습득한다.
- 상황에 자유롭게 참여한다.
- 사용했던 상황 내에서 과제를 완수한다.
- 기타

학생 행동

- 자기-통제를 유지한다.
- 주어진 시간에 과제를 완성한다.
- 자신의 행위에 책임을 진다.
- 효과적인 자기-관리 기법을 사용한다.
- 공부와 학습전략을 효과적으로 사용한다.
- 교수 상황의 유형에 적절한 행동을 한다.
- 기타

교육과정 수정요구의 요약

내용 ______________________________

____

교수 전략 ______________________________

____

교수 상황 ______________________________

____

학생 행동 ______________________________

____

<그림 7-2> Curriculum Adaptation Quick Screen

2. 조절을 위해 고려할 요소

아래의 목록은 교사가 교실에서 실시하고자 하는 조절을 선택하기 전에 답변을 해야만 하는 질문들이다.

- 당신은 왜 조절을 하려고 합니까? 아직도 달성되지 않은 교육목표는 무엇입니까?
- 학생의 사회적 기술은 얼마나 좋습니까? 조절을 선택할 때 사회적, 의사소통적 기술을 고려할 필요가 있습니까?
- 학생은 교사가 어떤 조절을 사용하기를 원합니까? 학생이 다른 것보다 특정한 조절에 더 편안함을 느낍니까?
- 하나의 특별한 조절이 특수교육 요구 학생과 다른 학생에게는 어떻게 수용되어집니까? (Council for Exceptional Children, 1997)

물론 가장 중요한 것은 조절을 하지 않은 것보다 조절하는 것이, 학생이 일반학급의 교육목표를 달성하는데 도움이 되어야 한다는 것이다. 예를 들면, 학습장애학생을 위해 자주 추천되는 조절은 검사를 실시할 때 학생에게 여분의 시간을 제공하는 것이다. 그러나 학생이 검사지를 읽는데 곤란이 있고, 검사를 치르는 기술이 부족하지 않다면, 이 학생에게 여분의 시간을 주는 것은 별 도움이 되지 않는다. 이 학생에게는 여분의 시간을 주는 대신에 질문 크게 읽기를 고려해볼 필요가 있다. 읽기 장애는 없으나 주의력결핍 과잉행동장애를 가진 두 번째 학생에게 여분의 시간을 주는 것은 잘한 일이다. 이와 같은 의미로, 집단 내에서 상호작용을 요구하는 조절을 선택하기 전에, 교사는 장애학생이 협력적으로 공부하는 방법을 안다는 것, 또래 집단과 공부하는 것이 편안할 것이며, 충분한 표현 언어기술과 사회적 상호작용 기술을 가지고 있다는 것을 확신해야 할 것이다. 집단에서 공부하는 것은 장애학생이 혼자 공부하는 것보다 더 많은 부담을 줄 것이고, 이러한 형태의 집단구성 조절은 별 의미가 없다.

조절은 장애학생에게 도움을 받는다는 느낌을 가지게 하지만, 어떤 학생들은 제공된 조절의 사용을 원하지 않을 수도 있다. 이것은 중학교나 고등학교에서 조절이, 학생에게 또래와는 분명하게 다른 것을 요구하는 경우이다. 예를 들면, 만약 교사가 검사를 하기 위해 여분의 시간을 제공하나 여분의 시간이 휴식시간이나 점심시간에만 주어질 수 밖에 없다면, 장애학생은 검사를 치르기 위해 친구와 노는것을 포기하는데 난색을 표할 것이다.

끝으로, 조절은 교사의 습관과 절차(routines and procedures)에 맞출 필요가 있다. 어떤 조절은 단순히 시간이나 예산이 과도하게 많이 소요될 수도 있다. 예를 들면, 공부 안내서는 장애학생과 비장애 또래학생에게 유용한 서류철은 물론이고 학부모들도 항상 고맙게 여긴다. 그러나 많은 교사들은 적절한 공부 안내서를 마련하기 위한 별도의 시간을 가지지 않는다. 어떤 교사들은 짧은 시간에 질문 목록을 작성하는 것으로 공부 안내서를 대신하기도 하지만, 어디서, 어떻게 답을 찾아야 하는지 알지 못하는 학생에게는 도움이 되지 않는다. 일반교사가 어떤 조절을 할 것인지 고려하기 시작할 때, 특수교사에게 개별 장애학생을 위한 조절 가능성의 개요를 완성하도록 지원을 요청하는 것이 도움이 될 것이다. 〈그림 7-3〉에서 Justin을 위한 조절 요구의 개요를 완성하였다. 이 개요는 모든 일반교사들이 공유할 수 있다.

조절의 개요

이름 : Justin 일시 : 11-9-98

학년 : 7학년 교과 : 사회와 과학

현재 행동: Justin은 제 시간에 과제를 제출하지 않는다. 시험 준비도 하지 않는다.

목표: 제 시간에 제출하는 과제의 수를 증가시키고, 시험 점수도 높인다.

과거에 시도했던 조절: 없음

조절 전략

1. 숙제는 매일 큰 글씨로 수업 시작할 때 앞의 흑판에 쓸 것이다.
2. Justin의 반을 두 명씩 쌍으로 나눌 것이다. 각 공부 친구 쌍은 메모장에 매일의 과제 쓴 것을 확인하도록 할 것이다.
3. 다시 베끼지 않고 시험을 위한 공부를 촉진시키는 노트-필기 전략이 전체 학급에 가르쳐질 것이다.
4. 모든 학생(특히, Justin)이 공책을 가지고 다니도록 매일 공책 검사가 실시될 것이다.
5. 각 단원을 시작할 때 부분적으로 완성된 공부 안내가 제공될 것이다. 단원의 끝부분에 공부 친구들은 그들의 공부 안내를 완성도와 정확성에 대해 비교할 것이다. 완성된 공부 안내가 모든 학생에게 유용할 것이다.

교사 싸인 : ______________________

전략 수행 기간: 9주

검토 일시 : ______________________

<그림 7-3> Justin을 위해 완성된 수정 요구 양식의 견본

3. 조절을 실행할 때의 형태

조절은 몇 가지 형태를 통해 실시될 수 있다. 예를 들면, 학급 교사는 교수집단 배치, 수업형태, 교수적 배치, 또는 수업의 목표를 변화시킬 수 있다. 교사들은 또한 교수방식의 변화를 고려할 수도 있다(〈그림 7-4 참조〉 Council for Exceptional Children, 1997).

1. 교수 집단 혹은 배열을 변화시키기
2. 수업 형태를 변화시키기
3. 목적을 변화시키기
4. 교수방식을 변화시키기

<그림 7-4> 조절의 초점

1) 학습집단 배치 바꾸기

교수적 배치는 대집단 교수, 협력학습 집단, 또래 파트너로부터 개별 교수, 자습까지의 범위가 가능하다(교수적 배치에 대한 추가 정보가 필요하면 4, 5장을 참고하라). 교수적 배치를 바꿀 때 고려할 몇 가지 요소는 〈그림 7-5〉에 제시되어 있다. 예를 들면, 교사가 과제를 수행하는데 어려움이 있는 학생을 적응시키기 위해 대집단 배치에서 협력학습 집단으로 바꾸기를 원할 수 있다.

- 좌석 배열과 공부열람석의 사용
- 교실 내에 다른 학습 영역의 조직
- 학습집단 배열
- 다른 형태의 교수를 전달하기 위한 모든 조직
- 제공된 학습경험에 기초한 집단구성의 융통성
- 긍정적 학습, 질 높은 과제집중 시간, 그리고 효과적인 상호작용을 가져오는 일반적인 분위기

<그림 7-5> 교수 배치를 수정할 때 고려할 요소

2) 수업형태 바꾸기

수업체제는 전통적인 수업/시연/실습, 전학급 토의, 게임과 모의수업, 실험학습을 포함한다. 학생이 더 적극적인 학습자가 되도록 수업 체제를 바꾸는 것은 많은 주의력 결핍 과잉행동장애학생들에게는 매우 성공적인 조절이 될 수 있다.

3) 교수 목표 바꾸기

교수 목표를 바꾸는 것은 전달 속도의 변화 또는 학생에게 전달되는 정보의 양을 변화시키는 것을 포함할 수 있다. 혹은 활동의 순서를 바꾸는 것, 더 많은 실습 기회를 제공하는 것, 또는 아동에게 하나의 큰 과제 대신에 일련의 작은 과제를 제공하는 것을 의미할 수도 있다. 당신의 지도 방식을 바꾸는 것은 더 많은 촉진 제공하기, 더 많은 언어적 또는 문어적 교수 제공하기, 더 많은 신체적 안내 사용하기 등을 포함할 수 있다. 그것은 또한 더 많은 행동관리(behavior management practices)를 실시하는 것을 의미하기도 한다. 물론 이들 중 어떤 것을 선택하는가는 교실에서 교사 행동에 대해 수집된 평가자료에 의해 정해질 수 있다.

4. 조절을 평가하기

교사들은 조절이 교수 목표를 달성하는가를 확인해 봄으로써 조절의 효과를 평가할 수 있다. 고려할 질문은 다음과 같다.

- 조절이 급우들과의 상호작용을 증가시켰는가?
- 조절이 적극적인 학습자가 되기 위한 학생의 능력을 향상시켰는가?
- 조절이 독립적인 기술을 형성시켰는가?
- 조절이 교육과정을 학생의 현재와 미래의 삶에 적합하게 했는가?

- 조절이 과제의 추상성과 복잡성을 감소시켰는가?
- 조절이 교사의 교수 방식과 학생의 학습 방식에 적합하게 되었는가?

종종, 수정과 조절(modifications and accommodations)은 그것의 성공을 결정하기 위한 평가절차 또는 계획이 없이 행해진다. 교사들은 종종 수정 전과 후에 학생의 성적을 비교함으로써 특정 수정의 성공 여부를 평가할 수 있다. 그러나 성적은 학생이 급우들과의 상호작용 증가 또는 적극적인 학습자가 되기 위한 능력의 향상과 같은 성과를 언급하지 못한다. 수정의 시작단계에 관련된 모든 사람들(부모, 교사, 학생 등)이 수정사용의 목표를 결정한다면, 특정 수정의 성공을 평가하는 것은 쉽다. 〈그림 7-6〉

학생이름 : ______________________

수정개시일 : ______________________

사용된 학급 수정 : ______________________

수정 검토일 : ______________________

학생의 강점과 약점

강점	약점
____________	____________
____________	____________
____________	____________
____________	____________

수정 목표의 목록

____

____

____

____

수정 목록

____

____

____

____

<그림 7-6> 수정 평가 안내

의 양식이 수정 또는 조절이 적절한가와 규칙적으로 재검토할 때 사용되어질 수 있다. 이들 점검은 수정의 성공에 대한 신속한 평가를 제공하고, 조정(adjustments)이 이루어져야 할 것인지 여부를 나타낸다.

교사가 개별 학생의 학업 및 행동 요구에 적합한 수정을 제공하는 것과 이러한 수정의 효율성에 대해 정기적으로 평가하는 것은 매우 중요하다.

5. 조절을 위한 제안

이 절에서는 학급에서 조절을 하기 위한 제안을 제공한다. 첫째는 모든 교육과정에 적합한 몇 가지 일반적 조절이다. 둘째는 학생의 공부 습관을 향상시키기 위한 공부-기술 전략 또는 교수전략이다. 그리고 나서 특정 교과 영역에서의 조절을 위한 제안을 한다. 일반적 조절 전략은 다음의 4가지 맥락에서 강조되었다. (1) 참여 요인(participation factors), (2) 본문 요소(textual elements), (3) 과제 완수 요소(assignments completion components), 그리고 (4) 교수의 영향(Council for Exceptional Children, 1997). 공부-기술 절은 검사-받기 수정과 노트-정리하기 전략을 위한 제안을 포함한다. 마지막 절은 수학과 과학, 사회과에서의 조절을 위한 제안을 포함한다.

1) 일반적 조절 전략

이 절은 교사가 (1) 학생의 학급 참여 증가, (2) 학생의 교과서에 대한 이해 촉진, (3) 학생의 과제 완수 증가, (4) 교사의 교수역량을 증가시킬 수 있는 일반적 조절에 대해 논의한다.

(1) 참여 요인

교사들은 대집단 교수 동안 자주 장애학생 또는 비장애학생의 학급참여를 높이기를 원한다. 이를 위해, 교사는 다음의 활동 중 하나를 소개할 수 있다: "생각하라, 짝을 지어라, 그리고 공유하라(think, pair, and share)" "KWL(안다, 알기를 원하다, 학습했다: know, want-to-know, learned)" "자유-쓰기, 자유-대화(free-write, free-tell)" (Council for Exceptional Children, 1997). "think, pair, and share"활동에서, 교사는 화제(topic)에 대한 질문을 하고, 학생들에게 답을 생각해 보라고 한다. 그리고 나서 각각의 학생이 한 명의 파트너를 찾게 한다. 각 팀은 질문에 대한 답을 공유하고, 전체 학급이 다시 모일 때 각 팀에서 1명의 학생이 교사에게 다시 보고한다. KWL절차를 사용할 때, 교사는 화제에 대해 학생들이 이미 알고 있는 것에 대해 함께 브레인스토밍하게 한다. 학생들의 반응은 칠판에 기록하든지, OHP를 통해 스크린에 나타낸다. 그리고 나서 학생들에게 화제에 대해 알고 싶은 것이 무엇이냐고 질문한다. 수업이 끝난 후, 학생들은 화제에 대해 학습했던 것을 토론하고, 이전에 작성했던 목록과 비교하기 위해 다시 모인다. KWL 절차는 특정 단원의 시작과 끝부분에 도입할 수 있다. 교사들은 또한 학생에게 교실에 붙인 도표를 둘러보게 하고, 적합한 도표의 주제에 관해 현재 학생이 아는 것을 쓰거나 그리게 할 수 있다. 나중에 이 도표는 학생이 단원에 대한 평가를 준비할 때 쉬운 참고자료 또는 학습 안내로 사용될 수 있다.

"자유-쓰기, 자유-대화"활동은 학생이 혼돈이 되었거나 의문을 가졌던 수업의 어떤 면을 쓰도록 격려한다. 예를 들면, 비행의 역사에 관해 토론한 후에, 교사는 활동을 멈추게 하고, 학생들이 학습한 것과 아직도 의문을 가지고 있는 것을 쓰게 한다. 교사는 또한 노트 필기와 함께 자유-쓰기 활동을 사용할 수 있다. 첫째, 학생에게 3칸 형태(three-column format)를 사용하여 노트 필기를 하게 한다. 첫 번째 칸에는 주요 개념, 어휘 단어,

중요 주제를 쓴다. 두 번째 칸에는 보조 개념, 단어의 정의, 하위 주제를 쓴다. 세 번째 칸에는 앞의 두 칸에 기록된 화제와 관련해서 가지고 있는 질문을 위해 남겨둔다. 〈그림 7-7〉은 3칸 공책이 취할 수 있는 공란 형식의 예이다.

주요 개념	보조 개념	질 문
어휘 단어	단어의 정의	
중요 주제	부수적 주제	

<그림 7-7> 노트 필기를 위한 3칸 형식

학습과정에 학생의 참여가 증가할수록 학생의 과제 집중 시간은 증가한다. 학생이 과제에서 시간을 많이 보낼수록 학습이 더 많이 일어날 수 있다. 이전의 예들은 단지 참여를 증가시킬 수 있는 3가지 활동이다. 더 많은 예들을 Pollway & Patton(1997)의 Strategies for Teaching Learners with Special Needs 에서 찾을 수 있다.

(2) 본문 요소

교수 조절을 쉽게 수행하기 위해서는 선행 조직자(advance organizers)를 사용할 수 있다. 선행 조직자의 예들은 초점 질문, 학습 안내, 어휘의 사전 지도, 사전지식을 위해 비디오테이프 보게 하기, 교과서나 장(chapter)의 구조 지도하기, 또는 부분적 개요 제공하기를 포함한다. 이들 각각의 예를 아래에 간략하게 설명하였다.

ⓐ 초점 질문 : 초점 질문은 학생이 수업의 주제에 심사숙고하기 전에 제공된다. 예를 들면, 기초 대수학(pre-algebra) 수업의 초점 질문은 OHP를 통해 스크린에 나타난 수학 퍼즐로 구성된다. 학생들이 교실로 들어가

면, 수학 퍼즐 맞출 시간을 5분 준다. 퍼즐을 완성하기 위해서 학생들은 이전 수업시간에 논의하고 연습했던 수학 개념을 이해해야만 한다. 따라서 이 퍼즐은 학생에게 과제 계열에서 다음 단계(오늘 수업의 주제)를 준비하게 한다.

ⓑ 학습 안내 : 학습 안내는 학생이 자신들의 지식을 적극적으로 기록하게 한다. 학습 안내는 다가올 시험을 위해 필요하게 될 중요한 정보를 강조하고, 다음 몇 가지 형태 중 하나로 구성된다. 교사들은 정답이 발견될 수 있는 교재의 쪽수를 적어 공부 안내에 한 쌍의 질문을 제시한다. 혹은 학생이 수업을 들었을 때 학생에게 정답을 채우도록 하는 주요 요점 뒤에 빈 공간을 제공할 수 있다. 학습 안내는 한 쌍의 학생들이 함께 공부하게 함으로써 완성될 수도 있다. 학습 안내를 구성하기 위해, 교사는 각 장이나 수업의 개요를 개발해야만 하나 학생이 빠진 정보를 채우는 데 적극적으로 참여하게 하도록 빈칸을 남겨둔다. 교사는 학생이 학습 안내를 완성했을 때 검토하는 시간을 허용해야 한다. 그렇지 않으면, 학습 안내를 부정확하게 작성한 학생은 잘못된 정보를 기억하게 된다. 더욱이, 학습 안내는 적어도 시험보기 1주일 전에 제공되어야 한다. 그래야만 학생들이 그것을 완성할 시간을 가지게 되고, 그것으로 공부를 하게 된다.

ⓒ 어휘단어의 사전지도 : 교과의 내용이 점차 복잡하게 되면, 교사는 어휘 단어를 사전 지도할 필요가 있다. 사전 지도는 게임이나 학급 전체 활동으로 할 수 있다. 교사는 학생들에게 한쪽 면에는 어휘단어가 기록되어 있고, 다른 면에는 그 단어의 정의가 적혀있는 목록 카드인 "power cards"를 만들게 할 수 있다. 예를 들면, 만약 중세(Middle Ages)에 대한 사회과의 새로운 장이 다소 생소한 독특한 명칭을 의미하는 단어를 포함할 때, 교사는 학생들이 그 장을 읽기 전에 새로운 단어부터 학습하기를 원할 것이다. 많은 교과서들은 각 장의 처음이나 혹은 장 전체에 굵은 글씨체로 새 어휘를 강조한다. 학생들은 새 어휘에 대한 power cards를 만들고, 짝을 지어

서로서로 정의에 대해 공부한다. 이러한 새 어휘의 사전지도는 일단 책 읽기나 수업이 시작되면, 그 장에 대한 토론 수준을 향상시킬 수 있다.

ⓓ 비디오 시청 : 논의되었던 주제에 대한 비디오를 제시하는 것은 새로운 주제를 소개하는 인기있는 방법이다. 국제지리학회(National Geographic Society)와 공공 방송국 서비스 둘 다 내용을 미리 보여주는데 사용될 수 있다. 비디오 가게는 적절한 비디오를 구하기 위한 자원일 수도 있다.

ⓔ 교과서 구조 지도하기 : 교사는 학생과 함께 교과서 구조(제목, 부제목, 틀린 글자, 개요와 요약 문단)를 자주 점검해야 한다. 본문의 요약 문단을 읽음으로써 수업을 시작하거나 각 장의 끝부분에 있는 질문을 검토하는 것은 논의되어질 새로운 주제에 대해 학생이 준비하는 것을 돕는다. 이것은 나중에 학생이 처음부터 그 장을 읽었을 때 얻게 될 정보의 구조(frameworks)를 제공한다. 교과서의 능동적인 읽기를 촉진하기 위해, 교사는 학생의 쌍을 해체하고, 각 학생이 교대로 한 문단씩 읽게 하며, 다 읽게 한 후 상대방에게 주요 요점이나 정보의 가장 중요한 부분을 부연 설명하게 한다. 이것을 다한 후, 상대방은 다음 문단을 읽고, 같은 과제를 완성할 수 있다. 읽기 능력이 우수한 학생을 위해서는 한 번에 한 문단씩 읽게 하는 것보다 한 쪽 전체를 읽게 한다.

ⓕ 부분적 개요(partial outline) : 중요한 정보의 부분적 개요는 읽기 동안에 완성될 수 있고, 이것은 학생이 본문자료를 능동적으로 읽게 한다. 학생에게 읽기를 멈추고, 자기가 읽었던 내용을 점검하게 하거나 쓰게 하는 것은 쉽게 혼돈하는 학생에게 도움이 된다. 부분적 개요는 교사가 읽기 과제를 통해 개별 학생의 진보를 빨리 평가하게 한다.

요약하면, 학생이 더 적극적으로 학습에 참여하도록 돕기 위해 많은 조절들이 사용될 수 있다. 이들 조직자들은 한 학생 또는 전체 학급을 위해 실행될 수 있기 때문에 특별하게 유용하다.

(3) 완성을 위한 과제 계열화

교사는 전체 자료의 계열이나 점검을 위해 주어진 과제의 계열을 수정하는 것이 유용하다는 것을 발견할 것이다. 교사는 장기 과제를 작고, 더 쉽게 습득할 수 있는 단계로 분할하고, 각 단계의 완성 날짜를 할당할 수 있다. 이렇게 함으로써 학생에게 일정표를 제공함은 물론 학생이 장기 과제를 조절 가능한 부분으로 나누는 것을 도울 수 있다. 예를 들면, 학생에게 자서전을 쓰라고 요구하는 것은 매우 부담스러운 작문 과제이다. 그러나 교사는 학생이 하룻밤에 10개 장을 쓰는 것을 원하지는 않는다. 학생에게 과제를 부분 부분으로 하도록 하는 것은, 교사가 학생의 진보를 점검하고, 적절한 시기에 피드백을 제공하고, 학생이 매 주마다 적은 양의 과제를 완성하도록 하게 한다.

교사는 각각의 과제를 완성하기 위해 예와 특정 단계를 제공할 수도 있다. 매년 유사한 과제를 자주 제시하는 교사들은 그 과제물 중 가장 잘된 것의 사본을 보관하였다가 다음 해의 학급에서 예로 활용한다. 과제가 어느 정도 달성되고 있는가의 시각적 표본을 제공하는 것은 자기 스스로 자신의 달성도를 머리 속으로 그리는데(mental picture) 어려움이 있는 학생에게 도움이 된다. 교사는 필요한 과제의 목록을 제공하거나 각 과제를 완성하는데 필요한 요구사항이나 날짜를 알려줄 수 있다. 많은 학생들은 완성할 필요가 있는 과제의 목록을 보고, 이미 완성했던 부분들을 제외시킬 수 있을 때 더 성공적으로 공부한다. 이 방법 역시 학생이 자신의 시간을 조절하도록 훈련한다.

또 다른 쉽게 실행되었던 조절들은 숙제 공책에 기록된 과제를 자주 점검하거나 또는 친구의 제안 공책에 쓰여진 과제를 확인할 “공부 친구(study buddies)”를 학생이 갖도록 하고, 친구가 가지고 있었던 숙제에 필요한 모든 자료들을 자주 조정하는 것을 포함한다. 2인 1조 방식(buddy system)의 이점은 학생들은 서로 서로를 알기 위해 함께 공부할 수 있고, 교사는 이 지루한 과제에서 자유로워지는 것이다.

(4) 지시하기

학생에게 지시하는 것은 교사가 배워야할 중요한 기술이다. 어떤 학생들은 자신들에게 요구되어진 것을 완전하게 이해하기 위해서 지시를 들을(hear) 필요가 있고, 다른 학생들은 지시를 볼(see) 필요가 있다. 장애학생이 학급에 있을 때, 지시의 시각적 목록과 청각적 목록을 모두 제공하도록 하는 것이 언제나 가장 안전하다. 수업을 하기 전에, 교사가 불빛을 깜빡이거나 손을 드는 것과 같은 경계 단서를 사용하는 것은 학생의 주의를 모으는데 유용하다. 목소리를 높이거나 "나를 보세요."라고 소리치는 것은 항상 권할만한 것은 아니다. 교실에서 목소리를 높이지 않고도 비언어적 단서로 바람직한 결과를 얻는다.

교사는 한 번에 한 가지 지시만 해야 한다. 많은 교사들은 한 번에 몇 가지 지시를 하고, 학생이 첫 번째 단계만 완수했을 때 실망한다. 경도 장애학생들은 한 번에 한 가지 지시만 처리할 수 있다. 학급의 나머지 학생들이 다음 활동을 위한 전체 지시를 일일이 열거하고, 교사가 칠판이나 OHP에 지시를 쓰거나 학생들에게 복사된 목록을 나누어 주는 것은 중요하다. 이렇게 함으로써, 지시가 말로 한 다음에 볼 수 있게 될 것이다. 지시의 인쇄물을 사용할 수 없다면, 교사는 전체 학급에 목록을 말한 후에 몇몇 학생에게 지시를 조용하게 반복하도록 하는 방법을 찾을 필요가 있다. 당신은 학생들에게 지시를 반복하도록 함으로써 이해를 점검해야만 할 것이다.

일반적인 운영 방법과 기대를 교실에 전시된 도표나 학생의 공책에 항상 기록한다. 숙제는 항상 칠판의 같은 장소에 쓴다. 과제는 항상 교실 정면에 있는 같은 상자에 넣어둔다. 만약 이것이 일상화된다면, 학생들은 지시를 오해하거나 숙제를 빠뜨리지 않게 될 것이다.

(5) 대안적 평가

경도 장애학생을 위한 대안적 평가는 종종 매우 유용한 조절이다. 평점(등급, grades)은 교육의 과정에서 필수적인 학생 평가의 중요하고도 바람직한 형식이다. 평점은 다양한 목적으로 활용된다. 성취 혹은 달성도를 나타내고, 학생이 더 노력하도록 동기유발하고, 학생 진보평가 시 가정과 학교를 연결시키고, 학생에게 성공감을 제공하는 등등. 그러나 많은 장애학생들은 표준 평가체제에서 좋은 평점을 기대하기 어렵다. 이들에게 있어 평점은 단지 실망만 안길 뿐이다. 노력하도록 동기유발하지 못하고, 학생 성취의 정확한 수준을 전달하지 못하고, 학생에게 성취감을 제공하지 못한다. 교사, 학부모, 학생들에게 평가의 목적이 명백한 경우에는 이러한 학생들을 위한 대안적 평가체제가 개발되고, 실행될 수 있다.

어떤 교사는 경쟁의 압박감과 학생 수행의 등급에 대한 당혹감을 줄이기 위해 통과/실패 (PASS/FAIL) 체제를 사용하기를 원할 것이다. 다른 교사는 학생의 성취와 노력 모두를 부모에게 알리기 위해 하나 이상의 평점을 사용하기를 원할 것이다. 세 번째 교사는 학생을 평가척도 개발에 참여시키고, 특정 문자 평점을 구성할 공부의 질과 양에 대해 학생과 교사가 동의한 특정 문자 평점(A, B, C)으로 각 학생과의 평가계약서를 개발하기를 원할 것이다. 어떤 체제를 선택하였든지 간에, 교사는 부모, 학생, 그리고 학생의 미래 교사들에게 배부했던 문자나 숫자 평점을 구어나 문자로 보충하여야 한다. 협력수업 학급과 같이 학생 평가를 위해 일반교사와 특수교사가 책임을 공유할 때, 두 교사 모두 평점 할당에 참여하는 것이 중요하다. 이 과정을 촉진시키기 위해, 교사는 다음과 같은 활동을 해야 한다.

- 학생의 진보에 대해 자주 대화를 한다.
- 두 교사 모두 학생의 기능 수준과 강점, 약점을 알아야 한다.
- 사용될 검사에 대한 수정(구두시험 또는 검사에 대한 반응 녹음하기)에서 두 교사가 서로 일치하도록 노력한다.

• 두 교사 모두 설명할 수 있고, 정당화할 수 있는 서로 동의한 대안적 평가체제를 개발한다.

2) 특정 교과 조절 전략

교사들은 종종 경도 장애학생을 위한 교과 조절을 제공할 것을 요청받는다. 이 절에서는 읽기 이해, 쓰기, 그리고 공부 기술을 위한 전략에 대해 논의한다.

(1) 읽기 이해

이해는 읽기 과정의 최종목표이다. 많은 경도 장애학생들은 읽은 것을 이해하는데 어려움을 가진다. 읽기 이해를 향상시키는 한 가지 방법은 학생을 더 능동적인 독자가 되게 하는 것이다. 학생이 능동적 독자가 되게 지도하기 위한 많은 전략들이 개발되었고, 일반학급에서 이 전략을 실행하는데 어려움이 없었다. 한 가지 예는 Schumaker, Denton, 그리고 Deshler(1984)에 의해 소개된 학생에게 문단을 읽게 하고, 스스로 몇 가지 질문을 하도록 지도하는 의역(부연설명하기, paraphrasing) 전략이다. Kansas 전략 중재 모형(Kansas Strategies Intervention Model)으로부터 나온 많은 전략과 같이, 부연설명하기 전략은 학생이 전략을 배우고 적용하는 것을 돕기 위해 기억술을 이용한다.

R - 문단을 읽는다.
A - "이 문단의 중심생각과 항목은 무엇일까?"하고 스스로 질문한다.
P - 중심생각이나 항목을 당신의 말로 번역한다.

의미도 그리기(semantic mapping) 역시 읽기 이해에서 학생을 도울 것이다. 학생은 구절이나 장의 중심생각이나 항목을 조직하기 위해 그리기 절차를 사용한다. 다른 전략은 SQ3R의 수정으로 Schumaker, Deshler, Alley, 그리고 Denton(1982)이 제안한 다중통과전략(multipass)이다. 다중통과전략은 주제 장의 내용을 통해 3가지 통로를 만들도록 지도한다. 첫 번째는 구절의 중심 생각과 조직에 친숙해지고, 둘째는 특별한 정보를 얻고, 마지막으로 장(chapter)의 자료에 대해 자신을 검사하는 것이다.

(2) 쓰기

일반학급 학생들은 모든 학문 분야에 골고루 자신의 쓰기 기술을 사용할 것으로 기대되기 때문에, 쓰기 지체는 경도 장애학생에게 심각한 문제점을 나타낸다. 학생의 사고를 구조화하고, 학생이 쓰기 문장을 산출하기 위한 단계별 계열을 따르도록 하는 전략은 상당한 도움이 될 수 있다. 예를 들면, 학생이 바람직한 쓰기 산출물을 위해 단계의 계열을 따르도록 지도하는 TOWER구조와 같은 인지전략을 Kansas대학 연구소가 제안했었다. TOWER 단계는 아래와 같다.

T (Think) - 생각한다.
O (Order ideas) - 아이디어를 정리한다.
W (Write) - 쓴다.
E (Edit) - 편집한다.
R (Rewrite) - 다시 쓴다.

주제에 맞는 글쓰기를 위한 다른 전략은 Ellis와 Lenz(1987)에 의해 제안되었고, 두문자어 DEFENDS로 기억되고 있다.

D (Decide) - 당신의 정확한 태도를 결정한다.
E (Examine) - 당신의 태도에 대한 이유를 검증한다.
F (Form) - 각각의 이유를 설명하는 요점의 목록을 작성한다.
E (Expose) - 첫 번째 문장에서 당신의 입장을 밝힌다.

N (Note) - 각각의 이유와 지지하는 요점을 주목한다.
D (Drive) - 마지막 문장에서 입장을 납득시킨다.
S (Search) - 잘못된 곳과 바른 곳을 찾는다.

Schumaker(1985) 등에 의해 개발되었던 오류-점검 전략은 COPS라고 하는데, 학생이 자신의 쓰기 산출물에서 오류를 탐색하고, 교정하는 것을 돕는다.

C (Captaliged) - 나는 문장의 첫 글자와 이름을 대문자로 썼는가?
O (Overall) - 전반적인 모양새는 어떤가?
P (Punctuation) - 구두점, 쉼표(coma), 그리고 세미콜론(semicolon)은 바르게 사용했는가?
S (Spelled) - 단어들이 철자가 바르게 된 것처럼 보이는가?

일단 학생들이 COPS 전략을 배웠다면, TOWER 전략의 편집(Edit) 단계에 그것을 적용하도록 지도할 수 있다.

(3) 공부 기술

교사들은 효과적인 공부기술을 사용하는 학생이 학교에서 수행이 우수하다는 것을 안다. 효과적인 공부기술은 초등, 중등, 고등교육의 모든 학교 성공에서 중요하다(Hoover, 1990). 여전히 소수의 교사들은 학생이 공부기술을 채택하도록 분명히 지도한다. 교사들은 학생이 지시 없이 적용하기를 기대한다. 이러한 명시적 지시가 가장 필요한 학생들은 경도 장애학생인데, 이들 중 많은 수가 공부기술에 결함이 있는 것으로 밝혀졌다(Polloway & Patton, 1997; Smith & Dowdy, 1989; Strichart & Mangrum, 1993; Strichart, Mangrum & Iannuzzi, 1998). 공부기술은 학생이 학습의 과정에서 구어나 문어 정보를 효과적으로, 그리고 능률적으로 처리하고, 조직하고, 통합하고, 평가하기 위해 채택해야만 하는 기술로 정의된다. 공부기술의 효율적인 활용은 사실이나 개념이 복잡해질 때 더 중요해진다. 2, 3학년 때는 학습할 자료가 너무 추상적이거나 복잡하지 않기 때문에 비효율적인 공부기술이 심각한 곤란을 가져오지는 않는다. 그러나 중학교 때 공부기술의 결함은 손해를 입히기 시작한다. 이 절에서는 ⓐ 시간 조절, ⓑ 필기하기, ⓒ 시험보기 등의 3가지 중요한 기술에 대해 알아본다.

ⓐ 시간 조절 기술

대부분의 경우, 경도 장애학생들은 과제를 완성하고, 교육과정을 숙달하기 위해 더 많은 시간이 필요하다. 이들이 정보를 기억하기 위해 더 많은 시간이 걸린다는 것이 문제이다. 그러나 문제점은 시간을 효과적으로 조절하는 것을 배운 적이 없고, 자기 스스로 시간 계획하기를 숙달하지 못했다는데 있다. Alley와 Deshler(1979)는 장애학생이 두 집단 중 하나에 속한다고 믿는다.

일부 학생들은 "혼란의 연속(confusion squared)"과 "시세에 따름(go with the flow)"이고, 다른 학생들은 너무 상세한(minute-to-minute) 계획자다. 이들 두 집단 모두 비생산적이고, 시간을 지혜롭게 사용하지 못한다.

이와 같은 시간관리 문제점을 조절하기 위해서 교사들은 학생에게 학기달력(semester calendar), 주간 계획표, 일일 메모장 사용 방법을 알려주어야만 한다. 학기 달력은 학생들이 장기과제와 정기시험 날짜를 기록할 수 있게 한다. 학생들은 과제를 더 작은 절로 구분하고, 달력에 각 부분의 완성 날짜를 기록한다. 더욱이, 학생들은 학교 휴일과 특별한 학교 행사를 표시할 수 있다. 이와 같은 장기간(학기) 달력은 학생이 앞날을 계획하고, 자신들의 진보를 점검하게 한다. 교사는 이 학기달력의 복사본을 보관하여야 하고, 학생들은 복사본을 가정에 보관하여야 한다.

주간계획표는 학생 과제의 더 상세한 설명을 제공한다. 일일상자(daily boxes)는 학기 달력보다 더 커야 하고, 할 일에 대해 시간별(또는 매 수업시간마다)로 표시를 한다. 학생들은 매주말 학기 달력을 검토해보고, 주간 계획안에 다음 주의 기재사항을 첨부한다. 교실에서 주어진 과제는 주간 계획안에 들어가야만 한다. 방과 후 활동 또한 주간 계획안에 포함되어야 한다. 일과표(daily organizer)는 3가지 중 가장 상세한 것이다. 학생들은 매일 아침 주간 계획을 검토해야 하고, 다음 날에 관해 기록해야 한다. 일과표 아래 쪽에 특이사항(컴퓨터 종이를 사러 사무용품점에 가기)을 기록하기 위한 공간이 있어야 한다. 일과표는 "내가 오늘 해야 할 일의 목록"이어야 한다. 학생들은 자신의 모든 기재사항을 연필로 쓰고, 규칙적으로 목록을 점검하도록 배워야 한다. 많은 컴퓨터 프로그램들이 빈칸 달력, 할 일(to-do) 목록, 일과표 양식을 제공한다. 이러한 시간-조절 도구들의 사용을 훈련받은 학생들은 일상생활을 구조화하는데 도움을 받을 수 있다.

공책을 조직화 도구로 사용하는 것 또한 시간 조절 기술에 도움이 된다. 공책은 학생이 지정된 날짜와 연기 날짜를 확인하도록 돕는다. 공책은 또한 앞뒤 표지에 접이식 주머니가 있다. 앞표지는 그 날짜에 제출하는 모든 자료를 담을 수 있다. 뒤표지는 저녁 숙제를 위해 필요한 모든 자료를 담을 수 있다. 주간계획표와 일과표는 공책의 앞부분에 보관할 수 있다. 각 주제별로 노트나 인쇄물을 보관하기 위해 색지로 구분할 수 있다. 지퍼가 달린 주머니는 여분의 연필, 자, 계산기 등등을 담을 수 있다. 교사들은 개별 학생이 그들의 공책에 어떤 값어치를 부여하도록 해야 한다. 값어치 있는 항목이 공책에 있으면, 학생들이 공책을 쉽게 잃어버리지 않을 것이라는 것이다. 공책의 한 부분은 학생이 각 주제에 대한 과제와 평가 등급을 자기 스스로 기록하도록 남겨둘 수 있다. 학생이 자신의 평점을 직접 기록함으로써 최종 성적표를 받을 때 자신의 최종 평점에 대해 덜 놀라게 된다.

ⓑ 노트 필기 전략

노트 필기는 학생이 나중에 사용하기 위해 주요 아이디어나 항목을 기록하고, 쓰기를 할 때 정보를 분류하거나 조직하는 것을 요구한다. 노트 필기는 매우 복잡한 과제이다. 경도 장애학생들은 자주 청각 정보를 이해하고, 처리하는데 어려움을 갖는다(Lerner, 1997). 많은 경우 수업의 가장 중요한 내용을 경청하는데 어려움이 있다. 더욱이, 많은 경도 장애학생들은 문어에 어려움을 가진다. 많은 학생의 경우, 알아보기 힘든 글씨체와 틀린 철자로 인해 그들의 노트 필기를 이해하는 것이 어렵다(Suritsky & Hughes, 1997). 노트 필기가 이와 같이 매우 복잡한 기술이고, 많은 학생들에게 매우 어렵기 때문에, 일반학급 교사들은 종종 노트 필기 기술을 지도하는데 시간을 보낼 것인지, 아니면 노트 필기 결함에 대한 조절을 제공하는데 힘을 쏟아야 하는지를 결정해야만 한다(Suritsky & Hughes, 1997). 노트 필기를 지도하기로 결정했을 때, 비교적 쉽게 지도할 수 있는 특별히 도움이 되는 전략은 "T-Note Strategy"이다(Davis & Clark, 1991). 학생에게 공책의 가운데로 선을 수직으로 긋고, 꼭대기 부분에 옆으로 선을 그려 "T"자 모양을 만들도록 지도한다. T 자의 오른쪽에 학생은 중심 아이디어, 어휘 단어, 도표, 또는 만약 교사가 자료를 주었다면 "H"라고 쓴다. 왼쪽은 중심 아이디어의 중요하지 않은 부분, 어휘 단어의 정의, 도표의 제목, 자료의 제목 등을 쓴다. 각 아이디어와 단어 사이의 공간은 비워둔다. 기억해야 될 정보는 "묶음으로" 되고, 그래서 기억하기가 더 쉬워진다. 더욱이, 학생들은 내용에 대한 자기 시험을 치르기 위해 종이를 세로로 접어 쉽게 들 수 있다. 마지막에 각 쪽의 맨 윗부분에 제목과 쪽수가 기록된다.

노트 필기에 어려움이 있는 학생을 위한 조절은 수업을 녹음해서 반복해서 들음으로써 직접 노트 필기를 하게 할 수도 있다. 또는 교사가 노트 필기를 촉진하기 위해 일부분 완료했던 수업/교재의 개요 또는 수업 안내를 제공할 수 있다. 끝으로, 쓰기를 하지 못하는 학생에게는 먹지로 복사해서 노트필기를 대신해 주는 친구나 동료가 쓴 노트의 복사본을 제공해 줄 수 있다. 말하자면, 이러한 조절은 경도 장애학생들의 노트 필기 기술 향상에 도움이 될 수 있다. 〈그림 7-8〉은 공부 기술 지도를 위한 10가지 비결이다. Fender(1990, 1996)는 학생이 효과적인 공부 기술을 사용하도록 훈련하는데 효과적인 유용한 재생 가능한 자료를 제작했다.

1. 저학년에서 다른 공부 기술의 단순한 변형을 소개시킨다.
2. 학년이 증가함에 따라 학생이 진보할 때 각 공부 기술과 관련 있는 더 복잡한 요소들을 점진적으로 증가시킨다.
3. 프로그램을 실행하기 전에 공부기술 프로그램의 특정 목적과 목표를 확인한다.
4. 학생 개인의 강점과 약점이 특정 시기에 강조할 공부기술에 관련된 의사결정을 안내한다.
5. 무엇이 학생을 다른 공부기술을 사용하게 동기 유발하는지를 알고, 프로그램 실행에서 이들 동기유발을 강조한다.
6. 각 공부기술의 적합한 사용을 설명하고, 보여준다.
7. 안내된 연습과 계획된 학습 경험을 통해 학생이 다른 공부 기술을 적절하게 사용할 것을 기대한다.
8. 학생이 기술을 습득하고, 숙달하는 것을 돕기 위해 공부기술을 사용할 지속적인 기회를 제공한다.
9. 다른 교과 영역에 요구가 발생하면 자연스러운 교실 상황에서 공부기술의 규칙적인 사용을 촉진한다.
10. 일단 기초 공부 기술이 처음 숙달이 되면, 기술의 더 복잡한 사용의 강조를 통해 학생이 습득한 공부 기술을 일반화하도록 돕는다.

<그림 7-8> 공부기술을 지도하기 위한 10가지 비결

ⓒ 시험보기 기술

학교에서, 학생들은 정보의 숙달 정도를 시험을 통해 밝힌다. 그러나 많은 학급에서 장애학생들은 자신들에게 필요한 것을 배우지만, "시험 치르는데 능숙하지 못하기" 때문에 시험에서 자신의 이해 정도를 나타내는데 실패한다. 그들은 시험-통찰력(test-wiseness)이 부족하다(Hughes, 1997; Scruggs & Mastropieri, 1998; Veit & Scruggs, 1986). 장애학생들은 동등한 지식을 가지고 있지만 더 효과적인 시험 기술을 가진 다른 학생들에 비해 불리하다. 게다가 시험 기술의 결함은 시험 공포를 일으키게 된다. 시험이 가까워질수록 불안이 발생한다. 빈약한 시험기술과 높은 불안은 장애학생이 숙달을 나타내는데 반대 작용을 한다. 학생이 새로운 개념이나 적용을 학습했다면 시험을 결정해야만 한다. 학생이 시험치는 방법을 이해하는지를 근본적으로 측정할 수는 없다.

만약 시험이 학생과 교사들에게 그들이 학습과 교수에서 얼마나 성공적인지에 대한 피드백을 제공하는 것이라면, 학생들은 시험치는 방법에 능숙해야만 한다. 경도 장애학생들에게 있어, 이것은 시험을 어떻게 준비하고, 치는지에 대한 분명한 교수를 의미한다. 이 교수는 학생이 다가오는 시험을 준비하는 것을 도우는 공부기술과 읽기와 지시 따르기, 정답을 쓰기 전에 질문을 숙고하기, 시험의 모든 부분에 대한 시간 배정하기, 교정과 정답확인하기 등의 시험 기술을 포함한다. 시험 준비하는 학생을 도우기 위해서는 과제 공책을 사용하여 다가올 시험을 복습하는 것을 가르치는 것이 도움이 된다. 또한, 학생과 예비 시험을 치고, 공부 안내를 사용하도록 격려함으로써 학생의 준비를 도울 수 있다. 시험치기와 관련해서, 학습장애학생에게 도움이 된 것으로 나타난 PIRATES 전략이 〈그림 7-9〉에 제시되어 있다 (Hughes, Ruhl, Deshler, & Schumaker, 1993).

Carman과 Adams(1972)가 개발한 또 다른 시험 전략은 SCORER이다.

S - Schedule your time 시간 계획을 짠다.
C - Clue words 문장을 이해한다.
O - Omit difficult items 어려운 항목을 생략한다.
R - Read carefully 정독한다.
E - Estimate your answers 답안을 평가한다.
R - Review your work 활동을 점검한다.

Step 1:	**성공할 준비(Prepare)를 한다.**
	검사지에 이름과 PIRATES를 쓴다.
	각 부분에 시간과 순서를 할당하다.
	긍정적으로 말한다.
	2분 내에 시작한다.
Step 2:	**지시문을 세밀히 조사한다(Inspect).**
	지시문을 신중하게 읽는다.
	해야 할 것과 언제 반응할지에 대해 밑줄을 친다.
	특별한 요구에 유의한다.
Step 3:	**읽는다(Read). 기억한다. 간추린다.**
Step 4:	**대답을 하거나(Answer) 버린다.**
Step 5:	**뒤로 돌아간다(Turn).**
Step 6:	**평가한다(Estimate).**
	절대조건을 피한다.
	가장 길거나 가장 상세한 답지를 선택한다.
	유사한 답지를 제거한다.
Step 7:	**점검한다(Survey).**

<그림 7-9> PIRATES 전략

시험전략 지도와 더불어 교사들은 경도 장애학생들에게 대안적인 시험형태(구두시험, 논술, 단답형, 선택형, 빈칸 채우기 등)를 제공하기를 원한다. 대안적 시험상황 제공은 매우 도움이 될 것이다(일반학급 교실보다는 특수학급에서 시험보게 한다). 종종 경도장애학생들은 시험을 보는 나머지 학생들로부터 방해를 받게 된다. 두 번째 조절은 충분한 시간을 제공하는 것이다. 이렇게 함으로써 학생들의 불안을 감소시킬 수 있고, 시간보다는 시험의 주요 내용에 집중할 수 있게 한다. 만약 시험의 목적이 학생이 학습했는가를 결정하는데 있다면, 그것을 밝히는 방법은 그다지 중요하지 않다. 어떤 시험 수정은 교사에게 더 많은 시간을 요구한다(예를 들면, 개별 학생

에게 구두시험을 치는 것과 학급 전체에 선택형 지필검사를 실시하는 것). 어쨌든 소수의 학생들은 학습의 숙달도를 나타내기 위해 이러한 수정을 요구한다.

교사들은 또한 분명하고, 읽기 가능하며, 혼돈되지 않는 시험 형태를 사용해야만 한다. 필기시험은 마지막 수단으로만 사용해야 한다. 컴퓨터로 만든 형식은 언제나 사용 가능하다. 교사들은 학생들이 문항의 계열을 쉽게 따라갈 수 있게 검사 문항을 만들어야만 한다. 만약 학생이 쓰기로 반응하는데 어려움이 있다면, 대필자나 개인용 컴퓨터에서 사용되는 음성-지원 프로그램을 제공하는 것이 유용하다. 학생에게 컴퓨터로 시험을 치르게 하는 것은 흔한 일이 되었다. 단어 처리 프로그램은 학생들에게 자신의 마지막 산물(응답)의 철자를 검토하게 한다. 실제 시험을 치기 전에 학생에게 시험 수정을 연습할 수 있는 기회를 주어야 한다는 것을 명심해야 한다.

3) 특정 교과 내용에 대한 조절

수학, 사회, 과학, 그리고 작문의 내용 영역에서의 조절은 〈그림 7-10〉, 〈7-11〉, 〈7-12〉, 〈7-13〉에 제시하였다.

수학을 지도할 때, 교사들은 한 장씩(chapter by chapter) 지도하기보다는 *타래 형태(strand design:여러 개를 엮어서)로* 바꾸어야 한다. 타래 형태에서, 교사는 몇 개의 진행 중인 주제를 가지고 학생과 함께 공부할 것이다. 하루에 한 가지 목표 대신에, 2-3개 주제와 부딪치게 될 것이고, 매일 조금씩 해서 며칠이 지나야 점차 완성될 것이다. 예를 들면, 문제 해결 단원에서 교사는 학생에게 약간의 기초 계산 문제와 분수 문제를 준다. 학생이 포기하지 않도록 하기 위해, 새 정보는 단지 한개 영역에 대해서만 제시될 것이다; 다른 영역도 검토될 것이다. 이 체계의 몇 가지 이점은 한 기술에 대해 과도하게 연습하는 것으로부터 우리들을 벗어나게 하는 것 외에, 타래 방법 또한 학생이 주의를 힘차게 유지하는데 도움이 된다. 수학 수업에서, 학생들은 높은 성공감을 가져야만 한다. 교수를 신중하게 조절함으로써 학생들은 대부분의 경우 성공을 경험하게 된다.

당신의 계획에 반드시 사려깊은 재검토를 포함해야 한다-학생을 위한 최초 연습이 새로운 개념을 숙달하는데 충분함은 물론 며칠 동안 연습할 반복적인 기회를 제공하기에 충분하다. 그 후에 연습 기회 사이의 시간을 점차 증가시킨다.

학생에게 혼합 연습 구조(mixed practice sets)를 제공한다. 일단 문제나 개념이 소개되고, 학생이 잘 하게 되면, 다른 유형의 문제가 서로 섞인 혼합 연습 구조를 제공한다. 학생에게 단지 막힌 구조(같은 유형의 문제)를 주었을 때, 학생들은 기호에 주의할 필요를 느끼지 못하고, 그 결과 시험에서 손해를 보게 된다. 문제 유형을 너무 빨리 섞지 않도록 유의하라. 그러나 학생이 준비가 되면, 학생에게 방금 지도한 것과 이전에 지도한 것을 통합해라.

문제해결 전략을 지도한다. 광범위하게 작용할 수 있는 전략을 탐색하라. 예를 들면, 3차원 물체의 부피를 구하는 방법을 지도할 때, 학생에게 각 사물에 대한 별도의 공식을 암기하게 하는 것보다는 영역의 개념을 형성시킨다. 그래서 쐐기, 4각형 프리즘, 실린더의 부피를 구하는 방법을 배우게 되고, 같은 공식을 사용할 수 있게 된다. 밑변 × 높이. 피라미드 또는 원추의 부피를 구하기 위해, 학생들은 같은 공식을 사용하게 될 것이다. 밑변 × $\frac{1}{3}$ 높이. 이 방법으로, 학생들은 더 적은 수의 공식을 암기할 뿐만 아니라 그들의 이해의 기초가 되는 것과 개념적 연계를 가지게 된다.

학생을 본문의 예로부터 혼자 공부하도록 돕기 위해서는 *중재된 비계설정(scaffolding) 혹은 안내된 연습(guided practice)을 사용하라.* 맨 처음에, 학생을 하나하나씩 지도하고, 그리고 많은 질문과 대답을 하게 한다. 학생과 몇 가지 예를 통해 공부를 하였을 때 점차 교사의 도움을 줄인다. 예를 들면, 사물의 주변의 길이(perimeter)를 구하고자 할 때, "먼저 모양을 보라. 주변의 길이는 전체 모양의 둘레 길이인 것을 기억하라. 이것은 어떤 종류의 문제입니까? 맞아, 덧셈이야. 사물이 얼마나 많은 면을 가지고 있는가? 그래서 당신의 덧셈 문제에 얼마나 많은 수가 있게 될 것인가? 당신은 5개수를 더해야만 한다는 것을 잊지 마라. 이제 문제를 풀자."학생이 더 능숙해지면, 이러한 질문의 약간은 제거한다.

문제해결을 위한 한 가지 방법을 지도한다. 특정 문제 유형에 지속적으로 작용하고, 그것을 지지해 주는 일반화된 전략을 찾아라. 그리고 학생이 과정을 숙달할 때까지 연습과 안내를 제공한다. 적어도 새로운 개념을 소개하기 위해서 모조품(manipulatives)을 쓰는 것은 좋지 못하다. 먼저 개념 분석을 한다. 아동들은 종종 모조품을 사용할 때 과제의 다른 특성으로 인해 혼동한다. 대신에 학생에게 예의 범위와 개념이 어떻게 작용하는지를 보여주기 위해 도표(diagram)와 같은 반구체적 사물을 사용한다.

<그림 7-10> 수학을 위한 수정

어떤 개념에 대한 많은 예와 많은 "예가 아닌 것을(nonexamples)" 제공하라. 이해에 중요한 것들에 대한 과학 본문의 어휘 단어 수를 줄인다.

당신이 지도할 어휘는 잘 지도해라. 개념이 적합할 때와 그렇지 않을 때를 보여주기 위해 많은 실예와 비예를 제공한다. 예를 들면, 전도가 발생하려면, 사물은 접촉해야만 한다. 학생들은 만약 서로 맞붙어 있는 다른 온도를 가진 사물 간에 전도가 일어날 것인지를 질문 받을 수 있다. 여기서, 사물들은 다른 온도를 가지고 서로 붙어 있기 때문에 정답은 "예"이다. 교사는 또한 이러한 특성을 가지고 있지 않은 예를 제공할 수도 있다.

개념을 설명하기 위해 가능하면 많은 물리적 예를 보여주고, 그림을 그려라.

학생들에게 개념도를 제공하라. 과학에서, 학생들은 개념들이 어떻게 관련되는지를 결정하는데 어려움이 있기 때문에 교사들은 종종 학생들에게 직접 설계하게 하기보다는 개념도를 제공할 필요가 있다. 오개념화를 없애기 위한 한 가지 유명한 방법은 인지적 불일치(cognitive dissonance)를 사용하는 것이다—상황을 주고, 잘못된 것을 확인하게 한다. 예를 들면, 학생들은 큰 물체는 가라앉고, 작은 물체는 뜬다고 생각한다. 이 방법으로, 교사는 학생들에게 물에 뜨는 큰 물체와 가라앉는 작은 물체를 보여줄 수 있다. 그러나 많은 학생들은 가능성을 가지고 작용하고, 규칙에 대한 자신들의 기대를 변화시키지 않을 수도 있다—다른 것을 보았을 때조차도. 따라서 학생들에게 예를 보여줄 때, 그들에게 규칙을 말하라!

만약 과정이 하나의 교과서를 사용하면, 본문을 읽히고, 많은 산발적인 질문을 자주 해라. 여러 가지가 통합된 잘-고안된 교육과정을 선택하고, 서로를 신뢰하라.

처음에, 학생에게 많은 교사 안내를 제공하고, 그리고 교사의 지도나 안내가 필요없을 때까지 그 기술을 계속해서 사용하게 하라. 과학과는 종종 학생들이 자기-발견을 통해 학습하기를 원한다. 그러나 학생들은 자기-발견을 위한 기술을 가지고 있지 않을 수도 있다. 만약 그렇다면, 학생들에게 도움을 주고, 그리고 나서 도움을 제거해야만 한다.

<그림 7-11> 과학을 위한 조절

아래는 장애학생이 사회과 수업에서 종종 부딪히게 되는 약간의 공통적인 문제점과 교사가 학생들의 곤란을 극복하도록 돕기 위해 실시할 수 있는 조절을 위한 제안들이다.

■ 문제점 1

역사/사회과 교수의 상당 부분이 교과서 중심으로 이루어져 있다. 본문의 정보에 접근하는데 어려움이 있는 학생은 다른 학생들에 비해 본문 읽기로부터 많은 정보를 얻지 못할 것이다.

해결방법

학생들에게 대집단이나 더 작은 협력적 상황에서 본문을 읽게 한다. 이것으로부터 두 가지 일이 일어난다.

첫째, 교사는 모든 학생들이 본문을 읽는지를 확인하기 위한 점검을 할 수 있다(즉, 학습할 기회를 가진다.).

둘째, 읽기 곤란을 가진 학생들이 다른 학생들이 읽는 것을 들음으로써 본문 정보에 더 쉽게 접근할 수 있을 것이다. 우리는 소리내어 읽기를 8학년까지 성공적으로 실행하였었다(주의: 모든 학생이 큰 소리로 읽을 기회를 가져야만 한다. 특히 읽기와 씨름하고 있는 학생들에게; 그러나 느린 독자는 주어진 시간 동안 다른 학생에 비해 더 적은 문장을 읽게 될 것이다.).

■ 문제점 2

역사와 사회과 내용 영역은 "정보 바다(dense)"이다. 학생들은 많은 양의 복잡하고, 상호관련된 정보들을 학습하고, 기억해야만 할 뿐만 아니라 이 정보를 세련된 방법으로 사용해야만 한다.

해결방법 1

가장 중요한 정보를 선택하고, 그 정보를 가르치고자 하는 내용에 의미를 가지게 하는 방법으로 조직함으로써 넓게 보다는 깊게 가르친다. 예를 들면, 많은 역사가 문제-해결-효과 구조 내에 조직될 수 있다. 집단이나 개인은 문제를 가지고(항상 경제 또는 사람의 권리), 이 문제를 어떤 방법으로든 해결하려고 노력하며, 그것에 따르는 효과가 있다. 효과가 처음 문제점의 해결책일 수 있으며, 새로운 문제점을 발생시킬 수도 있다.

역사에서 다른 "중요한 것(big idea)"은 집단 성공에 영향을 미치는 요인들이다. 학생들은 집단의 (a)자산, (b)능력, (c)지도력, (d)동기를 평가하는 노력으로 집단 성공의 가능성을 분석하도록 배울 수 있다. 이들 집단 성공의 요인들은 학생들이 왜 집단이 성공하였는지를 평가하게 하거나 집단이 성공할 것인지를 예상하게 한다. 이러한 조직적 구조는 분명하게 지도해야 하고, 학생들은 본문에서 생성된 내용에 그것을 어떻게 적용하는지를 보아야 한다.

해결방법 2

학생들에게 포괄적인 비계설정을 제공한다. 비계설정은 교사가 처음에 잘 모르는 학생에게 고도의 구조와 지원을 제공하지만, 학생이 혼자 수행할 수 있을 때까지 계속해서 구조와 지원을 감소하는 교수 절차이다. 예를 들면, 역사와 사회과에서 학생들은 처음에 내용 정보가 이미 추가되어 있는 그림 빈칸을 제공받는다. 나중에, 학생들은 교사의 도움으로 그림의 빈칸을 채운다. 결국, 학생들은 스스로 그것을 채운다. 비계설정은 본문일 수도 있다. 처음에 학생들은 복잡한 질문에 충분하게 답하는 방법을 보게 될 것이다(예를 들면, 비교하다/대조하다, 혹은 자유로운 구조). 다음에, 학생들은 교사의 지원과 촉진으로 응답하고, 결국 스스로 응답하게 된다.

해결방법 3

사려깊게 계획된 복습 기회를 제공한다. 교과서는 극도로 제한된 복습 기회를 제공한다. 빈번하게 각 장의 끝부분에. 교사들은 충분하고(예를 들면, 처음에 학습한 내용 정보에 충분한), 분할된(예를 들면, 계속해서 통합되고, 그래서 학생들이 어떤 것을 배우지 못하고, 그래서 잊어버리는), 누적적이며(새로운 정보가 과거에 학습된 정보에 의지하는), 다양한(예를 들면, 일단 정보가 한 상황에서 학습되면 그것은 결국 다른 상황에 적용될 수 있는) 복습을 계획하여야 한다. 중요한 정보만 복습 순환에 위치하게 된다. 만약 그것을 가르치기에 충분할 만큼 중요하다면, 그것은 기억하기에 충분할 만큼 중요하게 된다. 당신의 교수가 분명하게 정의된다면, 복습할 것 역시 분명해질 것이다.

<그림 7-12> 사회과를 위한 수정

■ **Think sheets**

Think sheets는 학생에게 그들이 할 필요가 있는 일을 시각적으로 처리하는 방법을 제공한다. 사고지는 학생이 그들의 작문을 계획하는 것을 돕고, 학생이 계속 작업해야 하는 것이 무엇인지를 쉽게 볼 수 있게 하는 작업지이다. Think sheets가 전통적인 개요보다 더 시각적인 공간이기 때문에, 학생이 전체 과제는 물론 각 부분이 전체와 어떻게 조화되는지를 더 쉽게 보게 한다. 이야기의 경우, 학생들은 먼저 등장인물, 상황 등에 관한 자신들의 생각을 먼저 쓸 것이다. 만약 학생이 주장하는 글을 쓰는 중이라면, 그들의 신념에 대한 언급, 그들의 신념의 이유, 그들의 신념을 지원할 사실 등을 Think sheets에 쓸 것이다.

■ **쓰기 과정을 위한 기억 장치**

기억 장치는 학생이 쓰기 과정에 포함된 단계들을 기억하는 것을 도울 수 있다. 약간의 예들이 포함된다. POWER= 계획한다(plan), 조직한다(organize), 쓴다(write), 편집한다(edit), 그리고 다시 쓴다(rewrite); TREE(설득력 있는 보고서를 위한)= 주제를 선택한다(Choose Your Topic). 이유를 열거한다(list your Reasons), 이유를 설명한다(Explain your reasons). 결론을 쓴다(write your Ending)-당신 진술 신념의 재진술(주제, 이유, 설명, 결론).

■ **쓰기 유창성**

꾸며낸 철자를 사용한다. 학생들이 단어의 철자를 모를 때: 할 수 있는 대로 철자를 쓰고, 그것에 밑줄을 긋고, 계속 써내려 간다. 잠시 쉴 때 학생들은 손을 들고, 교사는 학생에게 정확한 철자를 가르쳐준다(주의: 이 기법이 쓰기 유창성에 도움이 되는 반면에, 교사들은 학생의 철자 능력을 향상시키기 위해 이 방법에 의존해서는 안된다. 철자를 향상시키기 위해서는 어려움이 있는 높은-빈도의 단어를 철자하는 방법을 배우는 좋은 철자 프로그램이 필요하다. 학생이 컴퓨터에서 작문을 하도록 허락하지만 그들에게 키보드 사용법을 지도한다. 그 방법은 학생들의 주의가 글자치기가 아닌 작문을 위한 사고 과정에 둘 수 있는 방법이다.). 주요 어휘 단어를 칠판에 써 놓음으로써 단어를 사용할 필요가 있을 때 그 단어를 쉽게 베껴 쓸 수 있다.

■ **편집 과정**

교정. 학생에게 COPS 규칙을 지도한다. 첫째, 대문자를 찾는다; 둘째, 전체 외관; 셋째, 구두점; 넷째, 철자. 학생을 집단이나 쌍으로 공부하게 하는 것은 쓰기에서 청중 의식에 관한 것을 배우는데 도움이 되는 좋은 전략이다. 이 기법은 학생 스스로를 그들의 독자 관점에 서게 하는데 도움이 되고, 독자의 요구의 관점을 개발할 수 있다. 작가는 집단이나 상대에 대한 초고를 읽는데, 그들은 듣고, 아래의 형식을 사용해서 내용에 대해 비평한다.

나는 ____________________ 듣는다. 청자는 독자에게 그녀가 생각한 것이 이야기의 요점 혹은 중심생각이라고 말한다. 이 피드백은 그 또는 그녀가 중심 생각을 의사소통했었다는 것을 작가가 알게 한다.

나는 ____________________ 좋아한다. 여기서 청자는 작가에게 부분에 관해 그가 좋아하는 것과 어느 것이 긍정적 강화를 위해 좋은 기회인가를 말한다.

나는 ____________________ 알기 원한다. 반응으로, 청자는 이야기의 함정 또는 부족한 부분을 확인하는 것을 도운다. 이 기법은 작가가 가치있는 피드백을 제공하는 동안 비판을 피하게 한다.

■ 자기-평가

학생들이 그들의 작업에 모든 필수적인 요소들을 포함했었는지를 결정할 수 있는 그들의 작문을 위한 채점 카드를 사용하게 한다. 예를 들면, 만약 학생들이 사실적 문장을 쓰고 있다면, 그들의 채점 카드는 포함해야한다. 이야기가 한 문장 이상인가? 이야기가 주제 문장을 가지고 있는가? 모든 문장이 주제와 관련이 있는가? 모든 문장이 의견이 아닌 사실을 말하는가? 학생들이 작문을 다시 읽을 때, 각 질문에 대해 '예' 또는 '아니오'에 동그라미 칠 수 있다. 만약 동그라미를 치지 않았다면, 학생들은 돌아가거나 그들의 오류를 교정할 수 있다.

<그림 7-13> 학생의 쓰기 과정 숙달을 돕기 위한 수정

교과 내용 수정에 대한 제안은 특수교육 분야의 협력자들에 의해 작성되었고, 특수아동 협회(Council for Exceptional Children)의 웹 사이트에서 제공되었다. 아래에 제시한 것들이 교과내용 조절에 유용한 자원이다. (1)Camine, Caros, Crawford, Hollenbeck, & Harniss, 1996; (2)Harniss, Hollenbeck, Crawford, & Camine, 1994; (3)Miller, Crawford, Harniss, Hollenbeck, & Camine, 1997.

6. 요약

통합과 협력의 최근 실제는 개별 학생의 학문적 그리고 학습 요구를 충족시키기 위한 노력 면에서 일반교사와 특수교사들에게 많은 도전을 제기한다. 이 장에서 경도 장애학생을 위한 적합한 수정과 조절을 제공하기 위해 취할 수 있는 단계를 논의하였고, 그 결과 이들이 일반교육 환경에서 성공할 수 있을 것이다. 특정 내용영역의 조절을 실행함은 물론 특정 공부 전략을 지도하기 위한 제안을 했다. 이상적으로 말하자면, 일반교사들은 각 장애학생의 강점과 약점에 대한 면밀한 연구결과에 기초한 적절한 수정을 제공하고, 평가하는데 능숙하게 될 것이다.

7. 후속 활동

1. 내용 교과(실용과목이 아닌 그 자체를 목적으로 하는 교과, 철학, 역사) 교재로부터 장을 선택하고, 그 장에 대한 공부안내를 준비하라. 학생의 적극적인 참여를 요구할 그런 방식으로 공부안내를 고안하라.
2. 교과전담 교사로부터 모범 시험문제를 얻어라. 집중적인 쓰기 반응을 요구하지 않는 자유로운 수의 문항을 포함하도록 시험을 수정하라.
3. 교과목 교재로부터 그 장을 위한 T-Notes의 예를 준비해라.
4. 사회과와 과학과 영역에서 조절을 하기 위한 추가 아이디어를 얻기 위해 특수아동협회(CEC) 웹 사이트를 방문하라.
5. 목표 학생의 학습과 행동적 요구를 충족시키는 데 필요한 수정 또는 조정(modification or adaptation)을 확인하기 위해 "Curriculum Adaptation Quick Screen"을 사용하는 교사를 면담하라.

제 8 장

행동 문제의 평가

1. 문제 행동의 이해
2. 행동 문제의 사정
3. 요약
4. 후속 활동

제 8 장

행동 문제의 평가

핵심어

심리사회적 문제	자신에 대한 부적절한 반응
행동 과잉	비행의 "잘못된 목적"
생리학적 요인	부적절한 유관관계
부적절한 통제	행동 결함
주의력 결핍 과잉행동 장애	기초선 평가

Angela Cobb은 Buxton 초등학교에서 7년 동안 특수교사로 근무하고 있다. 그녀는 이 학교에서의 경험을 기쁘게 생각하고 있고, 그 학교의 가장 유능한 교사 중의 한 사람으로 알려지게 되었다. 그래서 4학년 담당 교사인 Santos 선생님이 Cobb 선생님께 Santos 선생님의 학급에서 파괴적인 행동이 실질적인 문제를 일으키고 있는 Zachary Walter를 다루는데 도움을 요청한 것은 놀랄 일이 아니었다.

Santos 선생님에 의하면, Zachary는 매일 사건 없이 시작하는 날이 없고, 교실에서 처음 30분 이내에 곧 부적절한 행동(misbehavior)을 하기 시작했다. 그의 문제행동은 보통 자리에서 안절부절 못하고 책상 위에서 물건을 가지고 노는 것으로 시작한다. 그리고 나서 주변 사람들에게 말을 하기 시작하고, 그리고는 자리를 이탈한다. Santos 선생님은 항상 Zachary에게 학급 규칙을 상기시키고, 곧 어떤 과제든 하도록 다시 지시한다. 언제나 이렇게 해도, 단지 몇분간만 통할 뿐이다.

Santos 선생님은 시간이 지날수록 Zachary의 행동이 점점 더 나빠지고 있다고 보고했다. 문제행동은 집단 철자 수업과 읽기에서 혼자 자리에 앉아서 수행하는 과제를 완수했다고 생각되었을 때 크게 소리를 지르는 것으로 여겨진다. 선생님은 Zachary가 소집단 읽기 수업 동안 문제를 일으키는데, Zachary는 선생님과 직접 공부하는 단지

5명의 학생 중 하나이기 때문에 그것은 매우 놀랄 일이었다고 지적했다. Santos 선생님에 의하면, "대부분의 학생들은 선생님이 볼 수 있는 자리에 앉아서 공부할 때 가장 좋은 행동을 보이지만, Zachary는 그렇지 않아!"라고 한다. Cobb 선생님이 읽기 집단에 있는 동안 Zachary가 문제행동했을 때 일어나는 일을 상세하게 이야기하라고 질문했을 때, Santos 선생님은 읽기교재로부터 학생들이 차례대로 읽기를 할 때 항상 시작된다고 했다.

그는 "Zachary는 자기가 읽을 차례가 아닌데 단어를 큰 소리로 읽고, 종종 '틀렸어! 어떻게 그런 쉬운 단어를 틀리니?'" 혹은 '내 어린 동생도 그 단어는 안다'와 같은 다른 학생을 경멸하는 말을 하기도 한다고 추가 설명했다. 자기 차례가 되었을 때, 자료를 급하게 읽고, 자주 실수를 한다. 내가 멈추게 하고, 그를 교정하면, 그는 교정 받는 것이 싫어서 항상 교활한 말을 하고, 그리고 나서 나는 그를 다시 교정하기 때문에 이것은 연쇄반응의 시작이다.

이해한 질문에 답하기(answering comprehension questions) 활동을 할 때도 비슷한 종류의 일이 일어난다. Zachary는 그의 순서가 아닌데도 갑자기 답을 한다. 그의 순서가 되었을 때는 생각하지 않고 불쑥 대답을 내뱉는다. 수업 시간의 반은 그가 다음 항목으로 먼저 가기 때문에 자기 이외의 모든 학생들과 같은 질문에서 바르게 답하지 못한다. 이것은 읽기 집단을 완전하게 방해하는 것이고, 나와 다른 학생들을 실망시킨다는 것을 상상할 수 있을 것으로 나는 확신한다. Cobb 선생님은 이것이 실망스러운 상황 같이 들린다는 데 동의하였고, Santos 선생님이 그 문제를 다룰 수 있는 효과적인 방법을 찾도록 도우기로 약속했다. 그녀는 논리적 다음 단계는 그녀가 문제를 더 체계적으로 연구하도록 도울 수 있는 약간의 추가 정보를 수집하는 것이라고 했다. 그녀는 이 과정을 바로 다음 날 시작하기로 계획했다.

제6장에서 많은 교과 영역에서의 학업 수행 평가에 대한 접근방법을 논의했다. 이 장은 일반교육 환경에서 장애학생을 지도하기 위한 다른 중요한 관심, 즉 행동 평가에 초점을 둔다. 이 관심을 중점적으로 다루기 위해, 학급 환경에서 정보를 수집하기 위해 소개했던 전략들과 학업기술들(질문하기, 관찰하기, 시험보기 등)이 어떻게 학생 행동을 평가하는데 사용되어 질 수 있는가를 보여줄 것이다.

1. 문제 행동의 이해

1) 교수적 문제

문제행동이 학생의 학습에 심각한 영향을 미칠 수 있다는 데에는 의심할 여지가 없다. 문제행동은 교실활동의 흐름을 방해하고, 그 결과 문제행동을 하는 학생의 학습은 물론 학급 전체의 학습도 방해한다. 행동문제가 일상적으로 발생하면 학급을 긴장시키고, 점차 학급 분위기에 영향을 미치게 된다. 이것이 사실인지를 알려면, 행동 문제를 나타내고 있는 학생을 다루었던 교사와 이야기를 해보면 안다. 교사는 당신에게 그 학생의 행동이 성공적으로 통제될 때까지, 그 학생은 하루하루가 어떻게 전개될지를 결정하는 데 중요한 역할을 한다고 말할 것이다. 혹은 한 교사에게 물으면 "그것을 인정하기는 싫지만, Devon이 결석했을 때 언제나 약간은 기뻤다. 나는 이것이 그날을 더 편하게 지내고, 우리가 더 많은 것을 성취할 것을 의미한다는 것을 안다."고 말할 것이다. 이 상황을 피하기 위해, 교사들은 학급 행동 문제를 어떻게 중점적으로 다루어야 하는지를 배워야만 한다.

행동 문제를 효과적으로 조정하기 위해, 교사는 학급 상황과 교수 프로그램의 더 큰 맥락 내에서 학생의 문제행동을 보는 것을 배워야만 한다. 교실은 물리적 배치, 매일의 일상, 일반적 분위기에 따라 매우 다르고, 이들 모두가 학생 수행과 학생 행동에 중요한 영향을 미친다(Evans, Evans & Mercer, 1986). 제5장에 소개한 바와 같이, 학급은 교육과정, 교수자료, 교수 전달, 평가 절차와 관련있는 교수적 요인에 의해 매우 다르다. 종종 학생의 문제행동이 현재 사용하고 있는 교수 프로그램과 직접적으로 연계된다. 교수가 개별 학생의 특성에 맞지 않는 교수나 "정확한 자료(right stuff)"에 초점을 두는 데 실패하면, 교수 전달 방법과 학생의 최적 학습방법 간의 불일치가 일어나는데, 학생은 학급에서 어려운 시간을 지속하게 될 수 있다. 이것이 어떻게 학생이 좌절하게 되는 원인이 되며, 문제행동을 낳게 되는지를 보는 것은 쉬운 일이다. 실제, 문헌들은 효과적인 교수 실제가 사용되면, 교실에서 훈육문제가 줄어든다고 한다(Emmer & Everton, 1994; Kindsvatter & Wilen, & Ishler, 1988; Walker & Walker, 1991).

〈그림 8-1〉은 행동문제에 영향을 미칠 수 있는 통상적인 교수 변인들을 제시한 것이다(Foster-Johnson & Dunlap, 1993). 이들 변인들이 자주 비행의 원인이 되기 때문에, 문제행동 분석에서 가장 먼저 탐색되어야 한다고 권고한다. 특히, 이들 중 대부분은 교사가 즉시 통제할 수 있고, 쉽게 수정될 수 있기 때문이다. Kauffman, Mostert, Trent, 그리고 Hallahan(1998)에 의하면, 교사가 행동조정 문제를 다루는데 가장 생산적인 방법은 그것들을 교수적 문제점으로 보는 것이다. 이러한 식으로 보았을 때, 교사가 가장 중요하게 고려할 점은, 문제행동을 제거하고, 적절한 행동을 지도하기 위해 교실 환경과 교수 프로그램을 어떻게 조정하는가가 된다.

교수변인이 행동 문제를 설명하는데 도움이 된다면, 그러한 문제점을 다루기 위한 첫번째 단계는 문제점이 우선적으로 교실 환경 혹은 교수 문제와 관련이 있는지를 결정하는 것이다. 이 문제를 해결하기 위한 가장 좋은 시작점은 〈그림 8-1〉에 제시한 체제를 교실에서 잠재적 문제 영역을 확인하기 위한 안내 또는 검목표로 활용하는 것이다.

목록의 항목들은 하나의 환경으로서의 목표 교실을 사용하기 위해 응답되어야 할 일련의 질문으로 전환될 수 있다. 응답은 일반학급 교사, 특수교사, 또는 두 사람이 동시에 응답한 것을 포함해야만 한다.

Kauffman 등(1998)은 아래의 질문들 또한 교사가 문제행동의 가능한 원인을 결정하는 것을 안내할 수 있다고 제안한다.

- 교육과정이 학생의 삶과 얼마나 관련이 있고 기능적인가?
- 좀 더 관련 있고 기능적인 것의 지도 방안을 가지고 있는가?
- 교수를 어느 정도 개별화할 수 있는가?
- 교육과정에서 학생과 집단의 수행이 얼마나 성공적인가?
- 나는 너무나 적은 구조, 너무 많은 지시, 너무 적은 긍정적 피드백, 너무 많은 비판을 제공하는 교수 접근법을 사용하고 있지 않은가?
- 나의 학생들은 얼마나 자주 학업과제에 반응할 기회를 가지는가?

- 내 학생들이 실제 적극적으로 학습에 참여하는 시간의 비율(%)은 얼마인가?
- 나는 어떻게, 얼마나 많이 내가 사용하는 교수 전략을 바꾸는가?

교실 환경과 연계된 변인들	교육과정, 교수와 연계된 변인들
• 높은 소음 수준	• 예측할 수 없는 일정
• 부적절한 좌석 정리	• 불충분한 지원 가능성
• 높은 수준의 자극 또는 활동	• 분명하지 못한 지시
• 빈번한 방해	• 시각적으로 혼돈되거나 어질러진 자료
• 불충분한 구조 혹은 규칙	• 너무 어려운 활동
• 일관성 없는 기대	• 너무 긴 활동
	• 고도로 반복적인 활동
	• 학생 입력 기회 부족
	• 교수 방법의 변화 부족

<그림 8-1> 비행을 일으킬 수 있는 교수 변인들

만약 문제행동이 실제로 교수 요인과 관련이 있다면, 그 문제를 다루기 위한 중재는 제5장과 6장에서 논의했던 관심 유형에 초점을 둘 필요가 있을 것이다. 만약 학생의 문제행동이 교수 요인과 관련이 없는 것으로 나타나면, 중재 노력은 본장과 제9장에서도 기술했던 전략을 강조할 필요가 있을 것이다.

2) 문제행동의 일반적 원인

비록 교실 환경과 교수 요인이 문제행동의 원인에서 제거된다고 해도, 다양한 다른 원인들이 교실 문제행동에 기여하게 된다. 이것들 중 약간은 복잡하고, 이해하기 어려우며, 교사에 의해 쉽게 통제되지 않으나 나머지는 매우 단순하고, 좀 더 쉽게 통제된다. 문제행동의 효과적인 관리는 이들 나머지 일반적인 문제행동의 원인에 대한 이해를 요구한다. 이러한 이해는 교사가 학교 외부의 치료적 중재를 요구하는 더 심각한 문제행동으로부터 표면적인 문제행동을 분리하는 것을 도울 수 있다. 그것은 또한 사정 자료의 수집과 해석을 위한 본질적인 맥락을 제공한다. 아래의 논의에서 우리는 문제행동의 더 일반적인 원인을 언급한다. 이 주제에 대한 더 더욱 상세한 논의를 제공하는 많은 자료들이 있다(예를 들면, Levin & Nolan, 1996 혹은 Kauffman 등, 1998을 보라).

(1) 환경적, 심리사회적 원인

학생의 비행은 종종 환경적 문제, 즉 가정에서의 심각한 문제와 직접 연관이 된다. 학생이 충분한 음식과 의복이 부족하거나 기준 이하의 집에서 살 수 있다. 가정에서 감독과 안정된 일상생활이 부족할 수 있다. 너무나 적은 수의 규칙과 제한이 설정되어 있었거나 비행행동이 과도하게 처벌적인 방법으로 다루어졌기 때문에, 어쩌면 가정에서 사용했던 훈육 방법이 부적절하다고 할 수 있다. 또는 가족의 역동(dynamics of family) 그 전체로서 기능에 문제가 있을 수도 있다. 이와 같은 문제점들은 교실에서 비행행동으로 옮겨질 수 있다. 교사가 학생의 가정에 존재하는 부정적인 조건을 변화시킬 수 없다. 그럼에도 불구하고, 학생 비행에 접근하기 위한 계획을 개발할 때 교사가 이러한 조건을 이해하고, 그 조건들을 고려하는 것이 중요하다. 학생 비행의 두 번째 자원은 학생의 가치, 학습동기, 과제 선호도(Burden, 1995)를 포함하는 심리사회적 원인을 포함할 것이다. 분명하게, 이들 요인들은 학생이 흥미를 가지고 있는 활동과 과제의 종류에 영향을 미칠 것이고, 교실의 초점이 학생의 가치, 동기, 선호도와 잘 맞지 않을 때, 그 결과는 종종 부주의와 산만을 초래한다. 많은 경우, 이 행동들은 이어서 학급 전체의 학업활동을 방해할 수 있는 행동을 초래하게 된다.

(2) 생리학적 원인

학생의 비행은 많은 생리적 요인들로부터 야기될 수 있다. 그것들은 만성질환, 신체·감각장애와 같은 명백하게 분명한 조건을 포함하거나 혹은 분명하지 못한 조건일 수도 있다. 과민성(allergy), 약이나 약물에 대한 반응, 영양결핍과 같은 건강문제 또한 학생의 교실 행동과 교육 활동에 참여하는 능력에 부정적인 영향을 미칠 수 있다. 교사가 이러한 생리학적 요인들을 통제할 수 없을 지라도, 학생을 위한 교육프로그램 계획에 이러한 요인들을 고려함으로써 영향을 최소화할 수 있다는 것을 기억하는 것은 중요하다.

유의할 또 하나의 생리적 문제점은 주의력결핍 과잉행동장애(attention deficit hyperactivity disorder: ADHD)로 불리는 신경학적 조건이다. 주의력결핍 과잉행동은 운동 활동과 주의를 통제하는 뇌 영역의 기능장애와 관련 있는 것으로 보고 있다. ADHD는 고도의 비목적적인 운동 활동 과잉성과 주의 지속의 어려움으로 특징짓는다. ADHD는 또한 숙고 없이 자극에 대해 재빠르게 반응하는 경향('충동성'으로 불리는 조건)으로도 특징짓는다. ADHD 청소년들은 지시를 잘 따르지 않고, 혼자 공부하지 않고, 순서를 지키지 않고, 한 과제에서 다른 과제로 조용히 이동하지 않는다. 토론에 참여하기 또는 집단 훈련-실습 활동을 완수하기와 같은 구조화된 교실 활동에서 문제점을 나타내기 쉽다. 그런데도 비구조화된 학급 활동에서도 비슷한 곤란을 가진 것으로 밝혀질 것이다. ADHD에 대한 상세한 논의와 교실에서 이 문제에 접근하기 위한 전략들은 이 책의 범위 밖에 있으나 많은 우수한 자료들이 이들 주제에 대해 광범위한 정보를 제공한다. 특별하게 도움이 되는 것은 Levine(1990)과 Rief(1993) 두 가지이다.

(3) 비행에 관한 오해

학생 비행의 원인을 이해하는 다른 방법은 비행이 행해지는 목적의 관점에서 생각하는 것이다. Dreikus, Grunwalk, 그리고 Pepper(1982)에 의하면, 모든 행동은 목적이 있다는 것이다. 따라서 학생 비행을 적절하게 다루기 위해 교사는 행동의 이면에 있는 목적을 이해할 필요가 있다. Derikus는 모든 사회적 존재와 같이 학생들도 수용되기를 원한다고 했다. 학생이 비행을 할 때, 잘못된 비행의 목적을 가지고, 그리고 그 행동이 그들이 원하는 승인과 수용을 얻게 할 것이라고 믿기 때문에 한다는 것이다. 행동이 바른 학생들은 인정과 수용을 얻는 유일한 방법이 규칙을 따르고, 공부를 성공적으로 완수함으로써 가능하다는 것을 알게 된다. 이러한 통로를 통해 인정을 받을 수 없다고 느끼거나 초기 시도에서 성공해보지 못했던 학생들은 인정받는 것과는 정반대로 행동하게 될 것이다. 이 학생들은 비록 귀찮더라도 그들에게 동질감과 소속감을 주는 행동을 통해 수용을 찾는다.

Derikus 등(1982)은 많은 학생들의 비행을 특징짓는 4개의 '잘못된 목적'을 밝혔다. (1) 교사나 또래 모두로부터 주의를 구하기, (2) 상황에 대해 힘이나 통제를 휘두르기, (3) 복수할 기회를 노리거나 앙갚음하기, (4) 참여를 거절함으로써 불만을 감추기 등이다. 일단 교사가 학생 비행의 근원적인 목적을 이해하면, 그 행동을 다루기 위한 적절한 계획이 개발될 수 있다.

학생 비행은 하나 이상의 요인과 관련될 수 있다. 행동 문제는 반드시 한 가지 원인과 연결되지 않는다. Kauffman 등(1998)은 교사들은 처음에 학생 비행에 대한 주요한 원인을 밝히기 위해 노력함으로써 문제행동을 다루는 과정을 시작한다. 교사들은 "비록 많은 것들이 이 학생의 비행에 관여할지라도, 내가 생각하는 중요한 원인 요인은 무엇인가?"라고 질문한다. 대답은 그 문제를 다루는데 교사가 어떻게 착수하고, 어느 정도 관여해야 하는가에 중요한 시사점을 가질 것이다. 생물학적 원인이나 가정 조건과 같은 약간의 문제 행동 원인들은 교사의 직접적인 통제권을 벗어날 것이나 교사는 여전히 참여할 필요가 있는 다른 전문가들(건강-관리자, 사회사업자, 상담사 등등)을 충고하는데 중요한 역할을 할 것이다. 문제 행동의 다른 원인들, 특히 교실 환경 내에 있는 심리적 변인 또는 요인들은 교사에게 가장 많은 통제 기회가 주어진다.

3) 장애 정도의 고려

행동문제의 원인에 대한 이해와 더불어, 이러한 문제들을 효과적으로 관리하기 위해서는 문제의 심각성에 대한 평가 역시 필요하다. 비행은 중간에서 심한 정도의 범위까지 있을 수 있다. 문제의 심각성 정도는 그것에 대한 대응에 영향을 미칠 수 있다.

Evans, Evans, 그리고 Schmid(1989)에 의하면, 비행의 심각성을 평가하는데 몇 가지 요인들을 고려해야만 한다. 이 요인들은 적절성, 양, 의도, 특정 상황에서 요구되는 행동과 다른 정도 등이다. 중재 요구와 그 중재의 범위는 문제의 심각성에 의해 결정된다. 실제로, 교실에서 시간을 보내본 사람은 누구나, 거의 모든 학생들이 무엇을 해야 하는데 때때로 하지 않으면 잘못이지만, 그러한 "실수들"이 심각한 행동 문제를 만들지는 않고, 상당히 간단한 방법으로 조정될 수 있다는 것을 안다. 교사들은 그러한 사소한 비행은 무시하기를 선택하거나 학생을 지적하는 것 정도의 "중재"를 한다. 그러나 학생의 비행이 더 지속적이거나 명백하면, 그 문제를 다루기 위한 더 구조화된 계획을 개발하게 될 것이다.

〈표 8-1〉은 심각성의 3가지 범주에 의해 구분한 비행행동들이다. 이 정보는 특정 상황에서 요구되는 반응의 정도를 고려하기 위한 맥락으로 사용될 수 있다.

〈표 8-1〉 비행의 연속체: 경도, 중등도, 중도 비행의 예

경도(mild) 비행	중등도(moderate) 비행	중도(severe) 비행
• 학교재산이나 타인의 재산을 가볍게 손상 • 말대꾸하기 • 손들지 않고 말하기 • 자리를 벗어나기 • 타인을 방해하기 • 교실에서 잠자기 • 느림 • 물건 던지기 • 수업시간에 음식 먹기 • 방해하는 소리내기	• 허락없이 교실 이탈 • 타인에게 욕설 • 순종하지 않음 • 교실에서 흡연을 하거나 담배 사용하기 • 수업을 빼먹기 • 속이기, 훔치기, 거짓말하기 • 모독적이고 저속한 언어, 또는 음란한 동작 • 싸우기	• 학교 재산이나 타인의 재산을 손상시키거나 망가뜨리기 • 타인 재산의 절도, 점유, 혹은 팔기 • 무단결석 • 알코올이나 마약의 영향에 있음 • 알코올, 마약, 무기를 타인에게 팔고, 주거나 전달하기 • 교사에게 공격하거나 욕설하기 • 다른 학생을 공격하기 • 개선 가망이 없는 행동, 순종하지 않음 • 성적 방탕 • 위압(coercion)

2. 행동 문제의 사정

1) 선행사건과 결과의 분석

제5장과 6장에서 지적한 바와 같이, 학업 중재계획을 개발하기 위한 첫 번째 단계는 문제의 본질을 밝히는데 도움이 되는 진단 정보를 수집하는 것이다. 앞 장에서 우리는, 교사들은 의심되는 문제 영역을 넓게 개관함으로써 사정을 시작하고, 그 다음에 조사 정보는 문제를 정확하게 파악하는데 도움이 되는 안내자료로 사용한다고 했다. 비록 행동 문제가 종종 학업문제보다 이해하기가 더 어렵고, 해결방법이 더 더욱 정확한 분석에 의존한다고 해도, 이와 같은 접근은 비행을 다루는데 유용하다. 이 접근법－먼저 개관하고, 그 다음에 더 철저하게－은 교사가 표면적인 비행과 더 심각한 행동 문제를 구별하는데 도움이 될 수 있고, 더 심각한 문제의 분석을 위한 체계적인 구조를 제공할 수 있다.

제6장에서 학업 문제를 효과적으로 평가하기 위해, 교사들은 학문영역을

구성하는 요소들을 고려함으로써 시작해야 한다고 강조했다. 우리는 행동 문제 평가도 같은 방법으로 시작한다. Kauffman 등(1998)은 행동 문제의 영역을 구성하는 많은 요소들을 제시했다(즉, 교사가 행동 문제를 이해하기 위해 수집할 필요가 있는 정보의 영역). 이것은 〈그림 8-2〉에 요약되어 있다. 첫 번째 요소는 정의－교사는 평가될 문제행동을 정의해야만 한다－이다. 정의가 상대적으로 쉬운 과제로 여겨질 수 있지만, 문제가 될 수도 있다. 학생들은 종종 일련의 부적절한 행동을 나타낼 것이고, 이들 중 약간은 중복된다(예를 들면, 허락없이 교실을 돌아다니면서 다른 학생에게 말을 걸기). 어떤 목표행동이 사정의 초점이 될 것인지를 기술하고, 관찰 가능하고, 측정 가능한 용어로 가능하면 분명하게 목표 행동을 정의하는데 주의를 기울여야 한다. 예를 들면, 평가가 "수업시간에 Joe의 방해(disruption)"에 초점을 두는 것은 너무나 애매하다고 지적한다. 왜냐하면, "방해" 라는 용어가 해석하기 나름이기 때문이다. 특정한 방해 행동을 "손을 들지 않고 소리치기", "허락 없이 자리 이탈하기"와 같은 용어로 상세화하는 것은, 그 행동이 일어났을 때 혼란의 여지를 덜 남기게 된다.

정의 : 관심 있는 행동은 무엇인가?
선행사건 : 행동에 앞서 어떤 사상이나 조건이 있었는가?
결과 : 행동의 결과는 무엇인가?
사상연쇄: 행동이 사상의 연쇄와 연계되었는가?
단계적 강화: 사상들이 비행을 단계적으로 강화하는가?

<그림 8-2> 행동 문제를 분석하는데 고려할 요인들

〈그림 8-2〉의 다음 두 가지 요소는 비행을 앞서거나 뒤따르는(선행사건과 결과) 요인들을 포함한다. 교사가 비행이 전형적으로 발생하는 맥락을 기술하기 위해 정보를 수집하는 것은 중요하다. 교사는 언제, 어디서, 어떤

조건 하에서 비행이 가장 많이, 그리고 가장 적게 일어나는지를 예상할 수 있는 사상의 선행사건 유형(antecedent patterns of events)을 탐색할 필요가 있다. 더욱이, 교사는 비행결과로 어떤 일이 일어났는지, 그 결과는 무엇인지, 학생은 비행으로부터 얼마나 이익을 얻는지에 관한 정보를 수집해야만 한다. 그러나 교사는 비행의 결과에 관한 정보를 수집할 때, 한 가지 경고를 명심해야 한다. 종종 학생 비행에 대한 "대가(payoff)"가 즉시 분명해지지 않거나 다른 사람들이 부정적 혹은 벌로 볼 수 있는 어떤 것을 포함할 수 있다. 예를 들면, 말로 교사에게 자주 도전하는 Tim에게 벌로 교장선생님 사무실로 자주 보내졌다는 것을 생각해보자. 이 행동의 패턴을 꼼꼼히 생각한 후에, Tim의 선생님은 그녀가 Tim에게 "벌"이라고 생각했던 것(사무실로 보내기)이 실제로 그에게는 매력을 느끼게 하였다; 교장선생님 사무실까지의 여행은 진행 중인 교실공부에서 벗어나게 하였고, 학교 교무실에서 무슨 일이 벌어지고 있는지를 엿들을 수 있는 기회가 되었다. Tim에게 있어, 교장선생님이 그를 교실로 돌려보기 전에 전달하는 어떤 훈계의 처벌적 가치보다 이들 두 가지 긍정적 결과가 더 컸다.

사정 자료 수집하기에서 언급했었던 〈그림 8-2〉의 다음 요소는, 목표 비행이 사상의 선행사건과 결과가 차례차례로 서로서로 상호작용하는 사상의 연쇄와 어느 정도 관련이 있는가이다. 한 가지 예는 사회과 수업시간에 부적절한 비판을 자주하는 8학년에 재학 중인 Leah와 관련이 있다. Leah의 비행 원인을 결정하기 위한 시도에서, 사회과 교사인 Shelton 선생님은 Leah의 비판 경향은 사회 교과서를 순서대로 크게 읽게 할 때 가장 잘 나타난다는 것을 알았다. Leah에게 읽을 차례라고 지명하면, 그녀는 자주 신랄한 말(wisecrack)로 반응했다. 학급의 다른 학생들이 그 말에 웃고, 그것은 Shelton 선생님이 학급 전체를 지도하게 하고, Leah를 꾸짖고, 다른 학생을 지명하게 하는 결과를 낳았다. Leah는 수업이 끝날 때까지 계속해서 신랄한 말을 퍼부었다. 처음에 Shelton 선생님은 Leah의 계속되는 비행은 선생님의 꾸중에 대한 반응이라고 생각했으나, 문제를 더 연구하고 나서는 상당히 다른 어떤 일이 일어나고 있다는 것을 알게 되었다. Leah의 비행을 자극하는 사상은 크게 책을 읽으라는 요구였다.

Leah의 신랄한 말의 결과는 두 가지로 나타났다. 그녀는 (1) 또래들로부터 웃음 형태로 상당히 긍정적인 주의를 받았고, (2) 교과서를 읽지 않아도 되었다. 일단 이들 두 가지 일이 일어나면, 그것들은 번갈아 후속하는 비행을 자극하는 사상(또는 선행사건)이 되었다. 즉, 그것은 Leah에게 또래들로부터의 주의를 지속하고, 크게 읽으라는 모든 권유를 회피하기 위해 신랄한 말을 계속하는 단계를 설정하였다. 〈그림 8-2〉의 마지막 요소는, 비행이 어느 정도 혐오감을 점차 확대하는 형태로 특징지어지는가이다. Kauffman 등(1998)에 의하면, 행동 문제는 어떤 선행사건이 혐오적이기(즉 학생이 피하고 싶은 어떤 것) 때문에 시작된다는 것이다. 행동 문제는 학생이 상황을 통제하기 위한 시도이고, 교사의 반응은 학생에 대한 통제를 다시 얻기 위한 시도이다. 각각은 점차 더 강한 부정적 결과를 사용한다. 예를 들면, 한 학생이 특별하게 방해적인 행동을 시작하고, 교사로부터 어떤 형태의 벌을 받는다. 이것은 학생이 상황에 대한 통제를 유지하기 위한 시도로 비행의 수준을 증가(감소가 아닌)시키게 한다. 이어서, 교사는 벌의 강도를 증가시킴으로써 반응한다. "승리자"가 되기 위한 시도로 당사자들은 그들의 반응을 더욱 강화하는 순환관계가 형성된다.

2) 사정 도구

비록 행동 문제를 사정하는데 사용했던 기본 도구가 앞 장들에서 논의되었던 동일한 전략들(질문하기, 관찰하기, 그리고 시험보기)을 포함할 것이지만, 행동 문제를 사정하는데 유용한 정보는 다양한 방법으로 수집할 수 있다. 도구는 선별 도구부터 고도로 상세한 사정체계까지 있고, 상업적 도구와 교사-제작 자료를 포함한다. Kauffman 등(1998)에 의하면, 개관 또는 선별 형태의 사정은 교사가 가벼운 행동 문제를 성공적으로 다루기 위해 필요한 모든 정보를 제공할 수 있다는 것이다. 더 심각한 행동 문제들은 거의 모든 경우에 부가적인 진단적 사정과 종종 사정에 별도의 요원을 참여시킬 것을 요구한다.

행동 문제에 대한 예비 정보를 수집하는 인기 있는 방법은, 행동 검목표(behavioral checklist) 또는 평정척도(rating scale)를 사용하는 것이다. 이것들은 목표 학생의 행동에 대한 다양한 집단의 지각을 제공하기 위해 여러 집단(교사, 부모, 또래, 학생 자신)으로부터 반응자를 선정한다. 이들 행동 검목표 또는 평정척도는 제5장에 소개했던 관찰 검목표와 평정척도(observation checklists and rating scale)와 다르다. 관찰 검목표와 평정척도는 특정 시간대에 발생하는 행동에 대한 조사를 통해 목표 행동의 실재, 빈도, 그리고 강도에 관한 직접적인 정보를 제공한다. 행동선별을 위해 사용했던 행동 검목표와 평정척도는, 타인에게 장기간에 걸친 학생에 대한 관찰과 경험에 기초하여 행동 유형에 대한 인상(impressions)을 제공하도록 요구함으로써 간접적인 정보를 제시한다.

행동 검목표와 평정척도를 구성하는 것은 어렵지 않다. 그것은 단순하게 행동이 단지 교사의 경험으로부터 유래된 것인지 혹은 다양한 근거 자료로부터 나온 것인지를 포함하는 정보 수집을 원하는 행동 분야를 확인하는 문제이다. 예를 들면, 어떤 특수교사가 대학 교재를 참조했고, 다양한 교실 상황과 관련된 행동을 기술한 일련의 행동을 발견했다. 그녀는 교재에서 확인된 행동들을 목록으로 작성하고, 반응자의 지각을 표시하는 숫자 척도를 제공함으로써 〈그림 8-3〉의 평정척도를 개발했다.

척도의 왼쪽은 일련의 "적절한" 교실 행동을 기술하고, 오른쪽은 "부적절한" 행동을 목록으로 만들었다. 반응자는 목표학생의 행동이 이들 두 끝 지점의 어디에 해당하는지를 나타냄으로써 척도에 표시한다. 순위 분석(analysis of rankings)은 학생에게 문제가 되는 영역에 대한 신속한 개관(overview)을 제공한다. 〈그림 8-3〉에 제시한 예는, 목표 학생의 문제점들은 과제에 참여하고, 학업을 완수하는 것과 관련된 문제를 기본적으로 포함함을 알려준다.

당신에게 자신의 도구를 만들도록 안내할 수 있는 교사-제작 검목표와

반응자: C. C. Richardson
목표 학생: K. Haynes
Date: 4-2-99

학생과의 경험에 기초하여 아래에 제시된 각각의 항목에 대해 학생을 평가하시오. 각 항목은 왼쪽에 제시한 적절한 행동으로부터 오른쪽의 부적절한 행동까지의 연속체를 나타낸다. 당신의 평가는 이 연속체에서 학생 행동이 전형적으로 어디에 속하는가를 가리킨다. 정확하게 평가할 수 없다고 생각되는 항목은 가장 가까운 항목에 표시하시오.

적절한 행동						부적절한 행동
신속하게 과제를 시작한다.	1	2	3	4	⑤	상기시킨 후에만 과제를 시작한다.
과제에 참여한다.	1	2	3	④	5	과제에 참여하지 않는다.
과제를 완수한다.	1	2	3	④	5	과제를 완수하지 못한다.
지시를 따른다.	1	②	3	4	5	지시를 따르지 않는다.
일을 깨끗하게 마무리한다.	1	②	3	4	5	일을 경솔하거나 엉망으로 한다.
자리에 남는다.	1	2	3	④	5	자리를 떠난다.
적절할 때 말한다.	1	2	③	4	5	타의 말을 방해한다.
허락을 받고 말한다.	1	2	③	4	5	자기 차례가 아닌데 말한다.
진실을 말한다.	①	2	3	4	5	진실을 말하지 않는다.
적절하게 말한다.	①	2	3	4	5	욕설을 한다.
타인과 상호작용한다.	1	②	3	4	5	타인으로부터 물러난다.
계속 확인 없이 참여한다.	1	②	3	4	5	계속적인 확인을 요구한다.
자신에 관해 실제적 말을 한다.	①	2	3	4	5	자기-비하 발언을 한다.
적절한 때 운다.	①	2	3	4	5	부적절 한 때에 운다.
나이에 맞는 놀이에 참여한다.	①	2	3	4	5	나이에 맞지 않는 놀이에 참여한다.
타인과 접촉을 시작한다.	1	②	3	4	5	타인과의 상호작용 개시에 실패한다.
집단과의 접촉을 시작한다.	①	2	3	4	5	집단활동 참가에 실패한다.
끈기있다.	1	2	3	4	⑤	포기한다.
타인과 공유한다.	①	2	3	4	5	타인과 공유하는 것을 거절한다.
상황에 맞는 분위기 연출	①	2	3	4	5	상황에 맞지 않는 분위기 연출
분명한 원인으로 아프다.	①	2	3	4	5	분명한 신체적 원인없이 아프다고 한다.
행동의 결과를 수용한다.	1	②	3	4	5	회피한다.
타인과 협력한다.	①	2	3	4	5	협력적이지 않다.
학급과 학교 규칙을 따른다.	1	②	3	4	5	학급이나 학교에서 무질서하다.
폭력 없이 문제를 해결한다.	1	②	3	4	5	공격적이다.
재산을 존중한다.	①	2	3	4	5	재산을 파괴한다.
문제를 적절하게 해결한다.	1	②	3	4	5	욱하는 기질을 보인다.
허락을 받고 물건을 가진다.	1	②	3	4	5	훔친다. 속인다.
자기 일을 완수한다.	1	②	3	4	5	그럭저럭 한다.

<그림 8-3> 교사-제작 평가 척도

평정척도의 다른 예는 제5장에서 확인할 수 있다. 몇 가지 상업적 검사 도구의 예는 〈표 8-2〉에 제시하였다. 이 외에도, Conners(1969)가 개발한 Teacher Questionnaire와 Parent Questionnaire와 같은 ADHD와 과잉행동을 우선적으로 다루는 많은 평정척도들도 있다.

〈표 8-2〉 선택된 행동 검목표와 평가 척도

도구	특 징
Behavior Rating Profile-2 (Brown & Hammil, 1990)	• 6개 하위검사 또는 요소들의 종합검사: 교사평정 척도, 학생 평정척도(가정, 학교, 또래), 소시오그램(인간관계도표) • 각 요소는 독자적으로 또는 결합하여 사용된다. 연령규준은 6세부터 18세까지이다 • 학생의 행동을 "정상" 범위 또는 "일탈"범위에 있는지를 분류
Test of Socioemotional Development(Hresko & Brown, 1984)	• 3-7세의 아동을 위한 BRP의 확장본 • 4개 소검사: 학생평정척도, 교사평정척도, 부모평정척도, 소시오그램
Social-Emotional Dimension Scale(Hutton & Roberts, 1986)	• 학교용 평정척도 • 5세에서 18세 까지의 학생 • 6가지 유형의 문제행동과 관련된 위험을 확인: 또래 상호작용 회피, 공격적 상호작용, 교사 상호작용 회피, 부적절한 행동, 우울한 반응, 신체적/공포 반응
Child Behavior Checklist (Achenbach & Edelbrock, 1981, 1984)	• 부모 보고서와 교사의 보고서 양식으로 활용 가능 • 6세에서 16세 까지 학생에게 사용 • 항목을 사회적 철회, 불안, 인기 없음, 강박적-충동적, 미성숙, 자기-파괴적, 과잉행동적, 공격적과 같은 문제 요인들과 관련지음
Behavior Evaluation Scale 2(McCarney & Leigh, 1990)	• 유치원부터 12학년까지 학생에 관한 행동 정보를 교사로부터 얻음 • 5개 하위척도: 학습 문제, 대인관계 곤란, 부적절한 행동, 불행/우울함, 신체적 증상/공포
Revised Behavior Problem Checklist(Quay& Peterson, 1987)	• 관찰되지 않는 행동, 관찰되지만 가벼운 행동, 관찰되고 심한 행동을 구분 • 유치원에서 8학년까지 사용 • 부모, 교사 또는 학생과 친한 사람에 의해 실시 • 문제 행동은 (1) 품행장애, (2) 성격장애, (3) 불충분 또는 미성숙, (4) 하위 문화(사회화된) 비행

행동 문제에 관한 예비 정보를 수집하는 다른 방법은 목표 학생, 그리고 학생의 교사, 또래, 그리고 부모와 면접을 하는 것이다. 물론, 효과적인 면접은 반응자와 자리에 앉아서 대화를 나누는 간단한 문제가 아니다. 제기되어질 특정 질문과 적어도 탐색되어질 화제(topic) 영역에 대해 생각을 해야만 한다. Kanfer와 Grimm(1977)에 의하면, 면접 질문과 화제는 다음 내용을 포함해야 한다.

- 적절한 행동을 구성하는 요소에 대한 이해 부족, 사회적 기술에 대한 지식 부족, 자기-점검 기술의 제한, 일반적인 강화인에 대한 무반응성과 같은 행동 결함을 나타내는 정도
- 불안, 고도의 활동이나 새로움에 대한 요구와 같은 행동 과다(behavioral excesses)의 실재
- 환경 내에서의 부적절한 통제(inappropriate controls)가 학생이 적절한 행동을 연습할 기회의 제한, 비효율적인 학급 조직과 관리 절차와 같은 요인이 되는 정도
- 학생이 나타내는 자신의 능력에 대한 오해와 비현실적인 기대와 목표와 같은 자신에 대한 부적절한 반응의 정도
- 바람직한 행동에 대한 강화 부족, 부적절한 행동에 대한 강화, 무작위 강화와 같은 부적절한 유관관계(inappropriate contingencies)의 증거

목표 학생이 검목표, 평정척도, 그리고 면접을 할 때 반응자가 된다면, 마지막으로 유의할 한 가지가 있다. 이들 방법이 자기-보고를 포함하고, 부정적 관심(즉, 비행)에 초점을 두기 때문에, 학생은 완전하게 솔직하지 못할 것이고, 오해하기 쉽거나 심지어 부정확한 정보를 제공하는 응답을 선택할 수도 있다. 결과로서, 적어도 서로 다른 출처로부터 학생이 제공한 정보를 확인받는 것은 좋은 생각이다. 행동 문제에 관한 정보를 수집하는 다른 방법은 직접 관찰(direct observation)이다. 몇 가지 직접 관찰방법은 제5장에서 제시했었다. 관찰방법은 간단하고 일반적인 것부터 고도로 구조화되고, 초점을 둔 것까지 있다. 분명하게, 사정의 목적이 문제 행동에 관한 예비 정보를 얻는데 있다면, 최상의 선택은 문제점에 대한 일반적인 인상을

제공하고, 문제의 특질(parameters)을 정의하는데 도움이 되는 방법일 것이다. 일단 이러한 정보가 습득되어지면, 필요할 때 더 고도로 구조화된 관찰이 실행될 수 있다. 구조화된 관찰은 검목표, 평정척도, 면접으로부터 얻은 정보를 추적 검사하는데 유용하다. 예를 들면, 〈그림 8-4〉는 교사의 면접을 통해 탐색되어져야 하는 일련의 질문들이다. 이와 같은 질문은, 사례-연구법을 사용하는 다양한 상황에서 학생에 대한 직접 관찰을 안내한다. 만약 문제가 더 이상 탐색될 필요가 있다면, 면접과 예비 관찰을 통해 얻은 정보들은 더 구조화된 관찰 계획을 개발하는데 사용될 수 있다.

- 어떤 상황(가정, 학교, 수학수업, 운동장)에서 문제행동이나 행동결함이 나타납니까?
- 다른 상황에서 행동이 얼마나 자주, 오랫동안, 그리고 어떤 힘을 가지고 발생하는가?
- 행동이 일어나기 직전에 무슨 일이 있었는가? 비행 이유는 무엇이라고 생각하는가?
- 행동이 일어난 직후에 발생한 것이 행동을 강화시키는지 혹은 약화시키는가?
- 다른 부적절한 반응들이 관찰되었는가?
- 문제 행동을 줄이기 위해 어떤 적절한 행동을 가르치거나 강화할 수 있는가?
- 학생의 행동은 무엇을 타인에게 전달하는가?

<그림 8-4> 면접이나 직접관찰을 안내하는 질문들

만약 관찰을 사용해서 정보를 수집하려면, 신중한 계획을 하는 것이 중요하다. 교사들은 학생 행동을 계속적으로 관찰하는 것이 사실이지만, 그런 관찰은 항상 일반적인 인상보다 더 많은 것을 제공할 만큼 충분하게 체계적이지 못하다. 프로그램 계획에 필요한 유형의 정보를 얻기 위해서는 철저한 관찰 계획이 세워져야 한다. 그러한 계획을 개발하기 위한 절차는 아래와 같다:

1. *행동을 정의한다*. 관찰 가능하고, 측정 가능한 용어로 목표 행동을 신중하게 정의한다.

2. *측정체계를 선택한다.* 1단계에서 정의했던 특정 행동을 잡아 낼 측정 체계를 선택한다. 제5장에서 논의했던 측정 방법은, 관찰자 검목표와 평정 척도로부터 더 구조화된 시간-중심, 그리고 사건-중심 기록체계까지 다양하다. 〈그림 8-5〉는 적절한 관찰 체계의 선택을 안내하도록 도울 것이다. 〈그림 8-5〉의 왼쪽은, 관찰 목적이 행동이 얼마나 자주 일어나는가를 결정하는 것일 때 가능한 측정 방법이다. 오른쪽은 주요 관심이 행동이 얼마나 오래 지속되는가를 결정하는 것을 포함할 때 사용하는 전략들과 관계가 있다. 측정 체계를 선택함에 있어 고려해야 할 다른 요소는, 그 체계를 실행하는데 필요한 시간의 양, 도움을 줄 수 있는 타인의 활용 가능성, 문제를 이해하기 위해 필요한 관찰 자료의 상세성 정도를 포함한다. 만약 교사가 자료를 수집하는데 활용될 수 있는 유일한 사람이라면, 어떤 관찰 체계는 시간 소모적일 수 있다는 것을 기억하는 것은 중요하다. Sabornie & deBettencourt(1997)는 교사들에게 정확하고, 프로그램 계획을 안내하기 위해 충분한 정보를 제공하는 측정체계를 사용하지만 가능하면 사용하기에 간단한 것을 선택하라고 충고한다. 상세한 측정 체계가 적절한 선택인 것으로 확인되면, 우리는 특수교육과 일반교사들이 그 체계를 실행하기 위해 협력할 것을 권고한다.
3. *관찰 일정(observation schedule)*을 개발한다. 먼저, 얼마나 자주 측정할 것인가를 결정한다. Lewis와 Doorlag(1999)에 의하면, 이 결정을 위해 고려해야 할 요인들은 목표 학생의 활용성과 관찰자의 활용성을 포함한다. 일반적으로, 문제 행동의 정확한 사정을 제공하기 위해 자주 관찰을 하지만, 각 관찰이 길 필요는 없다. 어떤 유형의 측정 체계를 사용하는가에 관계없이, 후속 중재 노력의 효과가 비교될 수 있는 행동의 정확한 기초선 평가를 제공하기 위해 최소한 5번의 관찰이 실시되어야 한다고 제안했다. 둘째, 관찰이 일어날 상황(context)을

결정한다. 어디든지 가능하면, 비행이 일어날 가능성이 높은 하루의 시간과 상황을 고려하기 위해 관찰 일정이 조직되어야 한다. 예를 들면, 교사는 Joey의 파괴적인 감정폭발은 오후에 더 분명하고, 수학과 과학 수업시간 동안에 특히 더 그렇다는 것을 알 것이다. 이들 수업 시간에 관찰일정의 초점을 맞추는 것은 좋은 생각이다.

4. *자료-수집 양식을 고안한다.* 본 것을 쉽게 기록할 수 있는 양식을 개발한다. 분명하게, 이러한 양식의 디자인은 사용되어질 측정 체계의 형태와 깊은 관계가 있을 것이다. 예를 들면, 얼마나 자주 행동이 일어나는가를 보기 위해 단순 사상-중심(event-based) 측정 체계를 사용하여 정보를 수집하기 위해 계획을 세운 교사는 〈그림 8-6〉과 같은 양식을 준비할 것이다.

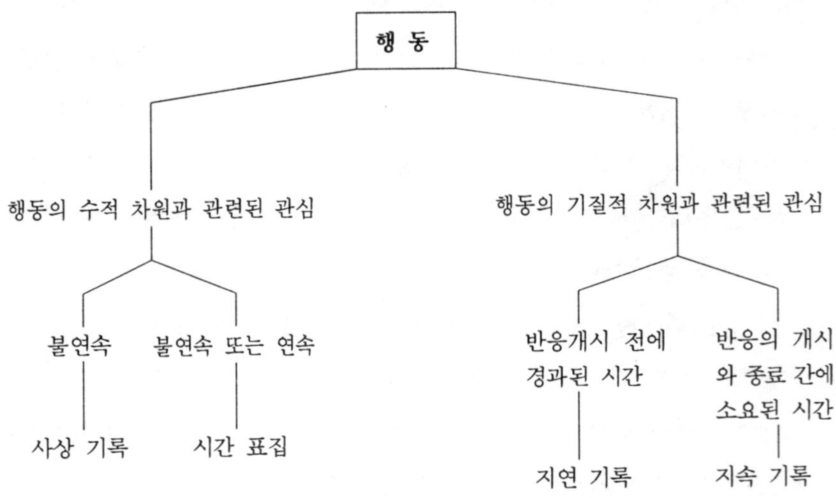

<그림 8-5> 행동을 관찰하는 절차

일시 : 9/14/98 목표 행동 : 소리지르기

학 생	수업 / 시간 읽기 (9-9:40)	철자(10-10:30)	수학 (11:15-11:45)
Joey M.	𝍸 𝍸 𝍸	𝍸 𝍸 |||	𝍸 |||
Sandra G.	|||	𝍸 ||	𝍸 𝍸

<그림 8-6> 사상-중심 관찰체계를 위한 예화 기록 양식

3과목 수업 동안 계속해서 목표 행동의 예를 기록할 수 있는 공간이 있고, 한 번에 여러 학생의 행동을 점검하기 위해 사용할 수 있다. 교사는 수업시간에 얼마나 자주, 그리고 언제 비행이 일어나는지에 대한 좋은 감각을 얻기 위해 짧은 시간 단위에 초점을 두는 사상-중심 체계를 사용하기를 원할 것이다. 이 경우에 교사는 〈그림 8-7〉에 있는 것과 같은 더 상세한 기록 양식을 사용하게 될 것이다. 그것은 한 시간 수업을 5분 간격으로 관찰했던 비행의 수를 추적하기 위해 고안되었다. 〈그림 8-7〉의 양식은, 이 학생은 수업을 시작할 때는 그렇게 많은 문제점을 가지고 있지 않으나 시간이 흐를수록 비행이 증가하는 경향이 있음을 보여준다.

〈그림 8-8〉은 지속시간 측정을 위한 기록 양식의 예이다. 첫 번째 칸은 교사가 관찰 날짜를 기록하는 공간이고, 다음의 두 칸은 교사가 목표행동이 언제 시작되고, 언제 끝났는지를 기록하는 공간이다. 관찰의 마지막에, 교사는 양식의 마지막 칸을 목표 행동의 지속시간을 나타내기 위해 사용한다. 대기시간(latency) 측정을 위한 비슷한 양식을 〈그림 8-9〉에 제시하였다. 이것은 교사가 언제 유인 단서(이 경우에, 학생에게 앉으라고 한 언어적 독촉)가 주어졌고, 언제 단서에 대한 반응이 일어났는지를 기록하는 공간이 있다.

관찰자 : Gordon
학 생 : Dewey H.
목표 과목 : 읽기
목표 행동 : 손들지 않고 소리지르기

일시: 9/14/98 시작: 9:00 종료: 9:45	간격 5 |	간격 10 |||	간격 15 o	간격 20 ||	간격 25 卌	간격 30 卌 |	간격 35 卌	간격 40 ||	간격 45 o	간격 50
Date: 9/16/98 Start: 9:00 End: 9:45	간격 5 ||	간격 10 ||	간격 15 |	간격 20 |	간격 25 ||||	간격 30 卌	간격 35 ||||	간격 40 |	간격 45 |	간격 50
Date: Start: End:	간격 5	간격 10	간격 15	간격 20	간격 25	간격 30	간격 35	간격 40	간격 45	간격 50
Date: Start: End:	간격 5	간격 10	간격 15	간격 20	간격 25	간격 30	간격 35	간격 40	간격 45	간격 50
Date: Start: End:	간격 5	간격 10	간격 15	간격 20	간격 25	간격 30	간격 35	간격 40	간격 45	간격 50

<그림 8-7> 5분의 사상-중심 관찰체계를 위한 예화 기록 양식

5. *성과를 도표나 그래프로 나타내기 위한 양식을 개발한다.* 관찰을 통해 수집된 자료는 가장 의미 있고, 도표나 그래프로 요약될 수 있다. 도표나 그래프는 장기간에 걸친 학생의 수행에 대한 '영상(picture)'과 교수 결정을 위한 맥락을 제공한다. 학업 성과 자료를 도표화하고, 그래프화하기 위한 상세한 지침은 제6장에 제시하였다; 그것은 행동적 성과에도 마찬가지로 적용될 수 있다.

학생 Kelly 관찰자 Mr. Walters

행동 읽기 자료 수집하는데 보낸 시간

일시	시간	지속	
	반응 개시	반응 종료	
9/16/98	10:05	10:07	2분
	10:15	10:21	6분
9/17/98	10:00	10:04	4분
	10:13	10:16	3분

<그림 8-8> 지속시간 기록자료 표

학생 Geri 관찰자 Mr. Rice

행동 자리에 앉기 전에 소요된 시간

일시	시간		지연
	단서 전달	반응 시간	
3/12/99	9:02	9:05	3분
	9:12	9:13	1분
	9:18	9:20	2분
	(9:20 - 교사와 집단으로 읽기 수업)		

<그림 8-9> 지연시간 기록자료 표

3) 사정 자료의 해석

행동 문제를 사정하는 과정은 다양한 출처로부터 자료를 수집하는 것 이상이라는 것은 이제 분명해졌다. 정보가 수집되면, 학업적 사정으로부터 성과를 분석하는 것과 같이 정보가 체계적으로 분석되어야만 한다. 두 가지 경우에, 교사는 어떤 가능성을 가리키고, 다른 것은 배제하는 형태를 기대한다. 두 가지 유형의 사정은 교사에게 문제점의 원인에 대한 생각 또는 가설을 설정하고, 필요할 때 부수적인 정보를 수집함으로써 이 신념을 검정할 것을 요구한다.

정보 수집에 어떤 유형의 사정 도구가 사용되었든지 간에, 그것은 사정 결과를 문제에 대한 이해를 촉진하고, 가설을 형성하는 방식으로 요약하는데 도움이 된다. 이 목적으로 사용될 수 있는 양식의 예는 〈그림 8-10〉에

Student: Leah P

Behavior: 부적절한 말하기/"신랄한 말"

선행사건

학생은 원탁 읽기 활동에 참여한다.

교사가 Leah에게 차례를 지키라고 한다.

결과

급우들이 웃고, 활동이 방해되었다.

교사가 야단치고, 집단을 훈육하고, 다른 학생에게 부탁한다.

사상의 연쇄

소리내어 읽기가 신랄한 말을 유도한다.

신랄한 말은 웃음을 낳고, 차례를 지키게 하지 않는다.

후속 절차

학생이 지적당하는 대신에 스스로 읽을 수 있도록 허용되었을 때 무슨 일이 일어나는지 살펴보자. 신랄한 말이 계속되는가?

<그림 8-10> 행동 문제를 분석하기 위한 요약 양식

제시되었다. 정보의 중요한 범주로 조직되었던 양식은 다양한 수단을 통해 탐색되기 쉽다는 것을 주의하라. 이 양식은 사정활동의 가장 중요한 결과를 기록할 수 있는 공간을 제공한다. 그 공간은 문제의 가능한 원인에 대한 중요한 생각을 기록하고, 이러한 생각을 확인하기 위해 취해야 하는 단계를 대략 그려보기 위해 사용될 수 있다. 여기에 보여준 것과 같은 양식의 가치는 많은 개개의 장소에서 기록되었던 정보를 통합하기 위한 단일 수단을 제공하는 것이다.

3. 요약

행동 문제는 비행 행동을 하는 학생은 물론 학급의 다른 학생들의 학업 성취에 심각한 영향을 미칠 수 있다. 이 장에서, 어떤 비행은 근본적으로 교수 문제와 관련이 있고, 학생의 요구를 충족시키기 위해 교수가 신중하게 조정될 때, 종종 비행은 더 이상 문제가 아님을 보여주었다. 우리는 또한 학생 비행에 기여할 수 있는 비교수적 요인의 범위를 이해하는 것이 중요함을 강조하였다. 이것들은 환경적, 그리고 심리사회적 요인, 생리학적 요인, 그리고 잘못된 목표와 관련된 많은 원인들을 포함했다. 특히 복잡한 행동 문제를 포함하는 상황에서, 광범위한 조사-형태의 사정으로부터 더 고도로 구조화된 사정으로 옮겨갈 필요가 있음을 강조했던 행동적 사정을 위한 지침을 제시했다. 사정자료를 해석하고, 중재 계획을 개발하기 위한 지침도 제시했다. 비록 행동 문제의 모든 원인이 교사의 즉각적 통제 아래에 놓여 있지 않을 지라도, 많은 비행의 원인은 보다 쉽게 수정될 수 있고－교사에게 어떤 정보를 찾고, 건전한 중재 계획을 개발하기 위해 이 정보를 어떻게 사용하는가를 알게 한다.

4. 후속 활동

1. 학급에서 비행을 하는 학생을 교사가 면접하라. 이 면접에 기초하여, 교실 행동에서 더 검사하기를 원하는 것의 목록을 만들어라.
2. 손을 들지 않고 소리치는 학생의 경향성을 사정할 수 있도록 하는 관찰 절차를 개발하라. 당신의 절차는 이 장에서 논의되었던 5단계를 포함해야 한다.
3. 학급에서 비행을 하는 학생을 교사가 면접하라. 이 면접에 기초하여, 문제가 근본적으로 교실 상황이나 교수 문제와 관련이 있는지를 결정하기 위해 취할 수 있는 단계의 목록을 작성하라.
4. 당신은 Santos 선생님과 함께 Zachary의 행동 문제를 다루기 위한 방법을 찾기 위해 연구하고 있다고 가정하라. Zachary의 곤란의 원인을 탐색하는데 도움이 될 면접 질문의 목록을 작성하라.
5. 교사를 위한 관찰 자료를 수집함으로써 행동 문제를 연구하는 교사를 자진하여 도우라. 당신이 목표로 정할 문제 행동을 공동으로 확인함으로써 시작하라. 그리고 나서 행동을 관찰하고, 결과를 기록하기 위한 절차를 개발하라. 이 절차를 사용해서 최소한 3가지 관찰을 완수하게 될 것이다. 관찰 결과는 도표화되고, 분석되고, 학급교사와 공유하게 될 것이다.

제 9 장

행동 관리 전략

1. 집단 관리 기법
2. 자기-관리 기법
3. 가정-학교 관리 기법
4. 요약
5. 후속 활동

제 9 장

행동 관리 전략

핵심어

좋은 행동 게임 상호의존적 집단-관리 절차	집단 격리 리본 인지적 행동 관리 집단 토큰 체제

Canter 학교의 7학년 교사인 Evans 선생님은 올 해 담당하게 된 학생의 명단을 훑어보면서 매우 다양한 집단으로 구성되었다는 것을 알았다. 그는 조금 당황했다! 그는 일과의 대부분을 학생 행동을 관리하면서 보내기를 원하지 않았다. 그는 특히 여름방학 동안 과학 워크숍에서 얻은 새로운 정보를 지도하기를 좋아했다. 그는 학생들이 자신의 행동을 관리하고, 자신의 공부에 책임지기를 원했다. 그러나 그렇게 하기도 전에, 많은 관리 절차를 실행함으로써 시작할 필요가 있다는 것을 알았다. Evans 선생님은 7학년 팀의 특수교사인 Rice 선생님과 과학 2시간 동안-2, 3교시-협력지도(co-teach)할 계획을 세웠다. 학급의 규모가 크고, 다양해서 학생들이 자신의 과학 목표를 달성하기 위해 협력하는 것을 방해할까봐 걱정했다. Rice 선생님 역시 그 학급에 있는 Billy를 주목했다. 6학년 교사가 지난 해 Billy에 관한 모든 것을 말해 주었다. 그는 자주 과제에서 벗어났고, 부적절하게 행동하기 위해 어떤 학생을 자기 옆에 앉도록 했다. Evans 선생님은 Billy를 위한 특별한 행동 관리 체계를 설립해야만 하는가를 걱정했다. 새해는 시작조차 하지 않았는데, 그는 이미 두려워하고 있었다. 첫 번째 수업 날, 그는 집단-관리 기법에 관해 이야기하기 위해 Rice 선생님에게 만나자고 했다.

이 장의 목적은, 학급 경영(classroom management)에 대한 접근법을 적극적으로, 신중하게, 그리고 창의적으로 적용함으로써 학생 행동을 관리하기 위한 지침을 제공하는 것이다. 몇 가지 관리 절차를 어떻게 실행하는가, 그리고 이들 절차의 성공을 어떻게 점검하는가에 대한 제언들이 제공될 것이다. 집단 관리, 자기-관리, 가정-학교 관리를 위한 절차가 논의되었다. 동시에, 이들 절차는 교사가 긍정적 교실 분위기를 협력적·효과적으로 촉진하는데 든든한 기초를 제공한다.

모든 교사들은 하루의 많은 부분을 학생 행동을 관리하면서 보낸다. 이러한 일상생활의 일부분으로, 교사들은 적극적으로 자신의 행동을 점검해야 한다. 즉, 각 상황이나 수업을 위해 가장 효과적인 학급관리 절차를 선택하였는가를 숙고하여야 한다. 효과적인 학급 관리 기법은 모든 학생들의 학습을 증가시킨다. 특히, 인지적·학습적·행동적 곤란을 가지고 있는 학생들의 학습을 증가시킨다. 자신의 관리 절차를 점검하는 것을 돕기 위해, 교사들은 자신의 학급 관리 기법의 사용을 관찰하기 위한 협력 교사나 동료를 요청할 수 있다. 그 후에, 두 명의 교사가 긍정적인 학급 환경을 만들기 위한 가장 효과적인 절차를 고안하기 위해 공동으로 작업할 수 있다.

많은 교실에서, 전체-집단 전략을 실행함으로써 긍정적 행동이 촉진될 수 있다. 다른 상황에서는 자기-관리 또는 가정-학교 관리 전략이 더 적절하다. 효과적인 전체-집단, 자기-관리, 그리고 가정-학교 전략의 사용을 언제 실행하고, 어떻게 시작하는지는 아래에 제시된다.

1. 집단 관리 기법

학급에서 몇몇 학생에게 행동 문제가 자주 나타날 때, 적절한 중재 전략은 상호의존 집단-관리 절차(interdependent group-management procedure: Hayes, 1976)이다. 이 전략에, 학급 전체가 드러냈던 적절한 행동에 기초하여 미리 결정된 유관(contingency)이 학급 전체에 적용된다. 적절한 집단행동에 대한 잠재적 유관 또는 강화인은 휴식시간, 학급 파티, 학급 여행,

학급 게임, 운동장 가기 또는 특별한 특전(모자 쓰는 날 "hat day")을 포함한다. 상호의존 집단-관리 절차는 학급에 있는 모든 학생들의 긍정적 행동을 촉진한다. 선택하는 절차는 집단 토큰 체계Group token system), 좋은 행동 게임(the Good Behavior Game), 그리고 집단 격리 리본(Group Timeout Ribbon) 절차를 포함한다.

1) 집단 토큰 체계

집단 토큰 체계(Kazdin, 1977)에서, 집단에게 미리 정해진 수의 토큰이 주어지고, 그것은 모든 학생들이 볼 수 있고, 교사의 손이 쉽게 닿을 수 있는 곳에 둔다(Salend, 1997). 토큰은 서양장기(checkers), 색칠한 종이 조각, 칠판에 표시, 장난감 돈일 수 있다. 토큰은 쉽게 위조할 수 없다. 교사는 학생에게 이 체계를 훼손시킬 기회를 주지 않는다. 일단 토큰이 집단에게 주어지게 되면, 집단의 어떤 학생이 과거에 부적절한 것으로 정의되었던 행동을 나타낼 때마다 토큰 한 개가 더미에서 제거된다. 정해진 시간이 종료된 후에도 토큰이 남아 있다면, 약속된 강화가 전체 집단에게 전달된다.

이 종류의 관리 체계를 시작할 때, 교사는 처음에 성공하기를 원할 것이다. 이렇게 하는 한 가지 방법은 매 시간 집단에게 많은 수의 토큰을 할당하고, 그 후에 처음에 주는 토큰의 수를 점차 감소시키는 것이다. 토큰 경제(token economy)는 전체 학급의 행동을 관리하기 위해 사용될 수 있는 또 다른 집단 토큰 체계이다. 이 기법에서, 학생들이 바람직한 교실 행동을 하게 되면 개별 특전과 또 다른 보상을 얻는다. 토큰 경제 체계를 실행하려면, 아래의 단계를 취하라:

1. 학생이 토큰을 받게 될 행동을 분명하게 밝혀라. 적은 수의 행동이 명시되고, 관찰 가능한 용어로 정의되어야 한다(예를 들면, 손을 가만히 두기, 모두가 필요로 하는

장비를 교실로 가져오기). 교실에서 눈에 띄는 지점에 목록을 붙여라. 학생들이 행동의 선택에 관여할 수 있다.

2. 사용할 "토큰"을 점수, 포커 칩, 장난감 돈, 카드에 표시 중에서 선택하라. 쉽게 위조할 수 없고, 학생이 가지고 놀거나 잃어버리지 않을 토큰을 선택하라.
3. 각 행동에 가치를 부여하라. 어떤 행동은 다른 행동보다 더 많은 점수나 토큰을 받을 가치가 있다.
4. 학생이 받을 수 있는 보상을 결정하라. 학생의 연령, 흥미에 따라 보상의 선택이 달라질 것이고, 다른 보상은 다른 수의 토큰을 얻게 될 것이다. 각각의 보상에 필요한 토큰의 수는 교실에 분명하게 게시하여야 한다. 얻을 수 있는 최소한의 토큰은 적어도 한 가지의 보상은 이용 가능하다는 것이 확실해야 한다. 예를 들면, 만약 어떤 학생이 한 번 좋은 행동을 보이는 것이 포착되어 토큰 한 개를 얻었다면, 얻은 한 개의 토큰으로 적어도 한 가지 보상을 받을 수 있어야 한다. <그림 9-1>은 토큰 경제 메뉴를 설명하고 있다.
5. 학생에게 토큰 체계를 설명하라. 몇 가지 예로 체계를 증명하고, 학생이 그것을 이해하게 하라. 학생에게 토큰이 사용되어질 예정된 기간을 설명하라(예를 들면, 수학 시간 동안).
6. 학생이 그들의 토큰을 보상과 교환할 수 있는 분명하고 체계적인 방법을 확립하라. 교사는 학생들이 받은 통화를 사용해서 항목에 값을 매기는 주간 경매를 개최할 수 있다. 교사는 이것이 남용되는지 주의 깊게 감시할 필요가 있더라도, 학생들이 서로서로 토큰을 빌리도록 허락해야 할 것이다.

보상 목록

	항목	필요한 점수
1.	10분간 자유 시간	10
2.	15분간 컴퓨터 사용	50
3.	개인에게 스티커 5장씩	50
4.	개인에게 만화연필 1개씩	75
5.	친구와 교실에서 점심 먹기	100
6.	책 1권	125
7.	지정된 시간 동안 미술에서 1등한 사람 돕기	150
8.	영화표 할인	150
9.	교사, 교장선생님, 다른 성인들과 피자식당에서 점심먹기	300
	※매일 10점을 얻을 수 있다.	

<그림 9-1> 토큰 경제 메뉴

토큰 경제를 효과적으로 운영하기 위해 교사는 융통성이 있어야 하고, 요구가 발생할 때 체계를 수정할 필요가 있다. 토큰 경제는 교사에게 많은 이익을 제공한다(Polloway & Patton, 1997). 토큰은 자주, 그리고 지속적으로 보상되어질 수 있는 유연한 강화물이다. 게다가, 토큰 체계는 부드러운 교실 분위기를 향상시킬 수 있을 뿐만 아니라 은행 이용하기, 정부, 소매상에서 물건사기, 그리고 의사소통과 관련된 학업 개념의 학습도 향상시킨다.

2) 좋은 행동 게임

좋은 행동 게임은 교실에서의 긍정적 행동을 증가시키기 위한 강력한 전략으로 여겨진다(Barrish, Saunders & Wolf, 1969). 이 게임에서, 학급은 두 개의 경쟁 팀으로 나누어지고, 경쟁은 좋은 행동을 주제로 이루어진다. 그러나 경쟁 자체는 게임의 주요 초점이 아니라는 것을 확신하는 것이 중요하다. 게임의 절차는 아래와 같다:

1. 학급을 두 팀으로 나누어라. 각 팀을 교실의 한쪽 편에 앉히고, 수업시간이나 하루 중의 특정 시간 중 가장 많은 수의 긍정적 행동(혹은 가장 적은 수의 부정적 행동)을 하도록 서로 경쟁을 시킨다.
2. 목표 행동을 설명하라. 만약 목표가 부정적 행동의 수를 감소시키는 것이라면, 자리-이탈과 같은 목표 행동을 시범보이고, 설명해 주어야 한다. 만약 긍정적 행동이 목표였다면, 신속하게 자료를 치우거나 정확한 폴더에 학습지를 집어넣는 것을 기억하는 것과 같은 예를 설명해 주어야 한다. 몇 가지 예와 비예를 제공해야 한다. 행동 목록을 너무 길게 작성하지 말라. 학생들은 어떤 행동이 목록에 있는지 기억을 못하게 되고, 교사는 모든 행동을 감시하는데 어려움을 겪게 될 것이다.
3. 매일 게임을 할 시간(예를 들면, 사회과 수업시간)을 정해라. 시간을 너무 길게 잡지 말고, 점심이나 휴식시간과 같은 활동적인 시간 직후에 정하지 마라. 또한, 좋은 행동 게임은 관리하기가 너무 어렵기 때문에 교사-중심 수업(예를 들면, 강의) 중에는 실행하지 마라. 오히려, 학생 행동을 관찰하고, 토큰을 할당할 여유가 있을 때, 혼자 자리에 앉아 공부하거나 학생 집단 활동 중에 사용하라.
4. 학생이 목표 행동을 하는 것을 당신이 보고 있다는 것을 알게 하라. 행동을 하라고

말하고, 부정적 목표행동이 초점인 사람의 팀에 반대하거나, 또는 긍정적, 적절한 행동이 초점인 사람의 팀에 찬성하여 점수를 매겨라. 모든 학생들의 전체 견해의 점수를 기록하라.

5. 마지막에, 점수를 기록하고, 어느 팀이 이겼는지 알려준다.
6. 이긴 팀에게 보상을 주라. 흥미를 유지하기 위해, 받을 수 있는 보상을 바꾸어라.

교사는 팀이 얻은 점수를 일과 후나 주말에 주어지는 더 큰 보상을 위해 저축할 수 있다. 부정적 행동을 주목하는 것보다 긍정적 행동을 격려하는 것이 이것을 더 강력한 절차로 만든다. 좋은 행동 게임의 한 가지 이점은 적절하게 행동하는 모델이 필요한 아동에게 긍정적인 행동 모델을 제공하는 것이다.

3) 집단 격리 리본

집단 격리 리본(Salend & Gordon, 1987)은 리본이나 한 장의 색종이나 한 가닥의 끈과 같은 리본-대체물을 사용하고, 교실에서 교사의 손이 닿으며 모든 학생들이 볼 수 있는 곳에 둔다. 학급 학생이 적절한 행동을 했을 때, 리본은 그대로 보여주고, 학생에게 토큰을 나누어준다. 만약 학생이 비행을 하면 리본이 1-5분 동안 제거되고, 이 시간 동안 학생은 토큰을 받을 기회를 상실하게 된다(Salend, 1997). 집단이 정해진 수분 동안에 적절하게 행동했다면 리본이 다시 돌아오고, 다시 토큰을 받을 수 있게 된다. 만약에 학생이 계속해서 적절하게 행동하지 않으면, 리본이 제거된 시간이 더 연장된다. 학급에서 집단 격리 리본을 사용하기 위해서는 아래의 단계에 따라야 한다.

1. 당신이 사용할 리본의 종류를 결정하라.
2. 당신이 "비행"이라고 간주할 행동을 정의하라. 학생들이 모두 기억할 수 없을 것이므로 비행 목록을 너무 길게 작성하지 마라.
3. 학생에게 게임을 설명하고, 적절한·부적절한 행동을 시범으로 보여라.

4. 분침이 있는 시계가 교사와 학생 모두에게 잘 보이는지 확인하라.
5. 하루 중 게임을 진행할 특정 시간을 선택하라. 처음에는 그 시간을 너무 길게 정하지 마라. 만약 부적절한 행동이 발생하면, 리본이 제거될 시간의 길이를 결정하라.
6. 토큰 보상 목록을 만들고, 교실에서 눈에 잘 띄는 곳에 붙여라. 토큰이 보상과 교환될 수 있는 기간의 길이를 결정하라.

집단 격리 리본은 전체 학급이 긍정적 행동을 하도록 격려한다. 만약 한두 명의 학생이 계속적으로 비행을 하면, 또래 압력(peer pressure)이 그것을 변화시키도록 촉진할 것이다. 그러나 이 학생이 희생양(scapegoat)이 되는 것을 막기 위해서 교사는 비행은 생리적 근거에 의하지 않고, 학생이 적절한 행동 목록을 가지고 있다는 것을 확신해야만 한다.

집단-관리 체계의 실행 이점은, 교사가 전체 집단에게 긍정적이고 협력적인 행동을 하도록 격려할 수 있다는 것이다. 그러나 집단-관리 체계를 효과적으로 사용하기 위해서는 신중한 계획과 필요할 때 교사의 입장에서 수정을 하는 자발성을 필요로 한다.

2. 자기-관리 기법

긍정적 행동을 촉진하는 다른 일련의 기법은, 개별 학생이 자신의 행동을 관리하고 점검하는데 적극적인 역할을 수행하는 것을 포함한다. 이러한 자기-관리 전략은 인지적 행동 관리 전략(cognitive behavior management)으로 불린다. 이 전략들은 학생에게 자신의 인지적 행동을 점검하고, 그것의 적합성을 판단하고, 필요하면 행동을 변화시키도록 가르친다(Meichenbaum, 1977). 인지적 행동 관리 전략은 학생에게 자기 자신의 코치(지도자)가 되라고 한다. 인지적 행동 관리 전략은 다양한 교내외 상황에서도 유용할 수 있다. 이 전략은 학생 행동에 대한 역동적인 향상을 가져올 수 있는 능력을 가지고 있고, 그리고 이 전략은 학생이 내적 통제소(internal locus of control)로 옮기도록 도우기 때문에, 이 접근과 관계있는 행동의 변화는 더 쉽게 유지되고, 다른 상황이나 행동에 일반화되기 쉽다. 많은 자기-관리 체계는 학생이 자신의 교실 행동을 관리하도록 돕는데 사용할 수 있으나 3가지 유형이 가장 널리 사용된다.

(1) 자기-점검(self-monitoring), (2) 자기-강화(self-reinforcement), (3) 자기-평가(self-evaluation). 자기-점검에서, 학생은 특정 행동의 발생을 경계하고(예를 들면, 과제에 대한 부주의), 그 행동이 일어났을 때 기록하도록 배운다. 그리고 나서 학생은 변화가 필요한지를 결정하고, 필요하면 행동을 변화시킨다.

자기-점검 교수를 시작하기 위해서, 교사는 학생이 목표 행동을 정확하게 기술하고, 인식할 수 있다는 것이 분명해야만 한다. 교사는 적절한 행동을 정확하게 기술하고, 바람직한 행동과 바람직하지 못한 행동의 뚜렷한 예를 모두 시범보일 수 있다. 더욱이, 학생은 적절한 행동과 부적절한 행동 모두를 나태내야 한다. 다음 단계는 학생을 위해 자기-기록하는 방법을 개발하는 것이다. 적절한 행동의 그림이 그려진 종이가 어린 아동을 위해 사용될 수 있다. 그림 아래에 두 칸을 주는데, 하나는 예(바른 행동을 했다), 다른 하나는 아니오(바른 행동을 하지 않았다.)이다. 그림의 상단에는 "나는 주의집중하고 있는가?"와 같은 질문(〈그림 9-2〉의 자기-점검표의 예를 보라)을 할 수 있다. 나이 많은 학생을 위해, 간단한 점수표가 고안될 수 있고, 학생 책상에 놓을 수 있는 카드에 끼울 수 있다. 예정된 시간이 끝나면, 카드는 학생의 주머니에 다시 들어갈 수 있다. 처음에는, 학생에게 자기-평가할 것을 알려주는 자기-점검 테이프가 도움이 된다. 임의의 간격으로 소리나는 미리 녹음된 음색(예를 들면, 피아노 음색)으로 구성된 테이프. 다채널 프로그램이 가능한 주방 타이머가 테이프를 대신할 수 있다. 자기-점검을 지명하기 위한 기간 내내 임의의 간격으로 음향 단서를 제공하기 위해 테이프를 튼다. 소리가 날 때, 학생은 멈추고 "나는 주의집중하고 있는가?"라고 질문한다. 그 후에 학생은 적합한 칸에 표시한다. 그리고 나서 학생은 다음 소리가 날 때까지 공부로 돌아가고, 자기-점검 절차는 반복 된다.

일시 ______________

나는 주의집중하였는가?

	예	아니오		예	아니오
1			21		
2			22		
3			23		
4			24		
5			25		
6			26		
7			27		
8			28		
9			29		
10			30		
11			31		
12			32		
13			33		
14			34		
15			35		
16			36		
17			37		
18			38		
19			39		
20			40		

<그림 9-2> 자기-점검표

학생의 과제 집중 행동의 수준이 안정된 수준까지 증가되었을 때, 교사는 학생들에게서 테이프를 제거하기 시작할 것이다. 학생들은 바람직한 행동 수행에서의 진보에 대해 계속적으로 칭찬을 받을 수 있고, 소리보다는 행동에 대해 생각할 때마다 자기-기록하도록 계속적으로 지도받을 수 있다. 나중에, 학생들은 판단을 자기-기록하는 것보다는 자신을 칭찬하는 말을 할 수 있게 된다. 만약 이 소리 제거 기간 중에 수행 수준이 바람직하지 못한 수준으로 떨어지면, 수행이 적절한 수준까지 돌아올 때까지 제거시켰던 가장 최근 요소를 복귀시킨다. 제거 과정은 점진적으로 이루어질 때 최상으로 작용한다.

자기-점검 절차를 적용하기 위해서는 다음의 두 가지를 고려할 필요가 있다. 첫째, 연구결과들은 자기-점검은 새로운 학습을 포함하는 상황에는 적용할 수 없다고 제안한다(Hallahan & Sapona, 1983). 자기-점검 절차를 실행하는 이상적인 상황은 학생이 복습을 마쳤거나 독자 활동을 연습할 때인 자습(seatwork) 동안이다. 둘째, 연구들은 개인에게 가치가 적거나 없는 행동을 자기-규제할 때는 성공이 단지 제한적이라는 것이다(Kanfer & Gaelick, 1986). 개별 학생이 목표 행동에 부여한 가치는 직접적으로 자기-점검 결과에 영향을 미칠 것이다(Reid, 1996).

교실에서 자주 사용했던 두 번째 유형의 인지적 행동 관리 전략은 자기-강화 절차이다. 이 접근에서 학생은 자기-평가하고, 그 후에 보상을 얻었는지를 판단한다(Friend & Bursuck, 1996). 예를 들면, 과제나 검사에서 만점을 받은 학생이 자신에게 10점을 줄 수 있다. 만점에 조금 부족하면 5점을 받는다. 50점 이상을 축적한 학생은 학급에 붙어 있는 강화 메뉴에서 보상을 선택할 수 있다.

자기-평가하도록 학생을 지도하는 것은, 자신들에게 요구되는 것이 무엇인지를 알게 하는데 도움이 된다. 학생들은 자신들에게 주어진 과제를 공부하고, 평가하려고 할 때, 자기-점검하고, 반성하고, 예언하고, 기술을 전이

하도록 배울 수 있다. 교사는 정답을 확인하고, 행동을 점검하고, 결과를 반성하고, 새로운 상황에 기술을 전이하는 적절한 방법을 시범보일 수 있어야 한다. 학생이 나이가 들면, 가정, 학교, 직장에서 별 다른 노력없이 배울 것으로 기대된다. 자기-평가 지도가 학생들이 독자적으로 목표를 설정하고, 이들 목표에 대한 성취를 점검하는 것을 도울 것이다.

학생에게 인지적 행동 관리 전략을 사용하도록 지도하는 것은 3가지 주요 단계를 포함한다(〈그림 9-3〉의 인지적 행동 관리 사용지도 방법에 관한 지침을 보라).

일반적으로, 특수교육 요구 학생에게 인지적 행동 관리(CBM)전략을 지도하는 데는 3가지 주요 단계가 있다.

1. 학생과 전략을 논의하고, 전략 사용의 이유를 제시하라.
학생이 전략이 무엇이고, 그것이 어떻게 작용하는지를 분명하게 알 수 없다면, 그 학생은 CBM의 좋은 지원자가 될 수 없다. 학생의 이해를 점검하고, 학생에게 접근법에 대해 당신에게 다시 설명하라고 요구하라.

2. 당신이 학생에게 기대하고 있는 것을 시범 보여라.
예를 들면, 학생이 작업한 오래된 예를 사용할 수 있고, 당신이 사용하려고 계획하는 전략을 직접 보여준다. 대신에, 학생에게 어떻게 행동을 자기-점검하는지와 기록하는 방법을 보여주기 위해 간단한 역할 놀이를 사용할 수도 있다.

3. 연습과 피드백을 제공하라.
이 단계에서 교사는 어떤 도움 없이 그 접근을 사용하기에 충분할 만큼 자신만만해질 때까지는 학생이 정확하게 그 접근을 사용하는 것에 대해 보상한다. 학생에게 CBM을 사용하도록 지도하려고 하면, 학생이 전략을 숙달할 때까지는 강화인(reinforces)를 사용한다. 숙달한 후에도, 성공적인 자기관리 행동에 대해 정기적으로 보상하는 것은 도움이 된다. 이 단계는 학생이 개인적 보상 메뉴를 개발하고, 그래서 보상이 의미가 있게 도와줌으로써 촉진될 수 있다. 부모와 동료들은 이 단계를 실행하는데 종종 도와줄 수 있다.

<그림 9-3> 인지적 행동 관리 전략

---

3. 가정-학교 관리 기법

진행 중인 관리 프로그램의 중요한 요소는 가정과 학교의 협조이다. 실제로 유능한 행동 관리자가 되기 위해서 교사는 부모와 함께 활동하는 기술을 계발해야만 한다(Kauffman, Mostert, Trent & Hallahan, 1998). 부모들은 교사에게 유용한 도움을 줄 수 있다. 그러나 교사들은 부모와의 긍정적 활동 관계를 확립하고, 유지하는데 선도적 역할을 해야만 한다. 1975년 공법 94-142의 통과로 학생의 프로그램을 포함하는 의사결정 과정에서 학교와 가족 간의 협력이 공식적으로 제정되었고, 오늘날 장애인교육법(IDEA)까지 계속되고 있다(Gartland, 1993). 일단 연간 개별화교육프로그램(IEP)이 승인되었어도, 의사소통을 멈춰서는 안된다. 대신에, 교사는 의사소통에 대한 부모들의 선호를 결정하기 위한 조사를 함으로써 각 학년도를 시작할지도 모른다. 그것은 부모에게 가정과 학교간의 의사소통 통로를 유지하는데 교사가 중점을 두는 것을 알려 주게 된다. 〈그림 9-4〉는 가정-학교 의사소통 선호 검사(home-school communication preference inventory)의 예이다.

당신의 아이가 최상의 교육 프로그램을 받고 있다는 것을 보장하려면, 당신 가족과 학교 전문가들 간의 의사소통은 중요하다. 가족들은 공유될 정보의 유형에 대해 선호도가 서로 다르다는 것이 우리의 경험이다. 더욱이, 가족들은 어떻게, 얼마나 자주 이러한 정보가 전해져야 하는가에 관해 서로 다른 선호를 가진다. 이 검사의 목적은 우리 프로그램에서 전문가와의 의사소통을 위한 당신의 선호도를 결정하기 위한 것이다. 아래에 제시한 목록은 공유할 수 있는 많은 정보의 유형의 예이다. 또한 이 정보를 공유하는데 사용되어질 수 있는 많은 전략이나 방법의 예가 있다.

각 항목의 오른쪽 박스 안에, 당신의 흥미 수준을 평가하시오.

전혀 흥미가 없으면 "0"
그 정보가 낮은 순위면 "1"
그 정보가 중간 순위면 "2"
그 정보가 높은 순위면 "3"

다음, 당신은 얼마나 자주 정보를 공유하기를 원하는지 말해 주세요.

전혀 흥미가 없으면 "전혀 안함(Never)"
1년에 3-5번 정도 정보공유를 원하면 "가끔(Occasionally)"
1달에 2-3번 정도 정보공유를 원하면 "정기적으로(Regularly)"
주별로 혹은 매일 정보공유를 원하면 "자주(Frequently)"
예를 들면, Christopher 씨는 첫 번째 문항을 아래와 같이 채웠다.

	Priority	Never	Occasionally	Regularly	Frequently Weekly	 Daily
특별한 업적	3	☐	☐	☐	V	☐

Christopher 씨의 응답은 학교 전문가와 가족에게 아들의 특별한 업적을 공유하는 것은 중요하고, 이러한 업적에 대해 주별로 의사소통하기를 원하고 있음을 말해준다.

당신의 선호도를 아래 표에 나타내시오.

가정과 학교간에 공유하고 싶은 정보의 유형

	Priority	Never	Occasionally	Regularly	Frequently Weekly	 Daily
특별한 업적	☐	☐	☐	☐	☐	☐
특별한 활동(공원가기, 수영하러가기, 할머니 방문)	☐	☐	☐	☐	☐	☐
교육목적/학년을 향해 진보	☐	☐	☐	☐	☐	☐
배변 습관	☐	☐	☐	☐	☐	☐

식사 습관	☐	☐	☐	☐	☐	☐
잠자는/낮잠 습관	☐	☐	☐	☐	☐	☐
행동들	☐	☐	☐	☐	☐	☐
기타(자세하게 쓰시오)	☐	☐	☐	☐	☐	☐
____________	☐	☐	☐	☐	☐	☐
____________	☐	☐	☐	☐	☐	☐
____________	☐	☐	☐	☐	☐	☐
____________						
가정-학교 의사소통 전략						
가정 방문	☐	☐	☐	☐	☐	☐
비공식적 학교 방문	☐	☐	☐	☐	☐	☐
개인적 모임	☐	☐	☐	☐	☐	☐
집단 협의회	☐	☐	☐	☐	☐	☐
연락장, 공책	☐	☐	☐	☐	☐	☐
전화 연락	☐	☐	☐	☐	☐	☐
소식지	☐	☐	☐	☐	☐	☐
녹음테이프	☐	☐	☐	☐	☐	☐
보고 카드	☐	☐	☐	☐	☐	☐
기타(자세하게 쓰시오)	☐	☐	☐	☐	☐	☐
____________	☐	☐	☐	☐	☐	☐
____________	☐	☐	☐	☐	☐	☐
____________	☐	☐	☐	☐	☐	☐
____________	☐	☐	☐	☐	☐	☐

<그림 9-4> 가정-학교 의사소통 선호 검사

몇 가지 절차가 부모와 교사간의 의사소통을 촉진한다. 전화, 연락장(the note sent home), 부모회(parents conference). 이들 각각에 대해 아래에서 논의된다.

1) 전화

만약 간단하게 통화하는 버릇을 들일 수 있다면, 전화 의사소통은 최소한의 시간과 노력을 요구한다. 어떤 교사들은 최근까지의 학급 경과를 부모에게 알리기 위해 가정 전화의 자동응답기에 녹음하여 사용한다(Heward & Chapman, 1981). 어떤 교사들은 야간에 전화가 가능하도록 정해진 시간(예를 들면, "죄송하지만, 저녁 9시부터 9시 30분 사이에 전화주세요.")에 전화하라고 집 전화번호를 알려준다. 교사로부터의 규칙적인 전화는 부모가 학생의 행동과 학업 면에서의 진보를 계속 알도록 도울 수 있다. 대화의 성과와 관계없이, 교사는 항상 함께 이야기를 나누어준 부모에게 감사하면서 전화를 끊어야 한다.

전화를 다르게 사용하는 법은 전화연락망(telephone tree)을 조직하는 것이다. 전화연락망은 학급의 모든 학생들의 부모에 대한 정보를 얻는데 유용한 방법이다. 교사가 한 부모에게 전화를 걸고, 그러면 그 부모가 둘 또는 세 명의 부모에게 전화를 걸고, 또 그 부모들이 2, 3명의 부모에게 더 전화를 걸고 등등. 전화연락망은 팀 운동(team sports)에서 자주 사용되었고, 대부분의 부모들이 절차에 익숙하다.

2) 문자 의사소통

어떤 부모들은 전화보다 연락장을 선호한다. 메모는 일방이거나(교사가 부모에게, 교사가 가정에 보낸 진보 보고 또는 좋은 행동에 대한 보상과 같은 것, 혹은 부모가 교사에게 보낸 약물 복용의 변화나 가족의 중요한 사건을 교사에게 알리는 것), 쌍방(학교와 가정을 오가는 일일 알림장 또는 일지)일 수 있다. 일일 서신왕래(daily correspondences)는 가정과 학교 활동에 대한 지속적인 점검을 제공하는 이점이 있다. 그렇게 하는 이점은 부모와 교사 모두에게 그것을 유지하는데 소요되는 시간의 양이다. 주간 또는 정기적 보고서는 부모에게 필수적인 정보를 전달하기 위한 더 용이한 방법이다. 학급 회보(newsletters) 역시 학급의 모든 학생의 부모들에게 동일한 정보를 배부하거나 배부할 필요가 있을 때 사용할 수 있다. 교사는 회보 제작에 도움을 받기 위해 학부모 봉사자를 참여시킬 수 있다. 학생들 역시 도울 수 있다. 이들 체계 모두는 학급에서 아동의 행동과 학업성취를 알리기 위해 적합하게 변경할 수 있다.

3) 부모회

아마도 부모와 의사소통하는 가장 흔한 방법이 부모회를 통하는 것이다. 협의회는 부모와 교사가 대면하게 하기 때문에, 생산적인 협력을 촉진하기 위한 가장 효과적인 방법이다. 협의회가 특히, 학년 초와 학년 말에 자주 개최된다면, 학생 수행에 중요한 효과를 미칠 수 있다.

두 가지 형태의 협의회가 있다. 계획된 것과 계획되지 않은 것. 계획된 협의회는 3단계로 이루어진다. (1) 협의회 계획하기, (2) 협의회 개최, (3) 회의 후 점검. 협의회 계획하기 동안, 부모들은 연락장에 회의에 관해 통보한다. 부모들은 모임의 목적(협의 사항), 날짜와 시간, 소요 시간과 장소 등을 알 필요가 있다. 만약 부모들이 회의를 할 필요가 있으면, 모임 날짜보다 먼저 자료를 가정에 보내서 잘 읽어보게 해야 한다. 교사들은 학생의 기록을 점검하고, 학생의 진보를 사정하고, 관심 영역을 면밀하게 관찰함으로써 협의회를 준비해야만 한다. 교사는 학생의 프로그램(예를 들면, 교과서, 교육과정-중심 검사 등등)을 설명하는데 도움이 되는 학생이 공부한 특별한 예나 다른 자료를 수집하여야 한다. 교사는 논의해야 할 항목과 초대할 필요가 있는 다른 전문가들의 목록을 포함하는 모임을 위한 개요를 준비해야만 한다. 만약 다른 사람들이 회의에 올 계획이면, 교사가 그들에게 회의 중 그들의 역할을 알려주는 것이 도움이 된다. 협의사항은 참가자들에게 다루어질 주제에 관해 알려줌은 물론 회의에서 주제를 구조화하고, 순서를 결정하기 때문에 중요하다. 그러나 협의사항은 마지막 순간의 추가나 변경을 수용하기 위해 융통성이 있어야 한다. 〈그림 9-5〉는 협의회 의제를 마련하기 위한 요강이다.

회의가 진행되는 동안, 교사는 부모들과 교육자들 간에 의사소통을 촉진할 수 있는 분위기를 만들어야 한다. 협의사항에 대한 사전 검토, 회의 목적과 각 참가자들의 역할을 분명히 함으로써 회의를 시작한다.

교사는 부모와 직원들의 관심과 참석여부를 알고 있어야 하고, 모든 사람들이 모임에서 적극적인 역할을 하도록 격려해야 한다. 부모들은 개방형 질문(open-ended questions)에 언어적, 비언어적 방법으로 반응에서 관심을 표현함으로써 정보를 공유하기 위해 초대되어야 한다. 정보는 수다를 통해 공유되어지고, 회의는 학생의 진보에 관한 긍정적인 말로 시작되어야 한다. 모든 참석자들은 부모들이 말한 것을 알아야 하고, 부모가 말한 것의 결과에 대해 반응적이어야 한다.

회의를 마친 후, 만약 학생이 참석하지 않았다면, 교사는 학생들과의 만남을 검토하면서 시간을 보내야 한다. 또한, 회의 결과는 학생 프로그램에 관련된 다른 전문가들과도 공유해야 한다. 회의가 끝나자마자 세부 내용을 잊어버리기 전에 회의 결과를 노트에 기록하고 철해야 한다. 시간, 장소, 참석자, 협의 주제, 상호작용의 특징, 결정사항과 같은 항목들을 노트에 기록해야 한다.

계획하지 않은 또는 즉석의 회의나 모임은 또 다른 문제다. 일이 닥치기

협의회 요강

날짜 2-15-99 시간 4:30 - 5:00

학생 이름 Jeremy Wright

부모 이름 Banbana and Tom

교사 이름 Tim G.

타 직원 참가 없음

협의회 목표: (1) Jeremy의 읽기진보 그래프를 보여준다. (2) 철자 프로그램에 관해 안다. (3) 부모의 의견을 수렴한다: 운동장/체육관에서 어려움에 대한 중재. (4) 여가 읽기 책 목록을 공유한다.

학생의 강점
- 학업에 열성적이고, 공부를 하고 싶어 한다.
- 읽기 유창성의 진보에 관해 흥분했다.

향상의 필요한 영역
- 가정에서 계속적인 철자
- 다른 아동들과의 논쟁과 싸움

부모에게 하는 질문
- 이웃에서 놀 때, 친구들과 상호작용하는가?
- 운동장/체육관 행동에 대한 급우들로부터의 피드백을 어떻게 받는다고 하는가?
- 결과는?

부모의 반응/말
- 읽기를 매우 좋아한다-기대하고 있다.
- 얼마나 오랫동안 가정에서 철자지도를 해야 하는지 의문?
- 가정에서 기꺼이 보상을 준다:운동장/체육관

학생의 직업/상호작용의 예
- 매분당 정오 그래프: 읽기
- 주별 사전-사후검사 점수: 철자하기

교사가 사용했던 최근 프로그램과 전략
- 읽기: 묵독, 1분에 2번시도, 자기-도표화 이해 연습
- 철자: 녹음기를 이용한 연습, 자기-점검

부모를 위한 제언
- 철자 게임을 계속한다(친구를 초대해서).
- 환상 게임 놀이에 흥미를 보인다.

부모로부터의 제언
- 높은 흥미도의 철자단어(예를 들면, joust, castle 등)를 사용하게 한다.
- Matt & Amin은 운동장/체육관 프로그램에 도움을 줄 수 있다.

후속 활동 (협의회의 승인을 받다)

부모:
- 1주에 2일 밤 철자 게임을 지속적으로 한다.
- 모험 서적을 볼 수 있도록 Jeremy를 도서관으로 데려간다.

교사:
- 높은 흥미도 단어를 묻고, 그의 주별 목록에서 3~4번 사용한다.
- Matt, Amin, Jeremy(집단유관?)와의 또래 중재 전략을 개발한다.

후속 활동과 결과를 요청할 날짜: 2. 26(금요일)

<그림 9-5> 부모-교사 협의회 의제 요강

전에, 교사는 어떤 종류의 모임을 수용하고, 어떤 종류는 수용하지 않을 것인지와 교사의 시간과 노력을 요구하는지에 대해 고려할 필요가 있다. 예를 들면, 한 교사는 평일 밤에 집으로 전화하는 것은 허용하나 식료품 매장에서의 즉석 회의는 허용하지 않는 것으로 결정할 수도 있다.

두 번째 교사는 집으로 전화하는 것은 원하지 않으나 수업시간에 부모가 찾아오는 것을 기꺼이 허용할 수도 있다. 교사들은 그들의 한계를 정해야만 하고, 그리고 학기 초에 학교 행정실로부터 도움을 구해야 한다. 행정실은 오해를 피하기 위해 구두와 문서 모두를 이용해서 교사가 어떤 형태의 모임을 선호하는지 부모에게 알린다. 건물에 있는 다른 전문가들은 교사가 원하지 않는 모임을 어떻게 피하게 하는가에 대한 충고를 제공할 수 있다. 가장 중요한 것은, 교사는 조직적이어야만 한다는 것이다. 잘-정돈된 서류철, 자료 시트, 영구 기록들은 성공적인 회의를 만들 수 있다. 지역사회 자원과 다른 도움이 될 만한 대리인에 대한 최신 파일을 수중에 가지고 있다면 도움이 된다. "비록 교사와 부모가 학교와 가정이 협력하는 것이 중요하다는 것을 쉽게 인식할지라도, 가정-학교 협력에는 많은 장애가 있다(Ysseldyke & Algozzine, 1995. p487)." 이들 중 일부분이 〈그림 9-6〉에 제시되어 있다. 교사들은 위에서 논의했던 전략들을 사용함으로써 가정-학교 의사소통의 장애를 극복하기 위해 노력할 필요가 있다. 성공적인 부모-교사 협력은 전문가, 부모, 그리고 가장 중요한 아동에게 이익을 제공한다.

- 부모와 교사들은 서로에게 부정적인 고정관념을 가진다.
- 부모들은 많은 전문가들과 익숙하지 못한 용어들로 인해 위협을 느낀다.
- 부모들은 교사가 가장 좋은 것과 아동들의 교육프로그램에 참여하기를 원치 않는 공동-참여자가 누군지를 안다고 믿는다.
- 교사들은 종종 부모들과 만남의 시간을 만들지 못하고, 학생 프로그램을 완전하게 설명하지 못한다.
- 학교 모임이 부모의 직업 일정과 충돌이 있을 수도 있다.
- 교사들과 부모들은 다른 가치를 가질 수 있고, 다른 문화적 배경 출신일 수도 있다.
- 부모들은 직장에서 시간을 내지 못하거나 양육비를 지불하지 못해 학교에 오지 못할 수도 있다.
- 교사들과 부모들은 학생의 실패에 대해 서로를 비난할 수도 있다.

<그림 9-6> 효과적인 가정-학교 협력의 방해요인들

4. 요약

이 장은 학생 행동을 관리하는 지침을 제공하였다. 제안은 집단 관리, 자기-관리, 가정-학교 관리 전략을 포함했다. 이 절차들은 공동으로 교사가 협력적, 그리고 효과적으로 긍정적인 교실 분위기를 유지하는데 강력한 기초를 제공한다.

5. 후속 활동

1. 3학년, 7학년, 10학년 학급 학생들을 위한 가능한 보상 목록을 개발하라. 당신의 목록을 개발하는데 선택한 전략을 논의할 준비를 해라.
2. 초등교사가 학생 행동 관리를 위해 사용하는 기법에 관해 면담하라. 중학교와 고등학교 교사와 두 번째 면담을 완성해라. 각각의 교사가

그들이 사용하는 방법의 강점과 약점에 대해 특히, 절차적 문제(logistical issues)에 대해 이야기하게 하라. 당신이 알게 된 것을 논의할 준비를 하라.

3. 적어도 교실 상황에서 자기-관리 전략의 사용을 다룬 자료에 기초한 논문 2편을 검토하라. 이 접근법이 사용되었을 때 일어났던 것을 나타내는 요약을 준비하라. 논문에서 제시되었던 전략을 실행했던 것을 요약에 포함시켜야 한다.
4. 교사가 부모와 의사소통하기 위해 사용한 전략에 관해 2명의 교사를 면담하라. 의사소통 향상과 관련해서 각 접근의 강점과 약점을 논의할 준비를 하라.
5. 초등교사와 학생 행동을 관리하기 위해 사용했던 전략에 관해 면담하라. 이 절차를 중학생과 고등학생에게 사용하기 위해 어떻게 수정했는지를 보여주는 계획을 개발하라.

참고문헌

Achenbach, T.M., & Edelbrock, C.S. (1981). Behavior problems and competencies reported by parents of nomal and disturbed children ages four through sixteen. *Monographs of the Society for Research in child Development*, 46 (1, Serial No. 188).

Achenbach, T.M., & Edelbrock, C.S. (1984). *Child behavior checklist-Teacher's reports.* Burlington, VT: University Associates in Psychiatry.

Adler, A. (1964). *Social interest: A challenge to mankind.* New York: Capricorn Books.

Alberto, P.A., & Troutman, A.C.(1999). *Applied behavior analysis for teacher*(5th ed.). Upper Saddle River, NJ: Merrill/Prentice Hall.

Alley, G. R., & Deshler, D.D.(1979). *Teaching the learning disabled adolescent: Strategies and methods.* Denver: Love Publoshing.

Anderson, L. W., & Burns, R. B. (1989). *Research in classrooms.* Oxford: Pergamon Press.

Argyris, C. (1964). *Integrating the individual and the organization.* New York: Wiley.

Arter, J.A., & Spandel, V.(1991). *Using portfolios of student work in instruction and assessment.* Portland OR: Northwest Regional Education Laboratory.

Ashlock, R. B. (1998). *Error patterns in computation: A semi-programmed approach.* (7th ed.). Upper Saddle River, NJ: Merril/Prentice Hall.

Babcock, N. L., & Pryzwansky, W.B.(1983). Models of comsultation: Preferences of educationnal. professionals at five stages of service. *Journal of School Psychology*, 21, 359-366

Baker, J., & Zigmond, N. (1990). Are regolar education classes equipped to accommodate students with learning disabillities? *Exceptional Children,* 56, 515-526.

Ball, E., & Blachman, B. (1991). Does phoneme segmentation training in kindergarten make a difference in early word recognition and developmental spelling? *Reeding Research Quarterly,* 26, 49-86.

Barrish, H. H., Saunders, M., & Wolf, M. M. (1969). Good Behavior Game: Effects of individual Contingencies for group consequences on disruptive behavior in a classrooms. *Journal of Applied Behavior Analysis,* 2, 119-124.

Bateman, B. D., & Chard, D. J. (1995). Legal demands and constraints on placement decisions, In J.M. Kauffman, J. W. Lloyd, D. P. Hallahan, & T.A.Astuto(Eds.), *Issues in Education Placement: Students with emotional and behavioral disorders, (pp. 285-316).* Hillsdale, NJ: Erlbaum.

Bauwens,J., & Hourcade, J. J.(1995). *Cooperative teaching: Rebuilding the schoolhouse for all students.* Austin, TX: PRO-ED.

Bauwens,J., Hourcade, J.J., & Friends, M. (1989). Cooperative teaching: A model for general and special education integration. *Remadial and Special Education,* 10(2), 17-22.

Berdine, W.H., & Cegelka, P.T. (1995). Collaborative consultation: A key to effective educational delivery. In.P.T. Cegelka & W.H. Berdine(Eds.), *Effective instruction for students with learning difficulties*(pp. 19-46). Boston: Allyn & Bacon.

Bargan, J. R., & Tombari, M. L. (1976). Consultant skill and efficiency and the implemention and outcome of consultation, *Journal of school Psychology,* 14(1), 3-14.

Berliner, D.(1987). But do they understand? In V. Richardon-Koehler(ED.), *Educator's handbook: A resrarch perspective*(pp. 225-295). New York: Longman.

Bloom, L., & Lahey, M. (1978). *Language development and language disorders.* New York: Wiley.

Borich, G.D.(1996). *Effective teaching methods*(3rd ed.). Upper Saddle River NJ: Merrill/Prentice Hall.

Bos, C.S., & Vaughn, S.(1998). *Strategies for teaching stidents with learning and behavior problems*(4th ed.). Bostons: Allyn & Bacon.

Brigance, A.H.(1977). BRIGANCE *diagnostic inventiry of basis skills.* North Billerica, MA: Curriculum Associates.

Brigance, A.H.(1981). BRIGANCE *diagnostic inventory of essential skills.* North Billerica, MA: Curriculum Associates.

Brigance, A.H.(1983). BRIGANCE *diagnostic comprehensive inventory of basic skills student booklet.* North Billerica, MA: Curriculum Associates.

Brophy, J.E., & Good, T.L.(1986). Teacher behavior and student achievement. In M.L. Wittock(Ed.), *Handbook of research on teaching* (3rd ed., pp. 328-375). Upper Saddle River, NJ: Merrill/Prentice Hall.

Brown v. Board of Education, 347 U.S. 483(1954).

Brown, L.L., & Hammill, D.D. (1990). *Behavior rating profile*-2. Austin, TX: PRO-ED.

Bruner, J.S.(1975). From communication to language: A psychologocal perspective. *Cognition*, 3, 255-287.

Bruner, P.R.(1995). *Classroom management and discipline: Methods to facilitate cooperation and instruction.* White Plains, NY: Longman.

Caplan, G. (1970). *The theory and practice of mental health consultation.* New York: Basic Book.

Carman, R.A., & Adams, W. R. (1972). *Study skills: A student's guide for survival.* New York: Wiley.

Carnine, D.(1991). Reforming mathematics instruction: The role of curiculum materials. *Journal of behavior Education*, 1, 37-57

Carnine, D.W., Caros, J., Crawford, D., Hollenbeck, K., & Harniss, M.K.(1996). Designing effective United States history curricular for all students. In J. Brophy(Ed.), *Advances in research on teaching, Vol. 6., Teaching and learning history.* (pp.207-256). Greenwich, CT: JAI Press.

Carnine, D., Silbert, J., & Kameenui, E.J.(1997). *Direct instruction reading*(3rd ed.). Upper Saddle River, NJ: Merrill/Prentice Hall.

Carpenter, R.(1985). Mathematics instruction in resource rooms: Instruction time and teacher competence. *Learning Disability Quarterly*, 8, 95-100.

Cegelka, P.T., & Begdine, W.H.(1995). *Effective instruction for students with learning difficulties.* Boston Allyn & Bacon.

Chesler, M.A., Bryant, B.I.Jr., & Crowfoot, J. E.(1981). *Consultation in school:Inevitable conflict, partisanship, and advocacy.* In M.J. Curtis & J.E.Zins(Eds.). *The theory and practice of school consultation.* Springfield, IL: Charles E. Thomas.

Choate, J.S., Enright, B.E., Miller, L.J., Poteet, J.A., & Rakes, T.A.(1995). *Curriculum-based assessment and programming* (3rd ed.). Boston: Allyn

& Bacon.

Christenson, S.L., Ysseldyke, J.E., & Thurlow, M.L.(1989). Critical instruction factors for students with mild handicaps: An integrative review. *Remedial and Special Education*, 10(5), 21-31.

Coate, R.D.(1989). The regular education initiative and opinions of regular classroom teachers. *Journal of Learning Disabilities*, 22, 532-536.

Coleman, J.(1996). *Equality of educational opportunity.* Washington, DC: Government Printing Office.

Conners, C.K.(1969). A teacher rating scale for use in drug studies with children. *American Journal of Psychiatry*, 126, 884-888.

Connoley, J.C., & Impara, J.C.(Eds.). (1995). *The twelfth mental measurements yearbook.* Lincoln, NE: Buros Institute.

Conoley, J.C., & Conoley, C.W.(1982). *School consultation: A guide in practice and traning.* New York: Pergamon Press.

Cook, L., & Friend, M. (1995). Co-teaching guidelines for creating effective practices. *Focus on Exceptional Children*, 20(3), 1-12.

Cooke, N.L., Heron, T.E., & Heward, W.L.(1983). *Peer tutoring: Implementing classwide programs in the primary grades.* Columbus, OH: Special Press.

Cooper, J.D., Warncke, E.W., & Shipman, D.A.(1988). *The what and how of reading instruction.* Upper Saddle River, NJ: Merrill/Prentice Hall

Cornwall, A.(1992). The relataionship of phonological awareness, rapid naming, and verbal memory to severe reading and spelling disabillity. *Journal of Learning Disabilities*, 25, 532-538.

Council for Exceptional Children.(1997). Effective accommodations for students with exceptionalities, CEC *today*, 4(3), 1, 9, 15, Reston, VA:Author.

Davis, A., & Clark, E. G.(1991). *T-Notes and other study skills*(4th ed.). Metamora, IL:Author.

Deno, E.(1970). Special education as developmental capital. *Exceptional Children,* 37, 229-237.

Deno, S.L.(1985). Curriculum-based measurement: The emerging alternative. *Exceptional Children*, 52, 219-332.

Deno, S., Marston, D., & Mirkin, P.(1982). Valid measurement procedures for continuous evaluation of written expression. *Exceptional Children*, 48, 368-371.

Deshler, D.D., Ellis, E.S., & Lenz, B.K. (1996). *Teaching adolescents with learning disabilities: Strategies and methods* (2nd ed.). Denver: Love Publishing.

Detter, P., Thurson, L.P., & Dyck, N. (1993) *Consultation, collaboration, and teamwork for students with special needs.* Boston: Allyn & Bacon.

Doboer, A.(1995). *Working together: The art of consulting and communicating.* Longmond, CO: Sopris West

Doren, M.(1973). *Doren diagnostic reading list of word recognition skills*(2nd ed.). Circle Pines, MN: American Guidance Service.

Doyle, W.(1983). Academic work. *Review of Educational Research*, 53, 159-199.

Dreikurs, R, Grunwald, B., & Pepper, F.(1982). *Maintaining sanity in the classroom.* New York: Harper & Row.

Dunn, L.M.(1968). Special education for the mildly retarded-Is much of it justifiable? *Exceptional Children*, 35, 5-22.

Durrell, D.D., & Catterson, J.H.(1980). *Durrell analysis of reading difficulty*(3rd ed.). San Antonio, TX: Psychological Crop.

Education Amendments of 1974, PL. 93-380. 88 Stat. 580

Education for All Handicapped Children Act of 1975, 20, U.S.C. § seq.

Education of the Handicapped Act Amendments of 1983, PL 98-199.

Elementaty and Secondary Education Act, amended by PL 89-750. Sec 161 [Title VI,80 Stat. 1204(1966).

Ellett, L.(1993). Instructional practices in mainstreamed secondary classrooms. *Journal of Learning Disabilities*, 26, 57-64.

Ellis, E.S., & Lenz, B.K.(1987). A component analysis of effective learning strategies for LD students. *Learning Disabilities Focus*, 2(2), 94-107.

Ellis, E.S., & Lenz, B.K.(1996). Perspectives on instruction in learning strategies. IN D.D. Deshler, E.S. Ellis, & B.K. Lenz(Eds.), *Teaching adolescents with learning disabilities: Strategies and methods*(2nd ed., pp.9-60). Denver: Love publishing.

Ellis, E.S., Lenz, B.K., & Sabornie, E.J.(1987). Generalization and adaptation of learning strategies to natural environment: Part 2-Research into practice. *Remedial and Special Education*, 8(2), 6-24.

Emmer, E.T., Enerton, C.M., Sanford, J. P., Clements, B. S., & Worsham, M.E.(1989). *Classroom management for secondary teachers*(2nd ed.). Upper

Saddle River: NJ: Merrill/Prentice Hall.

Englert, C.S., & Thomas, C.C.(1987). Sensitivity to text stucture in reading and writing:A comparison between learning disabled and non-learning disabled studenrs. *Learning Disabilities Quarterly,* 10, 93-105.

Englet, C.S., Tarrant, K.L. & Mariage, T.V.(1992). Defining and redefining instructional practice. in special education: Perspectives in good teaching. *Teaching Education and Specail Education*, 15, 62-87.

Englert, C. S., Raphael, T. E., Fear, K. L., & Anderson, L. M.(1988). Students' metacognitive knowledge about how to write informational texts. *Learning Disability Quarterly*, 11, 18-46.

Enright, B.E.(1983). *Enright diagnostic inventory of basic arithmetic skills.* North Billerica, MA: Curriculum Associates.

Evans, S.S., Evens, W.H., & Mercer, C.D.(1986). *Assessment for instruction*, Boston: Allyn & Bacon.

Evans, W.H., Evans, S.S., & Schmidt, R.E.(1989). *Behavior and instructional management: An ecological approach.* Boston: Allyn & Bacon.

Fendel, G.(1990). *Learning to learn: Strengthening study skills and brain power.* Nashville, TN: Incentive Publications.

Fender, G.(1996). *Teaching for learning success.* Nashville, TN: Incentive Publications.

Fleischner, J.E. (1994). Diagnosis and assessment of mathematics learning disabilities. In G.R. Lyon (Ed.). *Frames of reference for the assessment of learning disabilities* (pp.441-458). Baltimore: Paul Brookes.

Foster, G.G., Ysseldyke, J.E., & Reese, J.H.(1975). I wouldn't have seen it if I hadn't believed it. *Exceptional Children*, 41, 469-473.

Foster-Johnson, L., & Dunlap, G.(1993). Using functional assessment to develop effective, individualized interventions for challenging behaviors. *Teaching Exceptional Children*, 25(3), 44-50.

Friend, M., & Bursuck, W. (1996). *Including students with special needs: A practical guide for classroom teachers.* Boston: Allyn & Bacon.

Friend, M., & Cook, L.(1990). Collaboration as a predictor for success in school reform. *Journal of Educational and Psychological Consultation*, 1, 69-86.

Friend, M., & Cook, L.(1996). *Interactions: Collaboraction skills for school professionals*(2nd ed.). New York: Longman.

Fuchs, D., and Fuchs, L.(1995). "What's 'special' about special education?" *Phi Delta Kappan*, 76, 522-530.

Fuchs, D., & Fuchs, L.S.(1995). Special education can work. In J.M. Kauffman, J.W. Lloyd, D.P. Hallahan, & T.A. Astuto(Eds.). *Issues in Educational Placement* (pp.353-377). Hillsdale, NJ: Erlbaum.

Fuchs, L.S., & Fuchs, D. (1986). Curriculum-based assessment of progress toward long-and short-term goals. *The Journal of Special Education*, 20, 69-82.

Gagne, R.M. (1985). *The conditions of learning and theory of instruction* (4th ed.). New York: Holt, Rinehart, & Winston.

Gallessich, J.(1982). *The professional and practice of consultation.* San Francisco: Jossey-Bass.

Gartland, D.(1993). Teacher-parent partnerships: Effective communication strategies. LD *Forum*, 18(3), 40-42.

Gartner, A., & Lipsky, D.K.(1987). Beyond special education: Toward a quality system for all students. *Harvard Educational Review*, 57, 367-395.

Gartner, A., & Lipsky, D.K.(1989). *The yoke of special education: How to break it.* Washington, DC: National Center on Education and the Economy.

Gates, A.I., Mckillop, A.S., & Horowitz, R.(1981). *Gates-Mckillop-Horowitz reading diagnostic tests*(2nd ed.). New York: Teachers College Press.

Gelfand, D.M., & Hartman, D.P.(1984). *Child behavior analysis and therapy* (2nd ed.), New York: Pergamon Press.

Gerber, M.M.(1984). Investigations of orthographic program-solving ability in learning disabled and normally achieving students. *Learning Disability Quarterly*, 7, 157-164.

Gerber, M.M., & Hall, R.J.(1987). Information processing approaches to studing spelling deficiencies. *Journal of Learning Disabilities*, 20, 34-42.

Gerber, P., & Reiff, H.(Eds.)(1994). *Learning disabilities in adulthood: Persisting problemss and evolving issues.* Boston: Butterworth-Heineman.

German, G., & Tindal, G. (1985). An application of curriculum-based assessment: The use of direct and repeated measurement. *Exceptional Children,* 52, 244-265.

Gersten, R.M., & Jimenez, R.T.(1998). *Promoting learning for culturally and linguistically diverse students: Classroom applications from contemporary research.* Boston: Wadsworth.

Graden, J.L., Casey, A., & Christenson, S.(1985). Implementing a prereferral intervention system: Part I: The Model. *Exceptional Children*, 51, 377-384.

Graham, S., Boyer-Schick, K., & Tippets, E.(1989). The validity of the handwriting scale from the Test of Written Language, *Journal of Education Research*, 82, 166-171.

Graham, S., & Harris, K.(1993). Teaching writing strategies to students with learning disabilities: Issues and recommendations. In L. Meltzer(Ed.),*Strategy assessment and instruction for students with learning disabilities: From theory to practice*(pp.271-292). Austin, TX:PRO-ED.

Graham, S., Harris, K.R., MacArthur, C. A., & Schwartz, S.(1991). Writing and writing instruction for students with learning disabilities: Review of a research program. *Learning Disability Quarterly*, 14, 89-115.

Grassen, B., & Carnine, D.(1992). Translating research on text structure into classroom practice. *Teaching Exceptional Children*, 24(4), 48-53.

Graves, D.G., & Sunstein, B.S. (Eds.).(1992). *Portfolio portraits.* Portsmouth, NH: Heinemann.

Greenban, C.R.(1987). *The Spellmaster Assessment and Teaching System.* Austin, TX: PRO-ED.

Hallahan, D.P., & Sapona, R.(1983). Self-monitoring of attention with learning disabled chilldren: Past research and current issues. *Journal of Learning Disabilities*, 15, 616-620.

Hallahan, D.P., Lloyd, J.W., & Stoller, L.(1982). *Improving attention through self-monitoring.* Charlottesville, VA: University of Virginia Learning Disabilities Research Institute.

Hallahan, D.P., Kauffman, J.M., & Lloyd, J.W.(1999). *Introduction to learning disabilities* (2nd ed.). Boston: Allyn & Bacon.

Hammill, D.D., & Larsen, S.C.(1996). *Test of written language*-3. Austin, TX: PRO-ED.

Handicapped Children's Protection Act of 1986. 20 U.S.C. § 1401 *et seq.*

Harniss, M.K., Hollenbeck, K.L., Crawford, D.B., & Camine, D.(1994). Content organization and instructional design issues in the development of history texts. *Learning Disability Quarterly*, 17, 235-248.

Harrell, J., & Vallecorsa, A.(1987. September). Characteristics of learning disabled students' written compositions. *National Middle School Association Research Annual*, 76-86.

Harris, A.J., & Sipay, E.R.(1990). How to increase reading ability: A guide to developmental and remedial methods (9th ed.). New-York: Longman.

Harris, K.R., & Graham, S.(1992). *Helping young writers master the craft: Strategy instruction and self-regulation of the writing process.* Cambridge, MA: Brookline.

Hayes, L.A.(1976). The use of group contingencies for behavioral control: A review. *Psychological Bulletin*, 83, 628-648.

Heilman, A.W., Blair, T.R., & Rupley, W.H.(1998). *Principles and practices of teaching reading* (8th ed.). Upper Saddle River, NJ: Merrill/Prentice Hall.

Henderson, A.T., Marburger, C.L., & Ooms. T.(1986). *Beyond the bake sale. An educator's guide to working with parents.* Washington, DC: National Committee for Citizens in Education.

Heron, T.E., & Harris, K.C.(1993). *The educational consultant: Helping professionals, parents, and mainsteamed students*(3rd ed.). Austin, TX: PRO-ED.

Heward, W.L.(1996). *Exceptional Children.*(5th ed.). Upper Saddle River, NJ: Merrill/Prentice Hall.

Heward, W.L., & Chapman, J.E.(1981). Improving parent-teacher communication through recorded telephone messages: Systematic replication in a special education classroom. *Journal of Special Education Technology*, 4, 11-19.

Hoover, J.J., & Patton, J.R.(1997). *Curriculum adaptations for students with learning and behavior problems: Principles and Practices*(2nd ed.). Austin, TX: PRO-ED.

Hoover, J.J., & Patton, J.R.(1995). *Teaching students with learning problems to use study skills: A teacher's guide.* Austin, TX: PRO-ED.

Hresko, W.P., & Brown, L.L.(1984). *Test of early socioemotional development.* Austin, TX: PRO-ED.

Hudson, F.G., & Colson, S E. (1989). *Hudson education skills inventory-mathematics.* Austin, TX: PRO-ED.

Hughes, C.A.(1997). Memory and test-taking strategies. In D.D. Deshler, E.S. Ellis, & B.K. Lenz(Eds.). *Teaching adolescents with learning disabilities*(2nd ed, pp.209-266). Denver: Love Publishing.

Hoghes, C.A., Ruhl, K.L., Deshler, D.D., & Schumaker, J.B.(1993). Test-taking strategy instruction for adolescents with emotional and behavioral disorders, *Journal of emotional and Behavioral Disorders*, 1, 189-198.

Hutton, J.B., & Roberts, T.G.(1986). *Social-emotional dimension scale:* A measure of school behavior. Austin, TX: PRO-ED.

Idol, L.(1987). A critical thinking map to improve content area comprehension of peer readers. *Learning Disability Quarterly*, 10, 214-229.

Idol, L., Nevin, A., Paolucci-Whitcomb, P.P.(1994). *Collaborative consultation*(2nd ed.). Austin, TX: PRO-ED.

Idol, L., & West, J.F.(1987). Consultation in special education (Part II): Training and practice. *Journal of Learning Disabilities*, 20, 474-494.

Idol-Maestas, L.(1983). *Special educator's consultation handbook.* Rockville, MD: Aspen.

Idol-Maestas, L., Lloyd, S., & Lilly, M.S.(1981). Implementation of a noncategorical approach to direct service and teacher education. *Exceptional Children*, 48, 213-219.

Idol-Maestas, L.,& Ritter, S(1985). A follow-up study of resource/consulting teachers: Factors that facilitate and inhibit teacher consultation. *Teacher Education and Special Education*, 8, 121-131.

Imber-Black, E.(1998). *Families and larger systems.* New York: Guilford.

Individuals with Disabilities Act Amendments of 1997, PL 105-17.

Individuals with Disabilities Education Act of 1990, 20 U.S.C. §1401 *et seq.*

Jenkins, J.R., & Jenkins, L.(1985). Peer tutoring in elementary and secondary programs. *Focus on Exceptional Children*, 17(6), 1-12.

Johnson, D.W.(1996). *Reading out: Interpersonal effectiveness and self-actuallization*(6th ed.). Boston: Allyn & Bacon.

Johnson, D.W., & Johnson, R.T.(1986). Mainstreaming and cooperative learning strategies. *Exceptional Children*, 52, 553-561.

Johnson, L.J., Pugach, M.C., & Hammittee, D.J.(1988). Barriers to effective special education consultation. *Remedial and Special Education*, 9(6), 41-47.

Jones, B.F., Palincsar, A.S., Ogle, D.S., & Carr, E.G.(1987). *Strategic teaching and learning: Cognitive instruction in the content areas.* Washington DC: Association of Supervision and Curriculum Development.

Kameenui, E.J.(1993). Diverse learners and the tyranny of time: Don't fix the leaky roof. *Reading Teacher,* 20, 376-383.

Kameenui, E.J., & Simmons, D.S.(1990). *Designing instructional strategies: The prevention of academic learning problems.* Upper Saddle River, NJ: Merrill/Prentice Hall.

Kanfer, F.H., & Gaelick, L.(1986). Seif-management methods. In F.H. Kanfer & A.P. Goldstein(Eds). *Helping people chage: A textbook of methods*(3rd ed., pp.283-345). Tarrytown, NY: Pergamon.

Kanfer, F.H., & Grimm, L.G.(1977). Behavioral analysis: Selecting target bahaviors in the interview. *Behavior Modification*, 1, 7-28.

Kauffman, J.M.(1997). *Characteristics of emotional and behavior disorders of children and youth* (6th ed.). Upper Saddle River, NJ: Merrill/Prentice Hall.

Kauftman, J..M., Mostert, M.P., Trent, S.C., & Hallahan, D.P.(1998). *Managing classroom behavior: A reflective case-based approach.* (2nd ed.). Boston: Allyn & Bacon.

Kazdin, A.E.(1977). *The token economy: A review and evaluation.* New York: Plenum.

Kindsvatter, R., Wilen, W., & lsher, M.(1998). *Dynamics of effective teaching.* New York: Longman.

King-Sears, M.E. (1994). *Curriculum-based seessment in special education.* San Diego, CA: Singular Publishing Group.

Knackendoffel, E.A.(1996). Collaborative teaming in the secondary school. In D.D. Deshler, E.S. Ellis, & B.K. Lenz(Eds), *Teaching adolescents with learning disabilities: Strategies and methods* (2nd ed., pp.579-616). Denver: Love Publishing.

Kurprius, D.(1978). Consultative theory ang process: An integrated model. *Personnel and Guidance Journal*, 56, 335-338.

Laughlon, J., & Morris, N.T.(1989). Story grammar knowledge of learning disabled students. *Learning Disabilities Research*, 4, 87-95.

Laurie, T.E., Buchwach, L., Silverman, R., & Zigmond, N, (1978). Teaching secondary learning disabled students in the mainstream. *Learning Disability Quarterly*, 1(4), 62-72.

Leinhardt, G., Zigmond, N., & Cooley, W.W.(1981). Reading instruction and its effect. *American Educational Research Journal,* 18, 343-366.

Lemlech, J.K.(1988). *Classroom management methods and techniques for elementary and secondary teachers.* (2nd ed.). Prospect Heights, IL: Waveland Press, Inc.

Lerner, J.(1997). *Learning disabilities: Theories, diagnosis, and teaching strategies*(7th ed.). New York: Houghton Mifflin.

Levin, J., & Nolan, J.F.(1996). *Principles of classroom management: A professional design-making model*(2nd ed.). Boston: Allyn & Bacon.

Levine, M.D.(1990). *Keeping a head in school: A stident's book about learning abilities and learning distorders.* Cambidge, MA: Educators Publishing Service.

Lewis, R.B., & Doorlag. D.H. (1999). *Teaching special students in the mainstream*(5th ed.). Upper Saddle River, NJ: Merrill/Prentice Hall.

Lieberman, L.M.(1985). Special education and regular education: A merger made in heaven? *Exceptional Children*, 51, 513-516.

Lilly, M.S.(1986, October). The relationship between general and special education: A new face on an old issue. *Counterpoint*, 6(1).

Lippitt, G.L.(1969). *Organization renewal.* New York: Appleton Century Crofts.

Lyon, G.R.(1995). *Learning disabilities.* In E. Marsh & R. Barkley (Eds.). *Childhood psychopathology*(pp.283-242). New York: Guilford Press.

Madden, N.A., & Slavin, R.E.(1983). Mainstreaming students with mild handicaps: Academic and social outcomes. *Review of Educational Research*, 53, 519-569.

Maeroff, G.I.(1988). *The empowerment of teachers: Overcoming the crisis of confidence.* New York: Teachers College Press.

Maheady, L., Sacca, M.K., & Harper, G.F.(1988). Classwide peer tutoring with mildly handicapped high school student. *Exceptional Children*, 55, 52-59.

Mann, W.(1991). Language problems: A key to early reading problems. In B.Y.L. Wong(Ed.). *Learning about learning disabilities*(pp. 129-162). San Diego: Academic Press.

Mastropieri, M.A., & Scruggs, T.E.(1994). *Effective instruction for special education.* (2nd ed.). Austin TX: PRO-ED.

Mathes, P.G., Fuchs, D., Fuchs, L., Henley, A.M., & Sanders, A.(1994). Increasing strategic reading practice with Peabody Classwide Peer Tutoring. *Learning Disabilities Research and Practice*, 9, 44-48.

McCarney, S.B. & Leigh, J.E(1990). *Behavior education scale*-2. Columbia, MO: Hawthorne Educational Services.

McNamara, J.R., & Diehl, L.A.(1974). Behavioral consultation with a Head Start program. *Journal of Community Psychology*, 2, 352-357.

McRobble, J.(1992). *Using portfolios to assess student performance* (Knowledge Brief #9). California: Far West Laboratory for Educational Research and Development.

Meichenbaum, D.(1977). *Cognitive behavior modification: An integrative approach*. New York: Plenum.

Mercer, C.D.(1997). *Students with learning disabilities*(5th ed.). Upper saddle River, NJ: Merrill/Prentice Hall.

Mesinger, J.F.(1985). Commentary on "A rationale for the merger of special and regular education"or, is it now time for the lamb to lie down with the lion? *Exceptional Children*, 51, 510-512.

Meyer, C.A. (1992). What's the difference between authentic and performance assessment? *Educational Leadship*, 49(8), 39-40.

Meyers, J., Parson, R.D., & Martin, R.(1979). *Mental health consultation in the school*. San Francisco: Jossey-Bass.

Miller S.E., Leinhardt G., & Zigmond, N.(1988). Influencing engagment through accommodation: An ethnographic study of at-risk students. *American Education Reseagch Journal*, 25, 456-488.

Miller, S., Crawford, C., Hamiss, M.K., Hollenbeck, K., & Carnine, D.W. (1997). Effective strategies for teaching social studies. In E. Kameenui & D. Camine(Eds.). *Effective teaching strategies that accommodate diverse learners*(pp. 139-160). Upper Saddle River, NJ: Merrill/Prentice Hall.

National Association of State Boards of Education. (1992). *Winners all: A call for inclusive schools*. Alexandria, VA: Author.

Nodine, B.F., Barenbaum, E., & Newcomer, P.(1985). Story composition by learning disabled, reading disabled and normal children. *Learning Disability Quarlerly*, 8, 167-179.

Nowacek, E.J.(1992). Professionals talk about teaching tigether: Interview with five collaborating teachers. *Intervention in School and Clinic*, 27, 262-276.

O'Connor, P.D., Stuck, G.B., & Wyne, M.D.(1983). Effects of a short-term interaction resource room program on task orientation and achievement.

Journal of Special Education, 13, 375-385.

Olson, J.L., & Platt, J.M.(1996). *Teaching children and adolescents with special needs* (2nd ed.). Upper Saddle River, NJ: Merrill.Prentice Hall.

Owens, R.E., Jr. (1992). *Language development: An introduction*(3rd ed.). Upper Saddle River, NJ: Merrill/Prentice Hall.

Partanen, J.N.(1993).*Academic experiences of secondary students in special education and regular education classes*, unpublished doctoral dissertation. University of Pittsburgh, Pittsburgh, PA.

Polloway, E.A., & Patton, J.R.(1997). *Strategies for teaching learners with special needs* (6th ed.). Upper Saddle River, NJ: Merrill.Prentice-Hall.

Poteet, J.A., Choate, J.S., & Stewart, S.(1996). Performance assessment and special education: Practices and prospects. In E.L. Meyen, G.A. Vergason, & R.J. Whelan (Eds.). *Strategies for teaching exceptional children in inclusive settings*(pp.209-242). Denver: Love Publishing.

Prillaman, D.(1981). Acceptance of learning disabled students in the mainstream environment: A failure to replicate. *Journal of Learning Disabilities*, 14, 344-346.

Pugach, M.C., & Johnson, L.J.(1995). Techer's and student's views of team teaching of general ducation and learning disabled students in two fifth grade classes *The Elementary School Journal*, 95, 279-295.

Pugach, M.C., & Johnson, L.J.(1995). *Collaborative practitioners: Collaboractive schools*. Denver: Love Publishing.

Pugach, M.C, & Wesson, C.(1995). Teachers' and students' views of team teaching of general education and learning disabled students in two fifth grade classes. *Elementary School Journal, 95, 279-295.*

Quay, H. C., & Peterson, D. R.(1987). *Revised behavior problem checklist*. Odessa, FL: Psychology Assessment Resource.

Rehabilitation Act of 1973. (1973). 29 U.S.C § 794

Reid, R.(1996). Research in self-monitoring with students with learning disabilities: The present, the prospects, the pitfalls. *Journal of Learning Disabilities*, 29, 317-331.

Reynolds, M.C., Wang, M.C., & Walberg, H. J.(1987). The necessary restructuring of special and regular education. *Exceptional Children*, 53, 391-398.

Rief, S.F.(1993). *How to reach and teach* ADD/ADHD *children.* West Nyack. NY: The Center for Applied Research in Education.

Rivera, D.P., & Smith, D.D.(1997). *Teaching students with learning and behavior problems* (3rd ed.). Boston: Allyn & Bacon.

Rodgers, C.R.(1959). A theory of therapy, personality, and interpersonal relationships, as developed in the client-centered framework. In S. Koch(Ed.), *Psychology: A study of science: Vol.II Formulatoins of the persinal and social concopt*, New York: McGraw Hill.

Rosenberg. M.S., O'Shea, L., & O'Shea, D.J.(1991). *Student teacher to master teacher: A handbook for preservice and beginning teachers of student with mild and moderate handicaps.* Upper Saddle River, NJ: Merrill/Prentice Hall.

Rosenfield, S. A.(1987). *Instructional consultation.* Hillsdale, NJ: Erlbaum.

Rosenshine, B., & Stevens, R, (1986). Teaching functions, In M. C. Wittock (Ed.), *Handbook of research on teaching* (pp.376-391). Upper Saddle River, NJ: Merrill/Prentice Hall.

Sabornie, E, J., & deBettencourt, L.U.(1997). *Teaching students with mild disabilities at the secondary level.* Upper Saddle River, NJ: Merrill/Prentice Hall.

Salend, S.J.(1998). *Effective mainstreaming* (3rd ed.). Upper saddle River, NJ: Merrill/Prentice Hall.

Salend, S.J., & Gordon, B. (1987). A group-oriented timeout ribbon procedure. *Behavior Disorders*, 12, 131-137.

Schmuck, R.A., & Runkel, P. J. (1985). *The handbook of organization development in schools* (3rd ed.). Palo Alto, CA: Mayfield Publishing.

Schultz, T. (1974). Development of the appreciation of riddles. *Child Development*, 45, 100-105.

Schumaker, J. B., Denton, R. H., & Deshler, D.D.(1984). *The paraphrasing strategy (learning strategies curriculum).* Lawrence. KS: University of Kansas.

Schumaker, J. B., Deshler, D.D., Alley, G.R., & Denton. P.H.(1982). Multipass: A learning strategy for improving reading comprehension. *Learning Disability Quarterly*, 5, 295-304

Schumaker, J. B., Nolan, S. M., & Deshler, D.D.(1985). *The error monitoring stategy.* Lawrence, KS: University of Kansas

Scott, J., & Smith, S. C. (1988). *From isolation to collaboration: Improving the work environment of teaching.* Elmhurst: IL: North center Regional Educational Laboratory.

Scruggs, T. E., & Mastropieri, M. A.(1988). Are learning-disabled students "test-wise?": A review of recent research. *Learning Disabilities Focus*, 3, 87-97

Semmel, M. I., Abernathy, T. V., Butera, G., & Lesar, S. (1991). Teacher perceptions of the regular education initiative. *Exceptional Children,* 58, 9-25.

Shanker, J. L., & Ekwall. E. E. (1998). *Locating and correcting reading difficulties*(7th ed.). Upper saddle River, NJ: Merrill/Prentice Hall.

Silverman, R., Zigmond, N., & Sansone, J. (1981). Teaching coping skills: A school survival skills curriculum for adolescents with learning disabbilities. *Focus on Exceptional Children*, 13(6), 1-20.

Silverman. R., Zigmond. N., Zimmerman. J., & Vallecorsa. A. (1981). Improving written expression in learning disabled students. *Topics in Language Disorders*, 1, 91-99.

Slavin, R. E. (1984). Team-assisted individualization: Cooperative learning and individualized instruction in the mainstreamed classroom. *Remedial and Special Education,* 5(6), 33-42.

Slavin, R. E.(1988). *Student team learning: An overview and practical guide* (2nd ed.). Washington, DC: National Education Association.

Smith. T. E. C., & Dowdy, C. A. (1989). The role of study skills in the secondary curriculum, *Academic Therapy*, 24,479-490.

Smith. T, E. C., Polloway, E. A., Patton, J. R., & Dowdy, C. A. (1995). *Teaching students with special needs in inclusive settings.* Boston: Allyn & Bacon.

Spache. G. D. (1981). *Diagnostic Reading Scales.* Monterey, CA: CTB Macmillan/McGraw Hill.

Special education costs about twice the price of regular education. (1988). *Education of the Handicapped,* 14, 1-4.

Stainback, W., & Stainback, S. (1984). A rationale for the merger of special and regular education. *Exceptional Children*, 51, 102-111.

Stake, R. E. (1978). The case study method of social inquiry. *Educational Research*, 2, 5-8.

Stanovich, K. E. (1991). Word recognition: Changing perspectives. In R. Barr,

M. L. Kamil. P. B. Mosenthal, & P. D. Pearson (Eds.), *Handbook of reading research* (Vol, 2, pp.418-452). New York: Longman.

Stanovich, K. E. (1992). Speculations on the causes and consequences of individual assumptions and their implications for reading instruction. In P. B. Gough, L. C. Ehri, & R. Treiman(Eds.), *Reading acquisition* (pp. 307-342). Hillsdale, NJ: Erlbaum.

Stevens, R., & Slavin, R. (1991). When cooperative learning improves the achievement of students with mild disabilitis: A response to Tateyama-Sniezek. *Exceptional Children*, 57, 276-280.

Stodolsky. S. S. (1984). *The subject matters.* Chicago: University of Chicago Press.

Strichart, S. S., & Mangrum, C. T. III (1993). *Teaching study strategies to students with learning disabilities.* Boston: Allyn & Bacon.

Strichart, S. S., Mangrum, C. T. III, & Iannuzzi, P, (1998). *Teaching study skills and strategies to students with larnng disabilities, attintion deficit disorders, or special needs* (2nd ed.). Boston: Allyn & Bacon.

Sugai, G. M., & Tindal, G, A, (1993). *Effective school consultation: An inteactive approach.* Pacific Grove. CA: Brocks/Cole.

Suritsky, S. K., & Hughes, C. A. (1997). Note-taking strategy instruction. In D. D. Deshler, E. S. Elles, & B. K. Lenz (Eds.)., *Teaching adolescents with learning disabilities* (2nd ed., pp.267-312). Denver: Love Publishing.

Tangel. D. M., & Blackman. B. A. (1992). Effect of phoneme awareness instruction on kindergarten children's invented spelling. *Journal of Reading Behavior,* 24, 233-261.

Tateyama-Sniezek. K. M. (1990). Cooperative learning: Does it improve the academic achievement of students with handecaps? *Exceptional Children,* 56, 426-437.

Todd, J. (1967). The Ohio program for neurologically handicapped children In J. I. Arena (Ed.), *Management of the child with learning desabilities: An interdisciplinary challenge* (pp.109-112). Pittsburgh: Association for Children with Learning Disabilities.

Torgesen, J. K. (1985). Memory process in reading disabled children, *Journal of Learning Disabilities*, 18, 350-357.

Turnbull, A. P., & Turnbull. H, R. III. (1997). *Families, professionals, and exceptionality: A special partnership.* Upper Saddle River, NJ:

Merrill/Prentice Hall.

Turnbull. H, R., & Turnbull. A, P. (1998). *Free appropriate public education: The law and children with disabilities* (5th ed.), Denver: Love Publishing.

U. S. Department of Education. (n.d.). America 2000: An educational strategy. Washinhton, DC: Author.

U. S. Department of Edrcation. (1996). *Eighteenth annual report to Congress on the implementation of the Individuals with Disabilities Education Act.* Washinton, DC: Author.

U. S. Department Education (1997). Nineteenth annual report to Congress on the implementation of the Individuals with Disabilities Education Act, Washinton, DC: Government Printing Office.

U. S. Deparmnet of Health, Education and Welfare. (1979). A *report to Congress on the implementation of Public Law* 94-142: *The Education of All Handicaped Chileren Act*, Washington, DC: Government Printing Office.

Vallecorsa, A., & deBettencourt, L. U. (1997). Using a mapping procedure to teach reading and writing skills to middle-grade students with learning disacilities. *Education and Treatment of Children,* 20, 173-188.

Vallecorsa, A., & Garriss. E. (1990). Story composition skills of middle-grade students with learning disabilities. *Exceptional Children,* 57, 48-56.

Vaughn. S., & Wilson, C. (1994). Mathematics assessment for students with learning disabilities. In G. R. Lyon (Ed.), *Frames of reference for the assessment of learning disabilities* (pp.459-472). Baltimore: Paul Brookes.

Veit. D. T., & Scruggs, T. E. (1986). Can LD Students effectively use separate answer sheets? *Perceptual and Motor Skills,* 63, 155-160.

Voltz, D. L., Elliott. R. N. Jr., & Cobb, H. B. (1994). Collaborative teacher roles: Special and general educators. *Journal of Learning Disabilities,* 27, 527-535.

Wade, S. E. (1990). Using think alouds to assess comprehension. *Reading Teacher*, 43, 442-451.

Wade, S. E., Trathen, W., & Schraw. G. (1990). An analysis of spontaneous study strategies. *The Reading Research Quarterly,* 25, 149-166.

Walker, H. M., & Walker, J. E. (1991). *Coping with noncompliance in the classroom: A positive approach for teachers.* Austin, TX: PRO-ED.

Wallace. G., Larsen, S. C., & Elksnin. L. K. (1992). *Educational assessment of learning problems: Testing for teaching* (2nd ed.). Boston: Allyn & Bacon.

Welch, M., & Sheridan, S. M. (1995). *Educational partnerships: Serving students at risk.* Fort Worth: Harcourt Brace.

West. J. F., & Idol. L.(1990). Collaborative consultation in the education of mildly handicapped and at-risk students. *Remedial and Special Education,* 11(1), 22-31.

Will, M. C. (1986). Educating children with learning problems: A shared responsibility. *Exceptional Children,* 52, 411-415.

Wilson, S. (1977). The use of ethnographic techniques in educational research. *Review of Educational Research*, 47, 245-265.

Wittrock, M. C. (Ed.). (1986). *Handbook of research on teaching* (3rd ed.). Upper Saddle River, NJ: Merrill/Pentice Hall.

Wolery, M. R., Bailey, D. B. Jr., & Sugai, G. (1988). *Effective teaching: Principles and procedures of applied behavior analysis with exceptional students.* Boston: Allyn & Bacon.

Wolf, K. (1991, October). The schoolteacher's portfolio: Issues in design, implementation, and evaluation. *Phi Delta Kappan*, 129-136.

Wong, B. Y. L. (1987). Directions in future research on metacognition in learning disabilities. In H. L. Swanson (Ed.), *Memory and learning disabilities: Adavances in learning and behavior disabilities* (PP.335-356). Greenwich, CT: JAI Press.

Wood, J. W. (1998). *Adapting instruction to accommodate students in inclusive settings.* Upper Saddle River, NJ: Merrill/Prentice Hall.

Yell. M. L. (1998). *The law and special education.* Upper Saddle River. NJ: Merrill/Prentice Hall.

Ysseldyke, J. E., & Algozzine, B. (1983). LD or not LD: That's not the question. *Jonrnal of Leaning Disabilities*, 16, 29-31.

Ysseldyke. J. E., & Algozzine, B. (1995). *Special education: A practical appreach for teachers* (3rd ed.). Boston: Houghton Mifflin.

Ysseldyke, J. E., & Christenson, S. L., (1987), Evaluating students' instructional environments. *Remedial and Special Education,* 8(3), 17-24.

Ysseldyke, J. E., & Christenson, S. L.(1993). *The instructional environment scale*

(TIES) (2nd ed.). Austin, TX: PRO-ED.

Zabrucky. K., & Ratner. H. H. (1992). Effects of passage type on comprehension monitoring and recall in good and poor readers. *Journal of Reading Behavior*, 24, 373-391.

Zigmond, N. (1978). A prototype of comprehensive services for secondary students with learning disabilities: A preliminary report. *Learning Disability Quarterly*, 1, 39-49.

Zigmond, N., & Baker, J. (Eds.). (1995). An exploration of the meaning and practice of special education in the context of full inclusion of students with learning disabilities [Special Issue]. *The Journal of Special Education*, 29.

Zigmond, N., & Miller S. E. (1992). Improving high school programs for students with learning disabilities: A matter of substance as well as form. In F. Rusch, L. DeStefano, J. Chadsey-Rusch, L. Phelps, & E. Szymanski (Eds.), *Transition from school to adult life* (pp.17-33). Sycamore Publishing.

Zigmond, N., Vallecorsa, A., & Silverman, R. (1983). *Assessment for instructional planning in special education*. Upper Saddle River, NJ: Merrill/Prentice-Hall.

역자소개

■ 강 영 택(姜暎澤)

- 단국대학교 사범대학 특수교육과 졸업
- 단국대학교 대학원 석사과정 졸업(교육학 석사)
- 단국대학교 대학원 박사과정 졸업(교육학 박사)
- 성베드로학교 교사
- 한국교육개발원 연구원
- 국립특수교육원 교육연구사
- 현. 백석대학교 특수교육과 교수

[논문 및 저서]

- 「정신지체아동의 사회적 지식이 사회적 상호작용에 미치는 효과」
- 「특수교육 발전 5개년(2003-2007) 종합대책 수립을 위한 기초연구」
- 「장애아동 부모 통합교육 욕구조사」
- 「특수학급 경영평가 연구」
- 「특수교육보조원제 운영방안 연구」
- 『정신지체아동 교육의 이론과 실제』(공저)
- 『특수교육의 이해』(공저)
- 『정신지체아동의 사회인지 연구』외 다수

■ 권 주 석(權周錫)

- 강남대학교 교육학과 졸업
- 단국대학교 대학원 석사과정 졸업(교육학 석사)
- 단국대학교 대학원 박사과정 졸업(교육학 박사)
- 미국 Northern Illinois University에서 정신지체아교육 연구
- 경기도내 초등학교 교사(18년)
- 국립특수교육원 교육연구사
- 현, 전남대학교 사범대학 특수교육과 교수

[논문 및 저서]

- 「정신지체아 교육과정 구성 원리 탐색」
- 「정신지체학생을 위한 해결 중심적 단기 상담의 적용 방안」
- 「정신지체 청소년의 사회적 성행위 수용에 관한 연구」
- 「사회적응활동이 정신지체 학생의 자기결정력에 미치는 효과」
- 「초등학교 통합학급의 협력교수 실행 수준 분석」
- 「초등학교 통합학급 교사에 대한 특수교육 교사의 인식 연구」
- 『정신지체아동 교육의 이론과 실제』(공저)
- 『한국교육의 이해』(공저)
- 『109가지 진단검사』(공저) 외 다수

역자와의
협의하에
인지 생략

통합교육론

-일반학교에서의 장애학생 지도-

2006년 8월 30일 인쇄
2006년 9월 5일 발행

역 자 **강 영 택 · 권주석**
발행자 **박 준 식**

발행처 도서출판 원미사
서울 성북구 장위 2동 65-192호 (우남빌딩 202호)
전화 : 02) 919-9630, 942-1276
등록 : 1994년 1월 18일(제6-192호)
E-mail : wonmisa@unitel.co.kr

※ 잘못된 책은 교환해 드립니다. **정가 15,000원**

ISBN / 89-5544-104-5